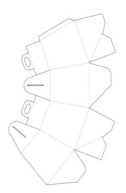

TAKE OUT
유럽예술문화

하광용 지음

파람북

유럽을 원하지만 단체여행에서는 이탈하고 싶다면, 이 책을 추천한다. 'TAKEOUT'은 자유로움과 모험이 함께하는 시리즈다. 혼자만의 시간으로 떠나는 여행이 외로워 보일 수는 있어도, 나 스스로 온전한 유럽을 만나는 귀한 경험이 될 것이다.

김창완 | 산울림 · 김창완밴드 아티스트

책을 펼치자 남프랑스 작은 포도원에 다시 와 있다는 착각이 들었다. 아비뇽 근교 어느 봉긋한 언덕 위에 자리한 작은 성, '샤토뇌프 뒤 파프'라는 이름의 그곳은 프랑스 왕에게 납치된 교황들의 여름 놀이터였던 장소다. 포도나무, 와인 저장소, 그리고 미술작품까지 전시하는 이 예술 공간에서 관람객들은 로버트 파커 같은 와인 애호가가 아니더라도 누구나 아름다운 추억을 남기게 된다.

토종 광고인 출신의 저자가 프랑스 현지에 오래 살았던 나마저 감탄할 만큼 생생한 현장감으로 이곳을 묘사할 수 있다는 사실이 놀랍다. 저자 하광용은 포도 농장을 가꾸는 사람처럼 풍부하고 세심하게, 가벼운 듯하면서도 진하게, 유럽 전역에 걸쳐 예술, 역사, 문화 이야기를 우려낸다. 현장에서 발품으로 직접 얻은 경험에 더해, 해박하게 숙성시킨 인문학적 지식의 힘이다.

박재범 | 전 주프랑스 한국문화원장

읽을수록 재미있다. 그리고 아는 것도 많아진다. 한 사람이 다 쓴 건가 싶을 정도로 풍성하고 유익한 내용이 가득 찬 책, 르네상스적인 인간을 존경하고 지향한다는 저자의 말에 저절로 고개가 끄덕여진다. 《TAKEOUT 유럽예술문화》는 내 아끼는 동생 하광용이 세상에 관해 쓴 글들 중, 유럽에 관한 내용을 추려 펴낸 책이다. 독자는 작가의 체험이 녹아든 유럽의 예술과 역사를, 독특한 유럽을 경험할 것이다. 다음엔 유럽 어디를 갈지, 또 그가 무슨 글을 쓸지 벌써부터 궁금해진다.

황주리 | 화가·소설가·수필가

학창 시절 역사와 인문지리를 좋아했습니다. 그리고 예체능 과목에 해당하는 음악, 미술도 좋아했습니다. 틈틈이 교과서 이외의 인문 서적을 탐독하고 교내 밴드부와 미술부에서 과외 활동을 하는 것이 학창 시절 저의 일상이었습니다. 문학도 좋아했지만, 그것과 연결된 교과 과정은 딱히 없었으니 유일한 방법은 누구에게나 그렇듯 독서였습니다. 주로 소설을 즐겨 읽었습니다. 대학에서 문학을 전공했지만, 문학을 본격적으로 배웠다는 느낌은 들지 않습니다. 왠지 문과대라고 하면 문학에 속한 특정 장르나 작품을, 또는 작가를, 아니면 그 장르의 글을 쓰는 법을 깊이 있게 배우는 곳을 연상하게 되지만, 학부 과정만으론 그런 경지에 도달하기 부족했고 게다가 글쓰기 자체는 전공에서 그리 중요하게 다루지 않았던 것입니다. 문학이라는 전공이 취업을 위한 과정일 뿐일까도 싶었지만, 그럼에도 문학의 소양만큼은 얻어갈 수 있었습니다. 이렇게 저는 철저하게 문과적인 배경과 흥미 속에 학창 시절을 보냈습니다.

그리고 사회에 나와서 정확히 32년간 광고 일을 했습니다. 광고회사에서 글을 주업으로 하는 카피라이터가 아닌, 광고주를 응대하고 광고 전략을 세우며 프로젝트를 코디네이션하는 기획 AE(account executive)이 오랫동안 제 주 업무였습니다. 관리자나 경영자로 올라서자 기획과 크리에이티브까지 모두 총괄하게 되었지만요. 다행히 광고는 저와 잘 맞는 일이었습니다. 어렸을 때부터 폭넓게 형성되어 온 저의 인문학적 배경이 다양한 산업과 업종의 상품들을 소비자에게 설득시키는 광고와 잘 어울렸던 것입니다. 그 현장에서 정말 많은 사람을 만나며 다양한 사회 경험을 하였습니다.

2021년 4월, 직장 생활 말년에 생각지 않게 한 권의 책을 냈습니다. 그간 틈틈이 써놓은 글을 모아서 펴낸 책이었습니다. 사실 제가 책을 낸다는 것은 언감생심에 전혀 생각하지도 못한 일이었는데, 당시 먼저 책을 낸 시인이자 광고주인 송종찬 님과 작가 친구인 계정민 교수의 강력한(?) 권유로 용기 아닌 용기를 내어 저지른 일이었습니다. 그 책이 저의 처녀작인 《지명에서 이순으로의 기행》이라는 책입니다. 제가 어렸을 때부터 학습해 온 인문학적인 소재와 내용에, 제가 살아오며 겪은 경험을 녹여 쓴 인문교양 에세이입니다.

그때부터 저의 운명이 바뀌었습니다. 출간 후 얼마 지나지 않아 인터넷 언론사인 《뉴스버스》가 창간하면서 저와 선이 닿아 매 주말 〈하광용의 인문기행〉이란 코너에 인문교양 칼럼을 연재하게 된 것입니다. 사실 주 1회 글을 올리는 것이 의무는 아니었지만, 저 스스로 다짐하고 그렇게 진행해 왔습니다. 그렇게 딱 1년만 한 주도 거르지 말고 써보자며 시작했는데 막상 1년이 되니 그 루틴을 깨기 싫어 이 책의 출간 시점인 현재 2년을 넘겼습니다. 그간 매주 토요일 아침 신작 영화를 개봉하는 기분으로 원고지 50매 가까운 분량의 글을 써왔습니다. 회당 1주일에 불과한 원고 집필 기간 안에 계속 새로운 인문학적 소재를 발굴하고 제 안에서 글로 풀어내는 일은 만만치 않았습니다. 과거엔 피상적으로만 알던 것을 좀 더 많은 자료와 관련 서적들을 찾아 읽으며 진정한 앎이 무엇인지 깨닫기도 했고, 때론 확인차 직접 현장을 찾아가 취재에 돌입하기도 했습니다.

이렇게 학창 시절부터 머릿속에만 있던 지식들이 강화되어 저만의 글로 태어났습니다. 그 사이 사람들은 제게 '작가'라는 호칭을 붙여주었습니다. 불과 2년 전만 해도 직업인으로는 오직 광고인 하나만 존재하던 제 인생에 작가라는 새로운 인물이 불쑥 들어온 것입니다. 사람들이 자연스럽게 작가라고 부르면 듣는 저는 난색하며 받아들이곤 합니다. 이전에 입던 옷이 아닌 갈아입은 새 옷이 아직은 어색한 것이지요. 하지만 저는 제 나머지 인생이 작가로서의 삶으로 채워지길 소망합니다. 호칭이 어떻든, 많은 책을 읽고 생각하고 경험하고 글을 쓰면서 학창시절부터 동경해온 르네상스적 지식인으로 살았으면 합니다.

사람이 쉽게 변하지 않는 것처럼, 저의 글에도 굳어진 스타일이 있고 일정한 패턴이 있는 것 같습니다. 그것은 '학습과 경험'이라는 키워드로 요약됩니다. 사람이 살면서 무엇을 깨우치고 터득하는 데에는 두 가지 경로가 있는데 하나가 '학습'이고, 다른 하나가 '경험'일 것입니다. 학습은 타인이 만들어놓은 결과물을 배우는 것입니다. 그것은 학문적인 내공이 깊은 위대한 대가들이 만든 것입니다. 그것을 우리는 '지식'이라고 부릅니다. 그리고 학습을 통해 우리는 그 지식을 습득합니다. 하지만 경험은 학문과는 상관이 없습니다. 학교라곤 근처도 못 가본 두메산골 어르신의 말속에 인생의 철학이 녹아있기도 하니까요. 그가 아무렇지도 않게 던진 말의 심오함은 그의 평생 경험에서 유래할 것입니다. 객관적으로 입증된 학문과는 달리 주관적이고 직관적인 것이지요. 이런 경험의 결과물을 우리는 '지혜'라고 부릅니다. 사람마다 학습과 경험의 크기는 다를 것입니다. 학자라면 학습이 압도적으로 높을 것입니다. 그리고 사안마다 학습과 경험이 다르게 작용할 것입니다. 때론 육법전서의 학습보다 현장의 경험이 문제 해결에 더 유용하기도 하니까요.

《TAKEOUT 유럽예술문화》는 이렇듯 저의 인문학적 학습과 삶 속의 경험이 어우러진 인문교양 에세이입니다. 평생을 광고인으로 살아온 사람이 쓴 책이지 강단 위의 학자가 쓴 책이 아니라는 것입니다. 그래서 상대적으로 내용이 쉽고 가벼울 것입니다. 그렇게 읽히길 희망합니다. 유럽의 건축물들을 돌아보고, 문학작품을 읽고, 그림을 감상하고, 대화를 나누며 유러피언의 속내를 살피고 마지막엔 음악 공부와 함께 음악회를 참석하는 일정 으로 떠나는 유럽문화 순례서입니다. 그래서 이 책은 커피 한 잔과 함께 들고 다니기에 도 좋고, 필요한 것만 빼내어 읽기에도 좋을 것입니다. 거기에 저의 경험이 독자에게 공 감까지 준다면 금상첨화일 것입니다. 이 'TAKEOUT' 시리즈는 《TAKEOUT 유럽역사문 명》으로 이어질 예정입니다. 모쪼록 저의 이 책이 유럽의 예술과 문화를 사랑하는 독자 를 행복하게 했으면 좋겠습니다.

TAKEOUT 1

클래식의 순간들

2악장 교향곡과 6악장 심바이옥

금과 목의 경계 색소폰

러브 콰이어트맨

잉글리시 호른 vs 프렌치 호른

팔뤼의 2번이 된 남자

바흐와 헨델의 평행론

015 030 044 056 069 086

TAKEOUT 2

갤러리로의 초대

파리의 아름다운 순간들 by 이건희

와이너리 & 갤러리

세상에서 가장 비싼 그림

왜 다 고체일까?

103 122 134 150

TAKEOUT 3

유럽여자 유럽남자

누가 이 아저씨와 아들을?

그녀의 노벨상을 바꿀 수만 있다면

세계인 아들으로 유럽의 교육을

로미오와 줄리엣의 밴드해로

나 세상 19세기 유럽의 여성

프렌치 미모

171 180 195 211 223 239

TAKEOUT 4
Let's tour

음악으로 나선 프롬나드

용호대전, 그리고 뮤즈레나

상상여행의 기술

259　　284　　302

TAKEOUT 5
반전의 스토리

낭만적인 것과 낭만주의

바로크서에 웬 짝?

잉글랜드에 인 이태리

세인 에어 vs 바시 베이슨

319　　338　　352　　368

TAKEOUT 6
사계절 음악회

19세기 유럽 개화기의 여성 작곡가

온리 인 비엔나

미드러드의 음가리

파리, 생막의 음식

381　　404　　421　　447

TAKEOUT 1

클래식의 순간들

2악장 교향곡과 6악장 실내악곡

금관 목의 경례 새소론

타타 피아노맨

이클린시 호른 vs 프렌치 호른

말러의 2번이 덜 난자

마초와 센티의 평행봉

바흐와 헨델의 평행률

바흐와 헨델, 음악사에서 항상 붙어 다니는 두 사람입니다. 그만큼
그 둘은 서로 많이 비교가 되기도 합니다. 때론 우열의 문제를 논하
면서 말입니다. 하지만 이들에겐 흡사 평행이론이 작용하는 것이
아닌가 할 정도로 많은 닮은 꼴이 발견이 됩니다. 꼭 음악적인 부분
이 아니더라도 말입니다. 그 닮은 꼴과 함께 그들의 다른 꼴을 비교
해보고자 합니다.

나는 누구일까요?

아버지와 어머니는 같은 해에 태어나셨습니다. 동갑내기시지요. 두 분의 생가는 차로 2시간도 안 걸리는 가까운 거리에 위치했습니다. 대개의 가정처럼 어머니가 아버지보다 오래 사셨지만 어머니는 고향 근처에서 돌아가신 아버지의 임종을 지키지 못하셨습니다. 아버지와 멀리 떨어진 외국에서 살다 그곳에서 돌아가셨으니까요. 신기하게도 두 분은 같은 병으로 인해 돌아가셨습니다. 평생 같은 일에 매진하셔서 같은 병을 얻으신 걸까요? 그 일은 신의 영광을 위한 일이었지만 인간에게 기쁨을 주는 일이기도 했습니다. 아버지의 신앙심이 더 깊으셨지요. 두문불출하시며 오직 하나님의 영광을 위하여 일을 하셨으니까요. 반면에 어머니는 좀 다르셨습니다. 신심은 역시 깊으셨지만 세속적인 것에도 관심이 많으셔서 주로 밖으로만 돌으셨으니까요. 많은 사람들이 저의 아버지와 어머니 덕분에 행복해하셨습니다. 매우 자랑스럽고 훌륭하신 분들입니다. 덕분에 저도 행복했지요. 그런 부모님이시라 저를 많이 발전시켜 주셨으니까요. 제가 누구냐고요? 저는 그 두 분 사이에서 태어난 '음악'입니다.

어렸을 때 친구들 간 오갔던 퀴즈가 있습니다. 음악의 아버지 바흐의 아들이 누구냐는 문제였습니다. 정답은 음악인데 음악의 아버지가 바흐이니 아들의 이름이 음악이라는 것입니다. 그때 제 머릿속에선 모차르트가 맴맴 돌고 있었습니다. 그는 음악의 신동이라 불리니 말입니다. 문제를 헨델로 바꾸어도 답은 마찬가지입니다. 그는 음악의 어머니이니까요. 그때 퀴즈가 생각나 바흐와 헨델의 생애를 압축하여 위와 같은 인트로로 시작해보았습니다. 음악네 가족의 이야기입니다. 그러고 보니 음악의 성性은 남성인가요? 그렇게 아들이라 단정해 문제를 냈으니 말입니다. 꼭 틀린 것은 아니라고 생각합니다. 음악의 아버지든 어머니든 두 사람 다 머리는 길어도 그들 시대의 유명 음악가는 다 남성이었으니까요. 운율상으로도 음악의 자식보다는 음악의 아들이 입과 귀에 딱 떨어지기도 합니다. 요즘에 이런 문제를 내면 바로 아재란 말을 듣게 될 것 같습니다.

그런데 '바흐와 헨델의 아들이 음악이다'라는 퀴즈를 아재 개그라고 발끈한다면 그 발끈함은 정당하다 할 것입니다. 둘 다 남자라 생물학적으로도 말이 안 되기도 하지만 그것을 떠나 이 두 사람은 평생 만난 적이 단 한 번도 없기에 그렇습니다. 하늘을 봐야 별을 따는데 같은 하늘을 보고 자랐음에도 이 두 거장은 끝내 서로를 못 보고 살았습니다. 그러니 그들 사이에 뭐가 있을 턱이 없다는 것입니다. 신기한 일입니다. 같은 해, 같은 지역에서 태어났고, 같은 일을 했음에도 그 둘의 연은 끝내 없었습니다. 더구나 이들은 마에스트

음악의 아버지 요한 세바스찬 바흐 | 1685~1750

음악의 어머니 게오르크 프리드리히 헨델 | 1685~1759

로 중의 마에스트로 아닙니까? 대개 동시대 동종업계의 대가들은 그들만의 세상에서 일어나는 이런저런 일로 만나기 마련입니다. 헨델을 존경한 바흐는 그를 만나기 위하여 두 번이나 애를 쓰긴 했습니다. 헨델이 그의 고향 방문 시 그를 만나려 노력을 기울였는데 시간이 어긋나 두 번 다 만남은 무산되었습니다. 음악의 어머니 헨델이 자꾸 밖으로만 돌았기 때문이었습니다.

같지만 다르게 산 바흐와 헨델

요한 세바스찬 바흐Johann Sebastian Bach와 게오르크 프리드리히 헨델George Frideric Handel은 모두 1685년 독일에서 태어났습니다. 바흐는 1750년에 사망했고 헨델은 그로부터 9년 후인 1759년에 사망했습니다. 바흐는 독일 중부 아이제나흐에서 태어났고 헨델은 그 북동쪽 할레에서 태어났는데 지도를 검색해보니 두 도시 간 거리는 불과 192km로 우리로 치면 서울과 강릉 정도의 지근거리입니다.

바흐는 평생 외국에 나가지 않고 독일에서만 살았습니다. 독일에서도 동쪽인 라이프치히가 주 활동지로 바이마르, 베를린, 드레스덴 등이 그의 음악 무대였습니다. 반면에 헨델은 고국인 독일을 비롯하여 이탈리아, 영국, 네덜란드 등에서 왕성하게 음악 활동을 하였는데 그중 영국을 좋아해 이 과정에서 그의 국적까지 바뀌게 됩니다. 아예 영국으로 귀화하여 그곳에 눌러앉아 칙사 대접을 받으며 살았으니까요. 딱딱하고 엄숙한 독일 분위기보다 자유롭고 활기찬 영국이 더 좋았나 봅니다. 독일인에서 영국인이 된 그는 영국에서 사망했습니다.

바흐는 첫 부인을 상처해 두 번 결혼을 통해 많은 자식을 두었는데 20명의 자녀를 낳았고 그들 중 절반인 10명이 성인까지 생존을 하였습니다. 오로지 하나님의 영광을 위하여 세속을 멀리하고 평생 순탄하다고 할 음악에만 묻혀 산 그였지만 과연 아버지의 칭호가 아깝지 않게 가문 번성을 위해 많은 자녀를 두었습니다. 바다의 모래알 같이, 밤하늘의 뭇별 같이 생육하고 번성하라는 하나님의 말씀을 몸소 실천한 것입니다.

반면에 세속적인 영욕도 왕성하게 추구하며 살던 헨델은 특이하게도 결혼은 한 번도 하지 않았습니다. 평생 독신으로 무자식 상팔자로 산 것입니다. 여성과 이런저런 스캔들은 많았습니다만 혼외자도 그에겐 없었습니다. 역동적이고 드라마틱한 삶을 산 그는 과연 이곳저곳에서 비즈니스적인 성공과 도박, 파산, 결투, 뇌졸중 등을 겪으며 부침 있는 인생을 살았습니다. 참 같으면서도 다른 바흐와 헨델의 삶입니다.

위 바흐의 이야기에서 불현듯 조선의 성군 세종대왕이 생각납니다. 바흐처럼 평생 일과 공부에 묻혀 산 그였지만 그도 자식 수에서 만큼은 남부럽지 않았습니다. 18남 4녀로 총 22명, 숫자도 많지만 보시듯 압도적으로 아들이 많았습니다. 그리고 더 놀라운 것은 22명 중 10명이 중전인 소헌왕후의 자식이라는 사실입니다. 아마도 역사상 동서고금을 막론하고 정실과 이보다 사이가 좋은 왕은 없을 것입니다. 과연 모든 면에서 탁월하고 모범적인 우리들의 킹 세종이십니다.

죽음마저도 같은 바흐와 헨델

같은 해에 태어난 바흐와 헨델은 같은 병을 앓고 같은 사인으로 죽었습니다. 그 둘 모두가 백내장 때문에 고통을 받았고 똑같은 시술을 받고서 죽었으니까요. 더 놀라운 것은 그 시술을 집도한 의사가 동일인이라는 사실입니다. 돌팔이 의사 테일러가 바로 문제의 그입

니다. 영국인인 그는 실력보다는 외모와 화술로 궁정 의사로 임명
되기도 했습니다. 바흐와 헨델의 좋지 않은 시력이 불행의 시작이
었습니다. 게다가 맨날 악보만 보고 사니 갈수록 더 나빠졌을 것입
니다.

1750년 바흐가 사는 라이프치히에 그 의사가 왔습니다. 그리고 바
흐를 진찰하고 시술을 집도했습니다. 공막천공시술이라는 꼬챙이
로 눈을 찌르는, 요즘으로 치면 원시적인 방법이 동원되었습니다.
바흐는 두 번의 시술 후 후유증에 당뇨 합병증까지 겹쳐 그해 사망
했습니다. 허망하게 간 음악의 아버지에 이어 이번엔 어머니 헨델
이 그의 눈에 띄었습니다.

1758년 테일러는 런던에서 역시 또 시력에 문제가 있었던 헨델에
게도 그 시술을 실시합니다. 그만큼 고통스러우니 지푸라기라도 잡
는 심경으로 시술에 응했을 것입니다. 그리고 헨델은 그다음 해에
사망했습니다. 참으로 안타깝고 한스러운 일이 9년 차를 두고 독일
과 영국에서 연이어 일어났습니다. 팩트는 돌팔이 의사 하나가 인
류의 거대 유산을 한 명도 아닌 두 명씩이나, 음악의 아버지와 어머
니를 순차적으로 보내버린 것입니다.

바흐와 헨델의 음악

바흐와 헨델은 바로크 음악의 대가들입니다. 클래식이든 대중음악이든 오늘날 우리가 듣는 음악의 틀을 만든 시조들입니다. 한마디로 음악의 매뉴얼을 만든 자들이고 문학으로 치면 음악의 문법을 만든 선구자들입니다. 그 둘이 있었기에 이어서 등장한 고전파의 하이든, 모차르트, 베토벤 등 기라성 같은 음악가들이 꽃을 피울 수 있었습니다.

특히 아버지 바흐의 역할이 중요했고 주효했습니다. 일단 음악에 문외한인 저임에도 바흐 하면 딱히 곡의 제목은 잘 떠오르지 않지만 대위법, 푸가, 평균율, 무반주곡, 합창곡, 오라트리오, 칸타타, 수난곡, 협주곡, 소나타, 가곡 등 많은 음악적 이론이나 장르가 줄줄이 떠오릅니다. 물론 그것이 무엇인지 정확한 의미나 해석은 잘 모르면서 말입니다. 이렇게 다양한 장르의 곡들을 섭렵했기에 그는 평생 1,000곡 이상의 많은 작품을 작곡하였습니다. 예술가 중 다작으로 치면 음악계에선 거의 찾기 힘들고 옆 동네 미술계의 고흐 정도가 그에 비견될 것입니다. '오직 하나님께 영광'을 드리기 위해 한 일이라 가능했을 텐데 실제 그는 작품마다 그의 신앙 고백인 그 문구를 서명처럼 써놓았습니다.

그래서인가 그의 음악은 한 집안의 아버지 같은 중후장대한 엄숙함과 경건함이 듣기 전부터 연상이 됩니다. 그리고 바흐라는 이름도 왠지 그렇게 들리고 초상화의 외모도 참 근엄해 보입니다.

어머니 헨델 하면 오라토리오, 오페라와 수상음악이 우선 떠오릅니다. 그중 영국의 왕 조지 2세를 벌떡 일떠 세웠다는 오라토리오 〈메시아〉의 합창곡 〈할렐루야〉의 임팩트가 가장 강하게 다가옵니다. 노래를 듣다가 은혜를 받았나 봅니다. 이후 이러한 기립은 할렐

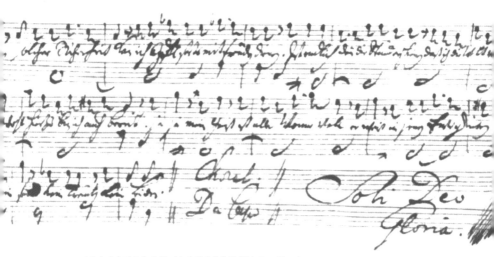

바흐의 필사 악보에 보이는 '오직 하나님께 영광Soli Deo Gloria'

〈리날도와 아르미다〉 | 프란체스코 하에즈(1791~1882),
헨델의 오페라 〈리날도〉는 십자군 전쟁을 소재로 한 서사시가 원작이다.

루야 연주의 전통으로 굳어졌습니다. 다소 놀라운 것은 헨델은 바흐에는 없는 오페라를 무려 46곡이나 작곡했습니다. 영화 〈파리넬리〉에서 보이고 들려진 오페라 〈리날도〉의 대표 아리아 〈울게 하소서〉의 소름 끼치는 감동이 글을 쓰는 지금도 저를 쭈뼛하게 합니다. 그리고 승전 축하곡인 〈왕궁의 불꽃놀이〉 관현악곡은 얼마나 또 경쾌하고 즐거운가요.

이렇게 헨델의 음악은 인간 감정의 고저와 진폭이 매우 크게 다가옵니다. 중심이 딱 잡혀 보이는 바흐에 비해 다소 경박단소하다 할까요? 제가 관상은 전혀 볼 줄 모르지만 초상화에서 보이는 헨델의 외모도 그의 삶과 음악만큼이나 도발적으로 보입니다.

후대가 만든 구도 바흐와 헨델

사실 음악의 아버지와 어머니는 음악의 족보집에는 없는 수식이고 규정입니다. 이런 거 만들기 좋아하는 일본인들이 이렇게 부르기 시작했다고 합니다. 그런데 충분히 그렇게 불릴만한 동시대의 두 거장입니다. 마치 르네상스 한 시대의 미술에 미켈란젤로만 혼자 있던 것이 아니라 다빈치란 쌍벽의 라이벌도 있었듯, 바로크 한 시대의 음악엔 바흐와 헨델이 동시에 있었습니다. 물론 르네상스에 라파엘로, 도나텔로, 보티첼리 등도 있었듯 바흐, 헨델의 시대엔 그들 이외에도 비발디, 텔레만, 몬테베르디 등의 거장들도 있었습니다. 인류에게 이런 시대가 있었고 그 시대의 라이벌이 있어서 후대의 우린 얼마나 행복합니까? 이렇게 그들이 풍부하게 남긴 것을 고스란히 즐기기만 하면 되니까요.

바흐와 헨델, 보시듯 다른 면이 많은 것은 당연하나 같은 면도 많았던 그들입니다. 마치 평행이론이 작용하듯 말입니다. 동시대에 일반인도 아니고 위대한 두 인물이 이렇게 요람에서 무덤까지 닮은 삶을 살기란 쉽지 않을 것입니다. 다른 것은 오히려 극 대조적이라 할 만큼 전혀 다른 삶을 산 그들인데 말입니다. 생전엔 서로 못 보고 살았지만 사후 후대엔 음악이라는 집의 아버지와 어머니로 연을 맺어 그 둘의 거리는 더욱 가까워졌습니다. 아마도 경제에 보이지 않는 손이 작용하듯 신의 영광을 위하여 음악을 한 그들을 어여삐 여기신 하나님께서 둘의 삶을 그렇게 설계하셨는지도 모릅니다. 당신은 물론 그의 피조물인 많은 인간들을 기쁘게 해 주기 위해서 말입니다. 그런데 그 영국인 돌팔이 의사는 생각할수록 어이가 없네요. 그만 없었더라면 노년의 바흐와 헨델이 만든 원숙한 음악들을 우리가 더 즐길 수 있었을 텐데 말입니다.

퀴즈로 시작했으니 마지막에도 퀴즈 하나 내겠습니다. 또 아재 퀴즈일 수는 있으나 개그는 아닙니다. 우리나라 국민이 ─ 특히 아재 세대 ─ 가장 많이 들은 클래식은 무엇일까요?

저는 바흐의 〈G선상의 아리아〉라고 생각합니다. 과거 밤 9시만 되면 TV에서 온 나라에 매일 울려 퍼진 음악입니다. 제 기억이 정확하다면 9시 뉴스 전에 이 음악이 나왔는데 그때 그 뉴스의 시청률은 지금과는 비교불가일 정도로 높은 인기 프로그램이었습니다. 그러니 바로 그 앞에 나오는 이 음악의 시청률도 꽤나 높을 수밖에 없었습니다. 그런데 그때 이 음악이 나오면 어린이는 졸립지 않아도 무조건 잠자리에 들어야 했습니다. G선 음악 위에 고운 여성의 목소리로 아래 멘트가 흘러나왔으니까요. 음악의 아버지가 재워주는 자장가를 들으며 잠든 새나라의 어린이들이었습니다.

"어린이 여러분 이제 잠자리에 들 시간입니다. 내일을 위해 일찍 자고 일찍 일어나는 건강한 어린이가 됩시다." * 내용 중 바흐와 헨델의 눈병 치료는 《질병이 바꾼 세계의 역사》(게르슈테 지음, 강희진 옮김)에 나오는 내용을 인용하였습니다. *

말러의 2번이 된 남자

만약 그가 우리 귀에 익숙한 요한 슈트라우스의 〈라데츠키 행진곡〉이나, 베토벤의 5번 〈운명 교향곡〉을 듣고 감동을 받아 지휘자로 도전장을 던졌다면, 그 또한 대단한 일이지만 그의 이야기가 이렇게 신화로까지 남지는 않았을 것입니다. 그만큼 말러는 '넘사벽'이기에 그렇습니다.

행복한 사람

행복한 사람의 기준이 무엇일까요? 여러 기준이 있을 수 있겠지만 자기가 하고 싶은 일을 하고 사는 사람일 것입니다. 반대로 자기가 하기 싫은 일은 안 하고 살아도 문제가 없다면 그도 행복한 사람이라 할 것입니다. 그래도 행복의 크기로 보면 하고 싶은 일을 하는 사람이 하기 싫은 일을 안 하는 사람보다 행복하다 할 것입니다. 같은 값이라도 능동적인 행복감이 수동적인 그것보다 얻는 맛이 더 좋을 테니까요.

배가 고플 때 밥을 먹는 사람, 잠을 자고 싶을 때 잠을 자는 사람, 물론 이런 사람은 행복한 사람입니다. 그런데 왠지 이 행복은 너무나도 당연해 보입니다. 그렇다고 해서 행복해 보이지 않는다는 말은 아닙니다. 과거 우리 삶이 어려웠던 시기라면 이런 인간의 1차원적인 욕망의 해소도 행복의 기준에 들어갔겠지요. 하지만 지금 우리는 이미 그런 행복쯤은 넘어선 시대에 살고 있습니다. 물론 이런 것들이 행복의 기준에 들어가는 사람들이 우리 사회엔 여전히 존재합니다.

갓 구운 빵을 손으로 찢어 먹을 때, 새로 산 정결한 면 냄새가 풍기는 하얀 셔츠를 머리에서부터 뒤집어쓸 때도 사람들은 행복을 느낍니다. 소소하고 평범하지만 행복을 주어서입니다. 이럴 때 우리도 행복한 사람이 되지만 이 말을 한 작가 무라카미 하루키도 행복한 사람이 되기에 그는 이러한 일상의 행복을 소확행 小確幸이라 불렀습니다. 그런데 이보다 더 큰 행복도 있을 것입니다. 소확행이 있으니 당연히 대확행 大確幸도 있겠지요. 아무 말 대잔치 조어인가 해서 국어사전을 검색해보니 대확행이란 단어도 엄연히 존재하네요. '크고 확실한 행복'이라 정의되어 있습니다.

그러면 한발 더 나아가 중확행 中確行⋯. 아, 이 말은 안 나오네요. 제가 무리했나 봅니다. 하지만 우리가 사는 세상에 행복이 계속 늘어나고 많아져 그것이 분화되고 정교하게 쪼개지면, 그래서 사람들이 그 말을 많이 사용하게 되면, 그 단어도 사전에 등재될 것입니다.

대확행은 생활 속에서 반복 가능한 일상의 행복과는 달리 비일상적이고 특별한 행복을 말할 것입니다. 어떤 남자가 지금은 폐지되었지만 과거 출세의 최고 등용문인 사법고시를 여러 번 실패하고 각고의 노력 끝에 뒤늦게 합격을 하였다면 그는 누가 뭐라 해도 대확행을 낚아챈 사람이라 할 것입니다. 마찬가지로 다섯째 아들이었지만 아버지와 형제들의 뜻을 거스르고 무력으로 왕위에 오른 조선

초기 태종 이방원도 그의 간절한 염원을 이루었으니 행복한 사람이라 할 것입니다.

이렇듯 대확행은 보통의 행복엔 없는 한 가지가 추가되는데 그것은 바로 성취감입니다. 위에서 예시한 매일매일 반복되는 당연한 행복과 일상생활에 악센트를 찍어주는 소확행에 이 성취감은 들어 있지 않을 것입니다. 졸릴 때 잘 수 있다고 해서, 빵이 부드럽게 잘 찢어진다고 해서 성취감까지 느껴지지는 않을 테니까요. 하지만 대확행은 그 행복을 만들기 위한 행복 주체자의 노력과 시간까지 들어가야 이루어집니다. 성취감은 그러한 인풋의 결과로 나오는 것이니까요. 물론 여기에 운luck까지 더해지면 투입된 노력은 줄어들고 걸리는 시간은 단축될 것입니다. 아, 운만으로 얻어지는 로또 당첨 같은 행복은 이 글에선 사양입니다.

행복한 말러리안

지난 주말 어느 문우의 글을 읽고 퍼뜩 과거에 알던 누가 떠올라서 지금 이 글을 쓰고 있습니다. 적어도 그는 제 기준으로는 이 세상에서 가장 행복한 남자입니다. 제목에서 보이는 위대한 현대 음악가인 구스타프 말러와 연관된 사람입니다. 그 작가님은 그의 9번 교향곡에 심취되어 글을 쓰셨는데 이 남자는 그의 2번 교향곡과 연루되어 있습니다. 그리고 그 작가님은 말러도 말러지만 그의 9번을 지휘한 클라우디오 아바도의 매력에 빠지셨는데, 제가 세상 부러워하는 이 행복한 남자도 말러의 지휘자이긴 합니다. 그런데 그는 특이하게도 2번만 지휘하였습니다.

길버트 카플란1942-2016이란 남자입니다. 말러와 관련해 신화와 같은 그의 전기와 영화와 같은 지휘자 등극으로 이미 유명인이 된 그입니다. 그는 기관 투자 전문 간행물인 〈Institutional Investor〉의 오너 창업자로 큰돈을 번 성공한 기업가였습니다. 세속적인 출세를 이룬 사람으로 여느 음대나 음악원을 나오지 않은 비음악인이라는 것입니다. 그런 그가 그 어렵다는 말러의 2번 교향곡 전문 지휘자가 된 것입니다. 그가 20대 초 경영대학원생 시절 카네기홀에서 들은 말러의 그 곡이 그의 인생을 바꾸었습니다.

번개를 맞은 듯한 대단한 충격, 종교로 치면 그 연주회에서 감동감화 은혜를 받은 것입니다. 말러의 2번 그 곡엔 〈부활〉이란 부제가 달렸는데 그래서 그런지 당시 그 곡을 들으며 그의 마음속에선 새로운 삶이 일어나고 있었습니다. "언젠간 저 곡을 내가 꼭 지휘하리라"라는 결심이 선 것입니다.

이후 비즈니스로 커다란 부를 이룬 그는 그 부를 바탕으로 말러의 지휘에 정식으로 도전합니다. 39세부터 음악 공부를 시작한 것입니다. 대위법, 화성학, 지휘법 등 음악 전반에 대한 교육을 개인 교습을 통해 맹렬히 학습하였습니다. 그리고 그 이듬해인 1982년, 그의 나이 불혹에 도달한 40세에 이르자 추호의 의심도 없이 말러 2번 교향곡에 지휘자로 데뷔합니다. 그의 꿈이 이루어지는 순간이 온 것입니다. 지휘한 곡도 동일했지만 오케스트라도 그가 1965년 말러 2번을 처음 만났을 때와 똑같이 아메리칸 심포니로 세팅되었습니다. 지휘자만 스토코프스키에서 그로, 공연장은 같은 뉴욕에 소재한 카네기홀에서 링컨센터로 바뀌었습니다.

유수의 아메리칸 심포니 단원들에 둘러싸인 포디엄 위에 처음 올라섰을 때 그의 기분이 어땠을까요? 그의 눈밑 보면대 스코어엔 말러의 2번 교향곡 음표들이 어지러이 펼쳐져 있고, 눈앞엔 그의 손끝만 바라보는 수많은 연주자의 눈들이 그를 빙빙 돌게 했을 것입니다. 그 순간 그는 이번 달 출간할 잡지를 펼쳐 보이며 그의 최종 결재를 기다리는 그의 회사 편집국 직원들 앞에 선 일상의 평정심을 느끼고 싶었을지 모릅니다. 하지만 그의 등 뒤 아래엔 역시 또 그의 손끝만을 바라보는 연주자보다도 더 많은 관객들도 있었기에 그것은 불가능했습니다. 과거엔 그 편안한 관객석이 그의 자리였습니

다. 그곳의 초짜 관객이었던 그가 17년 후에 부활하여 무대 위로 승천해 있는 것입니다.

사실 이것은 완벽한 쇼이고 이벤트였을 것입니다. 갑부가 돈으로 공연장과 악단을 사서 그의 꿈을 이룬 것이지요. 그날 지휘를 하며 카플란은 공연 품질과 상관없이 지구상에서 가장 행복한 남자가 되었을 것입니다. 그런데 이때 예상치 못한 일이 발생했습니다. 연주 후 평론가들의 극찬으로 세계 유수의 교향악단에서 지휘 초청이 이어진 것입니다. 가장 먼저 런던 심포니가 그를 불렀고 말러의 음악적 고향인 빈 필에서도 그를 불렀습니다. 물론 그들이 의뢰한 곡은 말러의 2번이었습니다.

진정한 마에스트로가 된 남자

결국 그는 2005년 시점, 전 세계 31개 오케스트라에서 말러의 2번을 50회 이상 공연한 베테랑 지휘자가 됩니다. 그해 말엔 우리나라 성남아트홀 개관 기념 방한 공연을 갖기도 했습니다. 물론 그의 레퍼토리는 언제나 그러했듯 말러 2번 한 곡이었습니다. 어딜 가든 그 곡은 90여 분의 어마어마한 대곡이기에 그 곡 하나로 공연을 채우기에 충분했으니까요.

◀ 마침내 지휘봉을 든 길버트 카플란 | 1982 | © Bernard Gotfryd

이렇게 한마디 말이 시가 되고 노래가 되듯, 그의 일회성 지휘 이벤트는 그를 마에스트로로 다시 태어나게 하였습니다. 사실 지구상에서 말러의 2번을 그만큼 잘 아는 지휘자도, 연주자도, 그리고 연구가도 없다고 저는 확신합니다. 오히려 원작자인 말러보다도 2번 교향곡에 한해서는 카플란이 더 잘 알 것입니다. 말러가 아무리 천재라 하더라도 1시간 30여 분이나 되는 그 긴 곡의 세세한 구간까지 다 기억하진 못했을 것입니다. 그가 쓴 교향곡만도 10개(그중 1개는 미완성)에 달하는 데다가 그것들은 다 기나긴 대곡들이니 말입니다.

다작의 소설가는 그가 과거에 쓴 소설의 디테일한 단어나 문장까지는 다 기억하지 못합니다. 그것은 저부터도 필력이 짧음에도 그간 쓴 글의 디테일까지는 전부 기억하지 못하니까요. 이것은 가왕이라 불리는 나훈아씨나 조용필씨의 경우에도 과거에 불렀던 노래의 가사를 전부 다 기억하지 못하는 것과 같을 것입니다. JTBC TV 인기 프로그램인 〈히든 싱어〉에서 원곡 가수가 모창 가수에게 지는 것을 우리는 왕왕 목도하고 했습니다.

카플란은 말러의 2번을 처음부터 끝까지 온전히 다 암기했을 것입니다. 아마 눈 감고도 지휘가 가능하고, 그에게 오케스트라에 편성된 모든 악기의 악보를 필사하라고 하면 그것도 가능했을지 모릅니다. 1982년부터 2016년까지 34년 동안 그는 그 곡만 연구하고 지휘했으니까요. 그 긴 기간 중 그가 말러의 2번 이외에 지휘한 다른 곡이 딱 한 곡 있었는데 그것은 엉뚱하게도 미국 국가였습니다. 아마도 미국에서의 공연이 국경일이라 그의 곡 바로 앞에 세리머니가 있어서 그랬을 것입니다.

Gustav Mahler | 1860~1911

어려운 남자 말러

설사 거부 카플란의 그 지휘가 그의 라이프 버킷 리스트 중 한 개를 덜어낸 단 한 번의 이벤트에 그쳤다 해도 그것만으로라도 그는 지휘자로서 존경받을 만한 충분한 자격이 있다고 생각합니다. 이유는 말러의 이 곡이 길기도 하지만 난해하고, 철학적이고, 신학적이라 해석 불가한 삶과 죽음의 기묘함 속에 동원 가능한 모든 음악적인 자원들을 총집합시켰기 때문입니다. 그가 만약 우리 귀에 익숙한 요한 슈트라우스의 〈라데츠키 행진곡〉이나, 어렵다곤 하지만 베토벤의 〈운명 교향곡〉을 듣고 감동을 받아 지휘자로 도전장을 던졌다면 그의 이야기는 이렇게 신화로까지 남지 않았을 것입니다. 그만큼 말러는 넘사벽이기에 그렇습니다.

저는 카플란의 이 이야기를 처음 알게 된 6년 전 "그럼 나는 2번에 어떻게 반응할까?"라는 생각으로 그것을 확인하기 위해 말러의 그 곡을 1주일 내내 하루에 한 번씩 들었습니다. 일단 첫날에 카플란과 같은 충격은 오지 않았습니다. 대신 다른 충격을 받았는데 5악장의 길고 어려운 것은 각오하고 들었으니 그것은 차치하더라도 대개의 유명한 심포니는 처음 들어도 왠지 귀에 익숙한 유려한 주제부라는 것이 있는데, 그리고 그것은 가벼운 변주와 함께 반복되기도 하는데, 이 곡은 도통 90여 분간 그러한 구간이 한 군데도 없다는 것이었습니다.

그리고 심각한 불협화음으로 소음처럼 들리는 구간도 많아 마치 인내심을 테스트하는 것과 같은 느낌도 받았습니다. 그리고 베토벤 9번처럼 끝부분에 합창이 등장하는 것도 이색적이었는데 그 이전에 무대 앞에 선 두 명의 여가수가 아리아를 부르는 것도 색달랐습니다. 말러를 가리켜 교향곡 해체 직전 끝단까지 간 작곡가라는 평이 과연 무색하지 않은 경험이었습니다. 그래도 감상 1주일이 지나도 말러는 끝내 제게 오지는 않았습니다. 하지만 "인간이 어떻게 이런 음악을 만들 수 있을까?"라는 말러의 천재성에 대한 경탄은 계속 제게 왔습니다. 좋다는 것은 못 느꼈지만 다르다는 것은 확실히 느낀 것이지요.

이후 저는 말러에게 대중적인 성공을 안겨준 8번 〈천인〉 교향곡도 몇 번 들었습니다만 결론은 2번과 비슷했습니다. 그리고 이 글을 쓰기 전 어제도 사전 심호흡을 크게 하고 오래간만에 말러의 2번과 8번을 다시 들었는데 웬걸 마치 처음 듣는 것과 같은 느낌이었습니다. 들을 때마다 처음 듣는 것 같은 새로움을 주니 그것들은 좋은 곡임에 틀림이 없습니다. 이렇게 역설적으로라도 말러를 찬미하지만 사실 저의 낮은 음악 수준에 자괴감이 밀려왔습니다.

그런데 이번에 알게 된 9번은 달랐습니다. 그 곡은 지난 주말에 처음 들었는데 상대적으로 이지 리스닝한 편안함을 느꼈습니다. 연주 중 스치듯 지나가는 지휘자 클라우디오 아바도의 넉넉하고 편안한 미소까지 더해서 말입니다. 그는 오케스트라 연주자의 연주가 다 끝났어도 한동안 무대에 서서 고요 속에 홀로 연주하고 있었습니다. 오홋, 말러의 첫 소확행!

말러의 시대

길버트 카플란은 생전에는 해석 불가한 난해함으로 오늘날만큼 평가받지 못한 말러를 유명하게 만든 인물로 다섯 손가락 안에 들어갈 것입니다. 사람들은 무대 위의 음악적인 이야기도 좋아하지만 이런 무대 밖 백 스토리도 그 이상으로 좋아하니까요. 말러의 대중화에 기여를 한 것입니다. 첫째 손가락은 언젠가 "나의 시대가 올 것"이라며 유언과도 같은 예언을 한 말러를 대중에 전면적으로 알린 뉴욕 필의 레너드 번스타인일 것입니다. 그는 무명의 카플란과는 달리 그의 유명세로 50여 년간 잠자고 있던 말러를 부활시켜 그가 예언한 그의 시대를 오게 하였습니다.

번스타인의 이러한 공헌이 있었기에 카플란도 말러의 2번을 1965년에 만날 수 있었을 것입니다. 카플란은 지휘 외에도 말러 재단을 만들어 그의 자료를 수집하고 연구하는 데 많은 공헌을 하였습니다. 이 정도면 말러를 만난 이후로 평생 말러리안으로 산 그는 진짜로 행복한 남자라 하겠습니다. 온전히 말러를 소유했으니까요.

세상엔 지금도 카플란처럼 말러의 음악을 듣고 그것을 오마주해 그 곡을 지휘하겠다는, 또는 연주해보겠다는 제2의, 또는 제3의 비음악인 말러리안들이 또 있을지 모릅니다. 그가 말러의 2번 남자로 성공했으니 남은 그의 교향곡들 중에서 말러의 1번 남자, 또는 9번 남자 등을 꿈꾸면서 말입니다. 부디 그런 행복한 남자가 또 출현하기를 기대해봅니다. 아참, 꼭 남자에게만 해당되는 것은 아니겠네요. 행복한 사람!

잉글리시 호른, 그 묘한 이름

여기 같은 성을 쓰는 패밀리인데 전혀 닮지 않은 악기가 있습니다. 외모만 그런 것이 아니라 모든 면에서 그렇습니다. 호른이라는 악기는 누가, 언제, 어디서 만들었을까요? 그리고 그 이름에 영국과 프랑스라는 이름은 또 왜 붙었을까요? 소리만큼이나 묘한 호른의 세계입니다.

35km의 좁은 도버 해협을 사이에 두고 마주 보고 있는 영국과 프

랑스 두 나라는 서방의 맹방이면서도 예로부터 유럽 영향력의 헤게 모니를 놓치지 않기 위해 때론 적대적으로 보이지 않는 긴장 관계 를 유지해오고 있습니다. 역사적으로 백년전쟁에서는 구국의 영웅 오를레앙의 잔다르크가 선봉에 선 프랑스가 영국을 물리쳤으며, 이 후 나폴레옹 전쟁에서는 세계 3대 제독으로 꼽히는 넬슨 제독을 앞 세운 영국이 트라팔가르 해전에서의 승리로 프랑스를 물리쳤습니 다. 아마도 그 두 나라가 하나의 세계 속에 있었던 때는 브리타니 아, 갈리아란 이름의 속주로 로마의 지배를 받았던 그 옛날뿐일 것 입니다. 최근인 2020년 영국이 대륙의 유럽과 경제 독립을 선언한 브렉시트를 결행한 것도 이런 프랑스와 동등한 입장에 위치하는 것 이 싫은 자존심도 작용해서 그랬을 것입니다. 아, 오늘날 영국과 그 런 나라는 독일도 있네요. 두 차례의 세계대전 시 영국과 맞서며 유 럽의 강자로 올라선 나라이니까요.

Brand Name

눈에 보이는 세상의 모든 것에는 이름이 있고 그 이름에는 유래가 있습니다. 이것은 공기와 같이 눈에 안 보이는 것도 마찬가지입니 다. 유래라는 것은 그것을 있게 한 뿌리이자 원인일 것입니다. 그러 한 것의 결과로 이름이 지어지는 것이겠지요. 그러므로 이러한 인과관계로 탄생한 이름은 그것을 가장 충실히 설명해야 하며 기호학적으로도 가장 잘 상징해야 할 것입니다. 우리나라 사람들의 이름만 보더라도 가계를 나타내는 성이 있으며 이름 안에도 돌림자가 있어 그 이름의 정체성을 더욱 분명히 하고 있습니다. 러시아인의 경우는 이름 안에 아버지 이름까지 들어가 있어 그 사람 이름만 들어도 그의 아버지가 누구인지 모두가 안다고 합니다.

오늘날 마케팅에서 상품의 이름은 그 중요도가 더욱 증대되고 있습니다. 마케팅의 주류가 브랜드로 자리 잡은 지 오래된 상황에서 브랜드의 모든 것이 함축된 브랜드 네임brand name은 그것의 결정판이기에 그럴 것입니다. 따지고 보면 마케팅이라는 것은 그 브랜드에게 힘을 불어넣는 모든 행위와 노력인데 이름은 가히 그 선봉에 있다 하겠습니다. 그래서 그 이름의 유래는 때론 마케팅에서 브랜드 스토리로 팬시하게 포장되어 그 브랜드의 가망 고객들에게 강한 구매 충동을 느끼게 만듭니다. 브랜드 하이어라키의 최상위에 있는 명품의 경우 브랜드 스토리가 없는 브랜드는 없다고 단언해도 틀린 말은 아닐 것입니다.

좀 많이 나간 인트로가 되어 버렸네요. 사실 제가 어렸을 때부터 가장 호기심을 가진 악기 이야기를 하려 하는데 그 호기심의 근원이 그 악기 이름이기에 이렇게 장황한 서두를 쓰고 말았습니다. 제목에서 보이는 잉글리시 호른이 바로 그 악기입니다. 호른은 호른인데 호른같이 안 생긴 악기, 잉글리시라고 하는데 영국과는 아무 상관없는 참으로 이상한 악기이기에 그렇습니다. 만약 이 악기의 정보를 모르는 누군가가 이 악기를 주문해 배달을 받는다면 즉시 반품할지도 모를 이상한 악기가 바로 잉글리시 호른일 것입니다. 악기 자체는 이상한 것이 전혀 없는데 이름이 매칭이 안 돼서 그렇습니다.

Why 프렌치 호른

저는 음악 전문가도 아니고 악기 전문가는 더욱 아니기에 음악적 지식은 제한적일 수밖에 없습니다. 어디까지나 저의 호기심이 발동한 역사적 관점에서 비 음악적 부분을 주로 이야기하고자 합니다. 먼저 호른은 호른인데 호른같이 안 생긴 악기 부분입니다. 그렇습니다. 우리가 아는 호른은 금관으로 돌돌 말아 감은 듯한 모양새로 달팽이나 나팔꽃처럼 생긴 정통 금관악기brass instrument 입니다. 단어로서의 호른horn은 동물의 뿔로 과거엔 신호용 뿔나팔로 사용되었는데 악기 호른의 이름은 이것에서 온 것입니다. 소리도 그렇고 곡선으로 굽은 동물의 뿔나팔은 악기 호른과 생김새도 유사하니 이름의 유래로서는 전혀 문제가 없어 보입니다. 고대나 중세 전쟁 시 망루

위 병사가 적들이 침입할 때 불어대던 그 뿔나팔입니다. 또한 이 뿔나팔은 왕이나 귀족이 사냥 시 사냥감을 몰 때도 유용하게 사용되곤 했습니다. 이 뿔나팔이 근대적 악기로 발전을 거듭한 결과 우리도 잘 아는 유명 클래식 작곡가들의 사랑을 받게 되어 오케스트라의 중요한 자리를 차지하게 된 것입니다.

그런데 통상 호른으로 불리는 이 금관악기의 풀 네임은 프렌치 호른French horn입니다. 아래에 말씀드릴 잉글리시 호른English horn도 묘하지만 프렌치 호른도 묘하긴 마찬가지입니다. 그래도 프렌치 호른의 묘함은 잉글리시 호른의 그것엔 대적할 수 없습니다.

독특한 모습의 금관악기인 프렌치 호른

프렌치 호른의 묘함은 프렌치에 있습니다. 프랑스식 호른이니 호른의 악기 역사에 프랑스가 무언가 대단한 기여를 했을 법한데 그런 사실을 발견하기 힘들어서 그렇습니다. 오히려 자연의 뿔나팔에서 브라스 재질의 밸브나 피스톤이 없는 원전 악기 호른을 거쳐 오늘날 우리가 감상하는 완벽한 호른까지 오는 데에는 독일의 공로가 절대적이었습니다. 그런데도 호른은 도이치 호른이라 불리지 않고 프렌치 호른이라 불립니다. 기껏 찾아본 자료에서는 프랑스가 사냥용도의 호른을 연주용 궁정 악기로 편입시키는 데 많은 노력을 기울여 그렇게 불리는 것으로 보인다고 하는데 영 미덥지가 않습니다. 제 생각엔 먼저 찜한 사람이 임자라고 프랑스가 가장 먼저 프렌치 호른이라 우겨 불러서 그냥 오늘날까지 내려오는 게 정설 아닌 정설이 된 게 아닌가 싶습니다.

그런데 이 호른은 참으로 오묘한 악기입니다. 생김새도 그렇고 연주자의 연주 모습도 특이합니다. 또한 입술이 접촉하는 마우스피스 부분이 가늘고 구멍도 작아 소리 내기가 금관악기 중 가장 어렵다는 평을 듣습니다. 음정도 워낙 섬세해 밸브나 피스톤이 못 잡는 그 미세한 차이를 나팔 출구bell를 연주자의 손으로 막아 조절합니다. 그렇지만 당시의 천재 작곡가들은 이 악기를 너무 사랑했습니다. 호른 연주 파트가 안 들어간 곡이 없을 정도로 호른 주자들은 늘 바쁩니다. 전 그 이유가 호른의 독특한 음색에 있다고 생각합니다. 흡사 몽실몽실한 구름이나 솜사탕이 바람에 밀려 가는 관을 통과하며 탄탄해져서 뿜어져 나오는 그 부드러운 소리…. 그러니 작곡가들이 호른을 가만히 쉬게 할 수 없었습니다. 그러고 보니 이러한 까탈스러움에 섬세함, 부드러움을 갖춘 귀족적 면모는 독일인보다는 프랑스인이 훨씬 어울리는 듯합니다. 그래서도 프렌치 호른인가 봅니다.

Why 잉글리시 호른

잉글리시 호른은 이름만 보면 도무지 호른이라 연상할 수 없는 진정으로 묘한 악기입니다. 일단 그 호른은 뿔나팔이 업그레이드를 거쳐 완성된 프렌치 호른과는 달리 1720년 독일에서 만들어진 신생 악기입니다. 첫 번째 묘함이라 함은 호른과의 연계성입니다. 프렌치 호른이 먼저 태어났으니 잉글리시 호른은 동생으로서 그 호른 패밀리의 유사성이나 DNA가 있어야 하는데 닮은꼴이 하나도 없다는 것입니다. 일단 금관악기의 반대편에 있는 목관악기woodwind instrument이니 그 한 가지 사실만으로도 혈통을 더 따져볼 일이 없다 하겠습니다.

잉글리시 호른은 목관악기 최고의 귀족 오보에의 동생으로 태어났습니다. 실제 외모는 비슷하나 키가 더 크고 몸집도 더 있으니 오보에보단 저음의 악기입니다. 같은 목관악기인 플루트와 피콜로와 같은 유사성입니다. 같은 계보로 잉글리시 호른 밑으로는 더 낮은 소리를 내는 바순이 있습니다. 클라리넷과도 닮아 보이나 클라리넷은 색소폰처럼 마우스피스에 나무 재질인 갈대 리드reed가 하나인 반면에 잉글리시 호른은 리드 두 개를 위아래로 붙여 그 사이 구멍으로 입 바람을 넣어 소리를 내는 겹 리드 구조의 악기입니다. 오보에와 바순도 같은 방식의 겹 리드로 소리를 내므로 이 세 악기는 같은 패밀리라 할 수 있겠습니다. 이 겹 리드 패밀리는 갈대가 바람에 흔들려 소리를 내듯 지중해산 갈대로 만든 리드와 리드 사이로 바람을 불어 소리를 내므로 마우스피스에 금속이나 합성물질이 개입된 다른 목관악기들보다 소리가 더 섬세하고 부드러울 수밖에 없습니다.

독특한 이름의 목관악기인 잉글리시 호른

왜 영국식 호른일까요? 난망한 문제입니다. 프렌치 호른은 이름에 외모를 연상할 수 있는 호른이라도 있지만 잉글리시 호른에는 위에서 본 외모처럼 그것을 연상할 조각이 하나도 없기에 그렇습니다. 이 또한 자료를 찾아 찾아 확인한 결과 왠지 또 미덥지 않은 유래가 잡힙니다. 또 독일이 등장하는데요 초기형 이 악기를 발명해 제작한 독일인들은 이 악기가 중세 성화에 등장하는 천사들의 나팔과 닮아 천사의 나팔_{Engellishes horn=Angelic horn}이라 불렀습니다. 그런데 이 천사 Engellishes라는 말이 당시 독일 그 지방 토착어로 English를 뜻하기도 해서 잉글랜드 나팔로 잘못 전해지게 되었다는 것입니다. 그것이 지금까지 그대로 내려와 오늘날 우리도 그렇게 부르는 잉글리시 호른이 된 것입니다. 결과적으로 영국은 이 악기의 개발과 발전에 하나도 기여한 것이 없이, 말 그대로 아무 상관도 없는데 이 위대한 악기의 이름을 날로 먹은 것입니다.

오케스트라의 신세계 잉글리시 호른

이렇게 다소 늦게 데뷔한 잉글리시 호른은 오보에보다 풍부하고 구슬픈 소리로 서서히 작곡가들의 관심을 받게 됩니다. 그런데 워낙 독특한 음색을 내는지라 출연 빈도는 그렇게 많지 않은 악기로 자리매김되었습니다. 그래도 작곡가 입장에서 잉글리시 호른의 소리

천사의 나팔을 닮은 잉글리시 호른.
〈최후의 심판〉일부 | 미켈란젤로(1534~1541)

가 필요한 특별한 부분에서는 이 악기를 여지없이 등장시켜 예의
그 독특한 음색을 뽐내게 하고 있습니다. 제 생각엔 오케스트라의
많은 서양 악기들 중 가장 동양적인 소리를 내는 악기가 바로 이 악
기가 아닌가 싶습니다. 흡사 우리나라 국악의 나발 저음과 유사한
톤으로 제 귀엔 들립니다. 출연 기회가 적다 보니 잉글리시 호른은
통상 주법이 비슷한 오보에 제2 주자가 연주를 하곤 하는데 이는
피콜로를 플루트 주자가 연주하는 것과 같은 맥락입니다.

이렇게 태생부터 특이한 잉글리시 호른을 월드 스타로 만들어준 작곡자는 〈신세계 교향곡 From The New World〉으로 유명한 드보르자크입니다. 이 교향곡 2악장에서 잉글리시 호른이 메인 멜로디를 솔로로 치고 나갑니다. 드보르자크가 뉴욕에서 머물 때 고향 체코를 그리워하며 작곡한 곡으로 알려진 이 곡은 학창 시절 음악 교과서에도 실려 우리에게도 너무나 익숙한 곡입니다. 향수를 노래하는데 그 분위기에 가장 적합한 악기를 고심하고 고민하다가 드보르자크는 잉글리시 호른을 낙점해 그 중책을 맡겼을 것입니다. 결과는 대박, 그래서 너무 알려진 까닭에 이후 이 교향곡은 반드시 잉글리시 호른이 있어야 연주가 가능해졌습니다. 희소성 있는 악기라 그 주자가 없어 2악장 그 라르고를 클라리넷 등으로 대신 연주할 경우 제맛이 안 난다는 것이지요.

묘하게도 영국 프랑스 이 두 나라는 딱히 한 일도 없이 잉글리시 호른과 프렌치 호른, 이 매력적인 악기들의 이름을 하나씩 사이좋게 소유하게 되었습니다. 인류가 존재하는 한, 음악이 사라지지 않는 한 영원히 존재할 이름입니다. 과연 유럽의 쌍벽이라더니 그래서 이런 생각지 않은 고귀한 예술적 지적물을 보너스로 수확하기도 했나 봅니다. 침략 전쟁을 치른 것도 아니고 법적 송사도 없이 거의 거저 주웠으니 말입니다. 반면에 독일은 이 두 악기에 모두 관여되어 있었습니다. 오늘날 우리가 알고 있고 감상하는 프렌치 호른을 오랜 시간에 걸쳐 완성했고, 잉글리시 호른은 세계 최초로 제작까지 한 오리지널 국가로 말입니다. 그러나 아쉽게도 이 두 악기 이름에서 독일의 존재감은 찾아볼 수 없습니다. 음악사적이나 음악적으로는 영국이나 프랑스보다 훨씬 무공이 강한 음악 선진국인데 말입니다. 이름만큼이나 이 또한 묘한 아이러니입니다.

라라 피아노맨

사르트르, 그는 매일 피아노를 쳤습니다.

니체는 "음악 없는 삶은 오류다"라고 말할 정도로 음악에 대한 애정이 컸습니다.

빌리 조엘의 히트곡 〈피아노맨〉은 자신의 옛 경험을 노래하고 있습니다.

Bravo! You are the Piano man.

악기의 왕 피아노

저기 피아노 한 대 놓여 있습니다. 꼭 무대 위가 아니라 하더라도 어떤 실내의 중앙이나 안쪽에 사람이 모이는 곳에 악기가 한 대 보인다면 그것은 피아노일 확률이 높습니다. 그 자리에 클라리넷이나 첼로, 또는 팀파니 등 다른 악기보다 놓여 있을 개연성이 훨씬 높은 악기라는 것입니다. 영업을 위한 레스토랑이나 카페이든, 아님 일반 대중을 위한 공공 홀이든 피아노는 언제부터인가 이렇게 한 자리를 차지하고 있습니다. 종교 시설이나 학교에도 음악적 목적성을 갖는 장소라면 그 악기는 웬만하면 그곳에 놓여 있습니다. 물론 음악만을 위한 장소인 콘서트홀에 피아노가 놓여 있는 것은 당연한 일입니다. 연주가 끝난 후 연주자와 함께 모든 악기들이 다 떠나가도 그만이 홀로 자리를 지키면서 말입니다.

가히 악기의 제왕이라 불리기에 손색이 없습니다. 왕이라면 모든 국민을 차별하지 않고 대해야 하듯 피아노는 프로나 아마추어 연주자, 그리고 그들의 연주를 감상하는 일반 청중 모두에게 친근하게 개방되어 있는 악기라 그렇습니다. 그리고 커다란 풍채나 위엄에서 보듯 외모에서도 다른 악기들을 압도합니다. 그의 능력은 또 어떤가요? 다른 악기와는 달리 혼자서도 모든 일을 완벽하게 처리

할 수 있는 악기 아닌가요? 오른손이 하는 일을 왼손이 알 듯 모를 듯 받쳐 주면서 말입니다. 그러면서 때론 오히려 다른 악기에게 도움을 주는 악기이기도 합니다. 바이올린이나 플루트가 아무리 멋진 솔로 연주를 들려주어도 거기에 피아노 반주가 없다면 일반인인 우리조차도 뭔가의 부족함을 느끼곤 하니까요. 혼자서도 문제없이 잘하고, 남과는 잘 어울려 모두에게 꼭 필요한 악기, 피아노는 악기의 제왕 맞습니다.

그래서인가 이 악기는 자의적이든 타의적이든 누구나 한 번쯤은 경험하게 됩니다. 그만큼 접근성이 수월해진 악기가 되어서 그렇습니다. 타의적인 시작이 더 많을 것입니다. 어린 시절 부모의 손에 끌려 소위 레슨이라 불리는 과정에 피아노를 만나게 됩니다. 그리고 그 아이가 첫 건반을 누르는 순간부터 흥미도와 소질에 따라 아이마다 진도의 빠르기가 결정되고, 단계별로 중도 포기자가 속출하게 됩니다. 그 진도의 맨 앞에 선 아이는 피아노와 일생을 함께하는 프로 연주자가 되기도 할 것입니다. 피아노로 밥을 먹고사는 피아니스트가 되는 것이지요. 대부분의 아이는 아마추어로 남아 그때 터득한 연주 실력으로 교양과 취미로 피아노를 가까이하며 살거나, 혹자는 아예 적성과 흥미가 안 맞아 그 악기를 잊고 살게 됩니다.

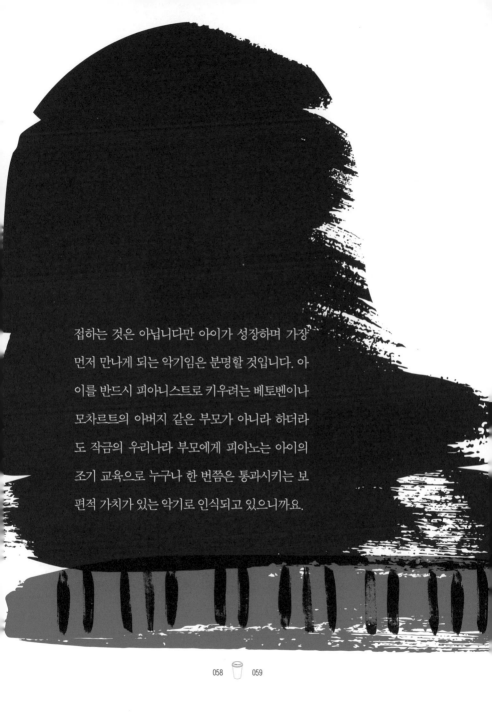

접하는 것은 아닙니다만 아이가 성장하며 가장
먼저 만나게 되는 악기임은 분명할 것입니다. 아
이를 반드시 피아니스트로 키우려는 베토벤이나
모차르트의 아버지 같은 부모가 아니라 하더라
도 작금의 우리나라 부모에게 피아노는 아이의
조기 교육으로 누구나 한 번쯤은 통과시키는 보
편적 가치가 있는 악기로 인식되고 있으니까요.

피아노가 집에 있는 것만으로도 큰 부자인 시절이 있었습니다. 물론 지금도 가격이 만만하지 않은 악기이긴 합니다. 집에 그만한 공간도 있어야 하고요. 지금은 초등학교라 불리는 저의 국민학교 시절에 그때는 왜 그렇게 학교에서 어린 학생들의 집안 살림을 궁금해했는지 모르겠습니다. 매해 새 학년이 시작되면 담임 선생님께서 가전제품이 빼곡히 적혀 있는 유인물을 한 장씩 나눠주고 집에 있는 것에 동그라미를 쳐오라고 하였습니다. TV, 전화, 냉장고, 전축…. 이런 물품들이 그 리스트의 상위에 있는 것들이었습니다. 그때 피아노는 가장 꼭대기에 랭크되어 있었습니다. 자가용은 언감생심 아예 표에 있지도 않은 시절의 이야기입니다. 인천의 공립학교라 그랬나요? 나중에 서울의 사립학교 출신 친구들의 이야기를 들어보면 리스트가 조금 다르긴 했습니다.

아무튼 피아노는 당시 그 정도로 귀하게 쳐주는 악기였습니다. 그리고 그 피아노를 배우는 레슨 비용 부담도 커서 요즘처럼 그 또래에 한 번쯤은 거쳐가는 악기가 아니라 배우고 싶어도 접하기 힘든 악기였습니다. 그런 악기가 지금은 이렇게 보편적인 악기가 된 것입니다. 저는 이렇게 피아노의 관심도와 보급률을 나타내는 피아노 지수라는 것이 있는지는 모르겠으나 이것도 선진국을 가늠하는 예술적 지표에 충분히 들어갈 만하다고 생각합니다.

피아노맨 vs 피아니스트

그사이 위의 피아노에 누군가가 다가섰네요. 둘러보니 그곳은 콘서트홀은 아니고 펍이나 카페 같은 곳입니다. 그가 앉아서 피아노 뚜껑을 열고 건반 위에 손을 얹는데 바라보는 주변 사람에게도 그의 긴장감과 떨림이 전해옵니다. 왜냐하면 그는 아마추어 연주자이니까요. 설사 그곳에 루빈스타인이나 임동민이 왔다 하더라도 대개의 프로는 무대가 갖춰지지 않으면 등판하려 하지 않습니다. 그는 함께 온 지인들이 홀에 피아노가 있는 것을 보고 나가서 한 번 치라는 성화를 못 이기고 얼떨결에 밀려 나온 것입니다. 그가 왕년에 피아노를 배워 그 악기를 좀 다룰 줄 안다는 것을 아는 지인들입니다. 근데 저 피아노는 조율이 제대로 되어 있을까요? 글쎄요, 지금 그런 것은 하나도 중요하지 않을 것 같은데요…. 드디어 연주가 시작되면 주변 사람들의 환호성이 터집니다. 피아노맨의 출현입니다.

피아노맨a piano man은 피아니스트a pianist보다 왠지 전문성이 떨어져 보입니다. 사전을 찾아봐도 피아노맨에 대한 정확한 정의는 나오지 않지만 어감상 피아니스트는 프로 연주자의 냄새가 나고 피아노맨은 아마추어에 가깝게 느껴집니다. 위에서 설명드린 레슨의 과정으로 보면 피아노맨은 중도에 레슨이나 연습을 그만두어 음악을 전공하지 않은 사람일 것입니다. 피아노맨 중 혹자는 피아노 시작의 정석인 바이엘 교본을 아예 본 적도 없는 연주자도 있습니다. 하지만 그는 피아노를 칠 때면 언제나 즐거운 사람입니다. 피아니스트는 즐겁지 않을 때에도 직업상 피아노를 쳐야 하는 사람입니다. 관객은 피아니스트가 연주하든, 피아노맨이 연주하든 피아노 소리가 즐거운 사람들입니다. 층간 피아노 소음으로 고통 받는 이웃이 아니라면요.

음악 역사상 뛰어난 피아니스트는 우리가 알고 있듯이 매우 많습니다. 그리고 현존하는 유명 피아니스트도 세계 곳곳에 많이 있습니다. 하지만 피아노로 두드러진 공적을 쌓지 못한 피아노맨이 알려지긴 쉽지 않습니다. 그러나 다른 분야에서 이름을 크게 남긴 유명인 중에 우리가 몰랐던 피아노맨들은 있습니다. 그들은 실력으로 치면 피아니스트에 버금가는 피아노맨일지도 모릅니다.

매일 피아노를 친 피아노맨 사르트르

장 폴 사르트르, 그는 매일 피아노를 쳤습니다. 어렸을 때는 외할머니의 집에서, 자라서는 엄마의 집에서, 늙어서는 딸의 집에서 피아노를 쳤습니다. 사유재산을 부정한 그는 집에서 살지 않고 주로 호텔에서 거주했기에 피아노가 있는 여인의 집으로 가야 했습니다. 이렇게 평생 피아노를 칠 정도로 피아노를 사랑한 그는 초견으로 즉흥 연주가 가능할 정도로 뛰어난 실력을 갖추었습니다. 하지만 우리는 아무도 그를 피아니스트로 기억하지 않습니다. 그보다는 실존은 본질에 앞선다는 실존주의를 주창한 철학자로서, 문학적 문제작《구토》의 작가로서, 또 행동하는 좌파 지식 사상가로서, 노벨상 수상 거부자로서, 그리고 시몬 드 보부아르와의 아주 이상한 결혼 등으로 우선 알려져 있습니다. 아, 위에서 얘기한 딸은 수양딸입니다. 그의 이력서 어디에서도 피아노는 발견하기 힘듭니다.

피아니스트도 되고픈 그의 열망과는 별개로 그의 실력이 거기까지는 못 미쳐서 안 된 것일까요? 아님 피아니스트로서 평가받는 필수 코스인 콩쿠르나 무대 공연이 부족해서일까요. 어쩌면 화려한 그의 이력서에서 보듯 너무 뛰어난 것이 많은 그였기에 잘난 것의 하이어라키에 밀려 그것까지 평가를 못 받은 것일 수도 있습니다. 하지만 여러 다방면의 복잡한 일들을 다발로 풀어나가는 그의 일상 속에서도 그만의 혼자 세계로 오면 그에게 1순위는 피아노였습니다. 때론 현업을 물리치고라서도 그는 피아노 앞에 앉았습니다. 천재의 좌뇌로 처리해야 할 것들은 많았지만 우뇌에는 피아노 하나만 있어 보인 그였습니다.

사르트르의 피아노 연주

사르트르에게 있어 피아노는 무엇이었을까요? 일종의 현실 도피처, 쉼터 등 그런 것이 아니었을까요? 또는 어렸을 때부터 결혼 후에까지도 항상 주변에 여인들이 있었음에도 그가 꿈꾸는 터치 하고픈 어떤 여인일 수도 있을 것입니다. 유튜브에 가면 그가 좋아했던 쇼팽의 녹턴을 직접 연주하는 흑백 영상을 볼 수 있습니다. 거기에도 한 여인이….

정신병원에서도 피아노를 친 피아노맨 니체

"짜라투스트라는 이렇게 오줌 쌌다." 사르트르가 니체를 신봉하는 자신의 친구에게 물을 끼얹으며 외친 말입니다. 위대한 선배 철학자 니체를 역설적으로 오마주한 것일까요? 사르트르가 그를 의식했던 것만은 분명합니다. 철학과 사상은 다를지라도 난해한 그들이 공유한 공통점이 있는데 그것은 피아노였습니다. 니체도 피아노에 대한 애정이라면 샤르트르에 앞서면 앞섰지 결코 뒤지지 않았습니다. 똑같이 쇼팽을 애정했던 그는 게다가 작곡 능력까지 갖추어 무려 70여 곡에 달하는 가곡, 합창곡, 교향곡 등 여러 장르의 곡을 직접 썼습니다. 과연 세기의 천재는 아무나 될 수 있는 것이 아닙니다. 하지만 그 역시도 피아니스트로서의 명성은 얻지 못했습니다. 그렇게 되고팠고 듣고팠는데 말입니다. 그래서 다른 뛰어난 것이 많은 그였음에도 작곡과 피아노로 모두 명성을 날린 베토벤이나 모차르트를 꽤나 부러워했을지도 모릅니다.

프리드리히 니체, 그는 "음악 없는 삶은 오류다"라고 말할 정도로 음악에 대한 애정이 컸습니다. 외할아버지 집에서 독학으로 피아노를 배운 사르트르와는 달리 니체는 할머니 집에서 9세부터 정식으로 피아노 레슨을 받았습니다. 2년 만에 베토벤 소나타를 연주할 정도로 그는 피아노에 재능을 보였습니다. 니체는 자신이 들었던 곡 중 좋다고 생각한 곡은 피아노로 편곡해 직접 연주할 정도로 피아노를 좋아했습니다. 비제의 〈카르멘〉 같은 대작 오페라도 좋아한 만큼 여러 번 직관하고 마침내 피아노 한 대로 편곡해 연주할 정도였습니다. 피아노를 좋아도 했지만 그만큼 작곡 능력과 연주 능력이 뛰어났기에 가능했을 것입니다. 그래서인가 말년에 정신병원에 입원해 있을 때에도 그는 하루에 2시간씩 피아노를 쳤다고 합니다. 그 연주가 하도 멋들어져 혹시 제정신이 아닌가 하고 의심을 받을 정도였습니다.

니체가 작곡한 피아노 곡들

니체에게 있어 피아노는 무엇이었을까요? 혹시 그에겐 혼미한 그의 정신세계를 치유하는 치유제이거나, 죽은 그의 신 대신 그를 구원해주는 구원자가 아니었을까요? 신봉했던 바그너와의 절교와 떨치지 못한 애증, 루 살로메와의 아주 이상한 동거와 이별에 이어지는 배신감 등을 잊게 하는…. 유튜브에 가면 사르트르보다 더 많은 니체의 피아노곡 연주 영상을 볼 수 있습니다.

건반 위의 철학자

좀 전에 홀 중앙에 나와 연주한 피아노맨이 니체나 사르트르일 수도 있습니다. 생전에 피아노가 있는 무대가 절실했던 그들이었습니다. 그럼에도 평생 피아노를 곁에 두고 산 그들, 과연 진정한 피아노맨입니다. 사르트르와 니체의 피아노 이야기는 얼마 전 읽은 《건반 위의 철학자》란 책을 통해 알게 되어 인용을 하였습니다. 저자인 프랑수아 누델만 또한 철학 교수이자 아마추어 피아니스트입니다. 그 책에는 사르트르와 니체 이외에도 프랑스의 지성 롤랑 바르트도 나옵니다.

역시 난해한 철학자인 그도 역시 매일 피아노를 쳤습니다.

세 사람의 또 다른 공통점은 모두 어린 시절에 아버지를 여의었다는 것입니다. 어쩌면 그들에게 모자란 부정을 피아노가 채워주었을지도 모릅니다. 저자는 이들을 프로에 버금가는 아마추어로 규정하며 다음과 같이 이야기합니다. "아마추어 피아니스트는 기량이 부족한 연주자가 아니다. 그저 남들과 다르게 연주할 뿐이다." 비화처럼 놀라운 이야기, 초인 같은 철인인 그들에게 이 글을 쓰며 또 한 번 경외감을 표합니다.

빌리 조엘의 피아노맨

피아니스트의 연주는 청중이 예복을 차려입고 예의를 지키며 조용히 앉아 감상하지만 피아노맨의 연주는 그렇지 않습니다. 자유롭게 왁자지껄하며 술잔도 기울이고 때론 일어서서 환호성도 지릅니다. 피아노가 나왔던 근자의 영화 〈그린북〉에서는 피아니스트인 돈 셜리가 연주하지만, 〈라라랜드〉에서는 피아노맨인 라이언 고슬링이 연주합니다. 같은 피아노이지만 연주장 분위기는 사뭇 다릅니다.

지난주 요즘 저의 최애 TV 프로그램인 JTBC의 〈슈퍼밴드2〉에서

빌리 조엘 〈피아노맨〉

빌리 조엘의 〈피아노맨〉이 흘러나왔습니다. 그 오디션에 출연한 3인의 무명 연주자들이 부른 것이었습니다. 젊고 신선한 젊은 연주자들, 너무 잘했습니다. 집이었지만 저도 모르게 제 입에서 브라보가 튀어나왔고 크게 박수를 쳐댔습니다.

빌리 조엘의 〈피아노맨〉은 자신의 옛 경험을 노래하고 있습니다. 무명 시절 첫 앨범을 실패하고 바에서 피아노를 치며 근근이 하루하루를 살아갈 때의 이야기입니다. 사람들은 그에게 피아노를 쳐달라고 조릅니다. 거기에 노래까지 불러달라고 하지요. 이윽고 피아노맨의 연주가 시작됩니다. 사람들은 연주를 들으며 즐거웠던 과거를 회상하며 행복해합니다. 그리고 현재의 슬픔과 고통을 피아노 소리에 흘려보냅니다. 그리고 어느 순간 그들은 피아노 소리에 맞춰 다 같이 떼창을 부릅니다. "오, 라~ 라~ 라~, 디~ 다~ 다~ Oh, la la la, di da da….." 축제와 같은 그곳, 환상의 라라랜드로 변했습니다. 피아노맨이 그렇게 만들었습니다. Bravo! You're the Piano man.

금과 목의 경계, 색소폰

색소폰…. 우리나라 성인 남성들의 이 악기 열풍은 과거 TV 드라마 〈사랑을 그대 품안에〉의 히어로 차인표씨로부터 비롯된 것으로 기억됩니다. 가장 큰 이유는 그처럼 멋있어 보이기 위해서였습니다. 당시 그는 연기로만 연주가 가능했다고 합니다. 하지만 그렇게라도 색소폰이 유행한 것을 저는 매우 다행스럽게 생각합니다. 척박한 음악 환경에서 악기를 모르고 자란 우리나라 남자들이 성인이 되어서라도 그렇게 정 붙일 악기가 하나 생긴 것이니까요. 그런데 이렇게 대중적인 악기가 왜 오케스트라에선 잘 안 보이는 것일까요?

색소폰의 등장

사람들은 이 악기를 색스폰, 섹스폰, 쌕스폰, 섹소폰, 쌕서폰…. 등으로 부릅니다. 색소폰Saxophone입니다. 바꾸어 부를 수 없는 게 악기 중에서 그 이름의 유래가 거의 유일하게 사람에서 왔기 때문입니다. 대개의 악기들은 외모나 기능, 또는 고래로부터 관습적으로 불려 왔던 이름으로 불리고 있습니다. 동물의 구부러진 뿔을 닮아 호른이 되었고, 바로크 악기인 쳄발로의 기능을 업그레이드하여 피아노포르테가 되었습니다. 그 악기는 쳄발로가 할 수 없는 소리의 강약 조절을 가능하게 하여 '강약' 그것이 그냥 이름이 되었습니다. 오늘날 우리가 편하게 줄여서 피아노라 부르는 악기입니다.

색소폰은 벨기에 사람 아돌프 색스Adolf Sax가 1846년 발명한 악기입니다. 색스가 만든 소리 나는 악기라 하여 색소폰이 되었습니다. 클라리넷과 플루트 연주자이면서 대대로 악기공 집안이었던 그가 지구상에 없던 새로운 악기를 만들어 낸 것입니다. 이렇듯 악기의 유명세와 대중성에 비해 상당히 늦게 태어난 악기가 바로 색소폰입니다. 그래서 바흐, 헨델, 모차르트, 베토벤 등 바로크나 고전파의 거장들은 이 악기를 알지 못했습니다. 그들 사후 태어나 그들이 살아 생전 볼 수 있는 악기가 아니었으니까요. 그들의 작품에 색소폰이 등장하지 않는 이유입니다. 이점은 좀 아쉽습니다. 우리가 듣고 있 듯 색소폰은 그 거장들도 충분히 반할 만한 매력적인 음색을 지닌 악기이니까요.

1846년 색소폰을 이 세상에 태어나게 한 아돌프 색스 | 1814~1894

바흐의 〈토카타와 푸가〉 이 음악을 색소폰으로 시작하면 어떨까 하
는 생각이 지금 즉흥적으로 들었습니다. 지금 제가 거실에 켜놓은
오디오의 FM 라디오에서 그 음악이 '빠바방'하고 흘러나와서입니
다. 소프라노 색소폰, 알토 색소폰, 테너 색소폰, 바리톤 색소폰 등
의 색소폰 패밀리가 모여서 콰르텟으로 동시에 연주돼야 제맛일 것
입니다. 웅장하면서도 부드럽게 폭포의 물이 쏟아지듯 소리가 쏟아
져야 하니까요.

TAKEOUT 1

오케스트라의 지각생 색소폰

그렇다고 고전파든 낭만파든 이후 클래식 작곡가들에게 색소폰이
절대적으로 환영받은 것은 아니었습니다. 우리가 보고 있듯 현대
클래식 오케스트라의 악기 편성에서 색소폰은 보기 힘드니까요. 발
명가 색스의 생각만큼 색소폰이 클래식에선 환영을 받지 못한 것입
니다. 작곡가들이 보았을 때 전체 악기와의 조화상 색소폰 음색이
클래식에 어울리지 않는다고 판단했을 수도 있습니다. 또한 악기의
특성상 떨림 현상으로 인해 음정이 불안해서 제외된 것으로 해석이
되기도 합니다.

결정적인 것은 뒤늦게 나오다 보니 작곡가들에게 덜 알려져서 그런
것일 수도 있습니다. 물론 초기엔 색소폰을 제대로 불 줄 아는 연주
자들이 많지도 않았겠지요. 그리고 20세기를 기점으로 이전 세대
클래식 작곡가들의 전성시대에 비해 이후 현대음악에서 두드러진
클래식 작곡가들이 많이 눈에 띄지 않는 것도 이유가 될 것입니다.
색소폰 보급은 시간이 갈수록 활발해졌을 텐데 말입니다. 작곡가들
이 많았을 때는 악기가 부족했고, 악기가 많아졌을 때는 작곡가들
이 줄은 수요와 공급의 불균형이 이어진 것입니다.

그래도 색소폰을 사랑한 일군의 작곡가들이 있어서 그들의 곡 연주 시 오케스트라에 앉아 있는 색소폰 연주자의 모습을 우리는 다소 이채롭게 보게 됩니다. 대표적으로 비제의 〈아를의 여인〉 모음곡에서, 그리고 프로코피에프의 〈로미오와 줄리엣〉에서, 또 그리고 라흐마니노프, 무소르그스키 등의 음악에서 아름다운 클래식 색소폰 소리를 들을 수 있습니다.

대중음악의 신성 색소폰

대신 색소폰은 브라스 밴드에서는 발명가 색스의 바람대로 맹활약을 하고 있습니다. 브라스 밴드에서 색소폰이 없다는 것은 상상할 수 없으니까요. 그리고 그보다 색소폰이 더 위력을 떨치는 장르는 재즈로 대표되는 대중음악에서입니다. 대중음악은 특성상 클래식보다 빠르게 청중의 즉흥적인 감성 반응을 이끌어내야 하는데 관악기 중에선 색소폰이 그 목적을 달성하는 데에 최적의 악기라서 그럴 것입니다. 마치 할리 데이비슨 오토바이의 엔진 소리가 인간의 심장 소리를 닮아서 마니아들을 흥분시키듯 색소폰도 그렇게 인간의 심장에 가장 가까이 근접해 있는 악기로 여겨지는 것입니다. 그 실키하고 무디한 음색이 때론 인간의 심장을 쥐어짜니까요.

어디선가 〈대니 보이〉가 흐릅니다. 그 악기가 테너 색소폰인지 알토 색소폰인지 가늠하기 힘들지만 듣는 청중의 심장은 이내 그 선율을 따라 그 소년에게로 갑니다. 이 음악이 우리나라에선 왜 〈아목동아〉로 번역되었는지 모르겠습니다. 마치 아일랜드 국가 컬러인 초록빛 초원이 펼쳐진 필드에서 소와 양이 한가하게 풀 뜯는 목가적인 노래로 오인되게 말입니다. 대니 보이는 기나긴 식민지 시절 영국과의 전쟁에 나간 아들이 돌아오기만을 기다리는 부모의 애절한 심경을 그린 노래입니다. 꽃이 지고, 계절이 바뀌고, 흰 눈이 와도 아일랜드의 아들은 돌아오지 않습니다. 그래도 부모는 계속 아들을 기다립니다.

슬픈 곡입니다. 피날레의 고음부에선 격정인지 파국인지 모를 기다리는 사람의 파열되는 감정이 색소폰의 음계를 벗어난 하이 톤으로 울려 퍼집니다. 이 곡은 색소폰을 대표하는 곡으로 색소폰을 잡은 사람이라면 한 번쯤은 제대로 연주하고픈 버킷 리스트 곡입니다. 우리나라에선 카바레가 융성했던 시절 "사모님, 가정을⋯." 하며 끈적하게 블루스를 출 때 하루에 몇 번이고 흘러나왔던 곡이기도 합니다. 아, 그랬다고 하는 곡입니다. 제가 카바레를 알 리가 없지요. 그 시절 제비들은 스텝 따라 이 곡을 다 달달 외우고 있었을 것입니다.

금관악기 같은 목관악기 색소폰

색소폰은 금관악기 brass instrument 와 목관악기 woodwind instrument 의 경계에 있는 악기입니다. 그래서 초중교 시절 음악 시험에서 "다음 중 금관 악기가 아닌 것은?" 하는 문제에 답으로 가장 많이 등장했던 악기이기도 합니다. 사지선다형인 이 문제에 답이 아닌 악기들은 주로 트럼펫, 트롬본, 호른 등이었습니다. 금관을 대표하는 악기들이지요. 색소폰이 목관악기임에도 다른 목관악기들과는 달리 번쩍이는 금속성 피부와 큰 체구로 인해 금관악기로 오인할 여지가 큰 악기라서 시험 문제에 단골로 등장했을 것입니다.

그리고 목관악기의 근거가 되는 입이 닿는 부위인 마우스피스 아래쪽 갈대 나무로 만든 리드는 보이지 않으니 그 악기를 보거나, 외우지 않고서는 정답을 찾기 힘든 문제였습니다. 사실 위의 시험 문제 보기 중 호른은 정확히 프렌치 호른으로 나와야 논란이 없습니다. 왜냐하면 또 하나의 호른인 잉글리시 호른은 목관악기니까요. 이름은 같은 호른이로되 둘은 근본적으로 DNA가 다른 악기입니다.

색소폰은 그렇게 외모를 오인할 만큼이나 소리도 금관과 목관의 경계에 있습니다. 목관악기 중 가장 금관악기와 닮은 소리를 내니까요. 아무래도 소리가 통과해서 빠져나가는 울림통이 목관악기 중 가장 크면서 악기의 바디가 금관악기와 같은 재질이기에 그럴 것입니다. 하지만 색소폰 소리의 시작은 누가 뭐래도 지중해산 갈대가 주원료인 리드의 떨림으로 시작되는 악기이기에 악기 구조와 재질도 그렇거니와 소리도 목관악기임에 틀림이 없습니다. 금관악기들처럼 빵빵 터지는 소리가 아니라 부드럽게 흐르는 소리를 내는 악기로 말입니다. 그래도 굳이 성性으로 구분하자면 금관악기를 박력 있는 남성으로 볼 때 대개의 목관악기를 섬세한 여성이라 한다면, 색소폰은 남녀의 특성을 모두 갖고 있는 중성 정도라 할 것입니다.

금관악기 vs 목관악기

사실 입으로 부는 악기를 금관악기와 목관악기로 구분하지만 목관악기는 그 구분이 좀 애매하고 복잡합니다. 초기엔 명확했습니다. 나무 재질로 만들면 목관악기, 금속 재질로 만들면 금관악기였으니까요. 사실 오늘날 이 구분법은 맞지 않습니다. 악기 제조 기술이 발달함에 따라 악기의 재질에 변화가 생겨서 그렇습니다. 금관악기의 경우는 아무 문제없습니다. 소리를 더 좋게 하기 위하여 악기에 그 무엇을 혼합할 수는 있으나 그렇다 해도 그것은 다 브라스의 범주를 벗어나지 않기에 그렇습니다.

하지만 목관악기는 다
릅니다. 플루트든 클라
리넷이든 오보에든 그
바디의 재질이 금속이
나 특수 플라스틱으로
진화되고 있으니까요.
내구성도 문제이지만
공기나 연주자의 침으
로 인해 악기의 바디인
우드에 변형이 생겨서
그렇게 가는 것입니다.
나무로 만든 가구의 적
이 습도라 그것을 피하
는 것처럼 말입니다. 물
론 우드는 재료 속성상

금속이나 플라스틱이 가지지 못하는 따스함과 풍부함이 있기에 그
생명이 끊어지지는 않습니다. 특히 그런 소리를 중시하는 전문 연
주자들에게서는 더욱 그러합니다.

외모의 바디는 그렇다 해도 목관악기를 결정적으로 구분 짓는 마우

오케스트라에서 목관악기는 현악기와 금관악기 사이
중앙 중간부에 위치한다.

스피스엔 여전히 갈대 재질인 리드를 사용하기에 목관악기는 "봐
봐, 나 나무 여기 있잖아"라고 주장할 수 있습니다. 하지만 이때도
문제 되는 목관악기가 있으니 그것은 바로 플루트입니다. 금속제

플루트엔 어딜 봐도 나무 조각이 없습니다. 목관악기 중 플루트만이 유일하게 리드를 사용하지 않고 입술 바람을 그대로 홀에 밀어 넣는 구조이기에 그렇습니다. 물론 플루트 패밀리인 피콜로도 마찬가지입니다. 그래도 메탈 플루트와 피콜로도 과거의 전통대로 목관악기라 부릅니다. 금으로 만들어도, 은으로 만들어도 목관악기입니다. 물론 그들과 함께 우드 플루트도 여전히 활약을 하고 있지요.

색소폰은 같은 목관악기 중에선 클라리넷과 가장 유사합니다. 4촌 정도 되는 족보라 할까요? 아돌프 색스가 색소폰을 발명할 시 가장 많이 참조한 악기가 클라리넷입니다. 피리를 닮은 클라리넷은 외모는 오보에 쪽을 닮았으나 소리를 내는 구조는 색소폰과 동일합니다. 오보에와는 그 방식이 전혀 다르지요. 색소폰과 클라리넷 이 둘이 같은 것은 리드를 마우스피스에 하나만 끼우고 연주한다는 것입니다. 윗입술은 마우스피스의 금속이나 특수 플라스틱에 닿고 아랫입술은 리드에 닿게 해 그 사이에 바람을 밀어 넣어 소리를 내는 구조입니다. 반면에 오보에는 이물질의 마우스피스라는 것이 없이 두 장의 갈대 리드를 위아래로 이어 붙여 그 나무와 나무 사이로 바람을 불어넣어 소리가 나오게 하는 방식입니다. 이와 같은 방식의 오보에 패밀리는 잉글리시 호른과 바순이 있습니다. 이들은 모두 두 장의 리드를 사용하는 악기입니다.

정리하면 목관악기는 같은 집안이지만 입술 부위의 소리 내는 방식에 따라 세 개의 군소 패밀리로 나누어집니다. 한 장의 리드를 사용하는 홑리드 방식의 색소폰과 클라리넷 패밀리, 두 장의 리드를 사용하는 겹리드 방식의 오보에, 잉글리시 호른, 바순 패밀리, 그리고 리드를 사용하지 않는 플루트와 피콜로 패밀리로 말입니다. 금관악기는 재질, 외모도 그렇지만 소리 내는 방식이 오직 한 가지 방식이라 심플합니다. 여러 방식의 목관악기와는 달리 금속성 마우스피스 안쪽으로 양쪽 입술을 말아서 밀어 넣어 소리를 내는 단 한 가지 방식만이 있으니까요. 물론 악기에 따라 그 금속성 마우스피스의 크기는 다 다릅니다.

색소폰을 설명하다 보니 목관악기 전체에 대한 설명으로 이어졌네요. 오지라퍼의 숙명입니다. 지금 제가 색소폰 글을 쓰는 이유는 집안에 귀하게 모셔놓고 사용을 멈춘 그 악기가 자꾸 걸려서도 일부 작용했습니다. 악기라는 것이 자식처럼 자꾸 어루만져주고 사용을 해야 귀하게 쓰임을 받는 건데 주인을 잘못 만나서 그렇지 못한 제 애기愛器 색소폰에게 미안해서입니다.

색소폰과의 재회

2019년 전 제가 소속된 어떤 모임의 송년음악회에서 제가 연주를 하게 되었습니다. 소싯적에 그 악기를 다룬 적이 있던 저였는데 누군가 그 사실을 알고 그 연주회에 저를 강하게 떠밀어 그 무대에 졸지에 서게 된 것입니다. 이제 큰일 났습니다. 색소폰을 분 지 4반세기 이상 지났으니까요. 집에 악기도 없고요. 그래서 부랴부랴 악기를 마련하고 연습을 하기 시작했습니다. 화이트 골드의 예쁜 알토 란같은 알토 색소폰이 우리 집에 들어왔습니다. 희미하지만 사진에 보이는 악기입니다. 참으로 오래간만이었습니다. 그리고 D데이가 되어 무대에 섰습니다. 그 시간이 어떻게 갔는지는 모르겠지만 아무튼 그 연주 시간은 무사히 넘어갔습니다. 연주라 할 것도 없는 그때 저의 심경은 "제발 '삑' 소리만 나지 마라"였습니다.

연주곡은 영화 〈대부〉의 ost인 〈Speak Softly Love〉였습니다. 제목은 그러했으나 소프틀리하지 않고 뻑뻑하게 나아간 그날 밤 사랑이었습니다. 근데 저 같은 아마추어 연주에 반주는 특급 피아니스트가 해주었습니다. 그날 메인 무대를 하러 오신 김재원 피아니스트가 저처럼 엮여서 졸지에 반주를 하게 된 것입니다. 미안한 일이지요. 얼마 전 롯데콘서트홀에서 그가 지휘자로 데뷔한 영화음악 연

주회를 보러 갔습니다. 지
휘자로도 새롭게 출발하는
만능 뮤지션 김재원님의 건
승을 기원합니다.

그리고 그날 밤 이후 색소
폰은 다시 한 번도 잡지 않
았습니다. 마치 첫사랑을
오랜 이별 끝에 다시 만나 짧고 강렬한 시간을 보낸 후 다시 헤어진
것과 같은 모양새입니다. 공동주택이란 우리 집의 구조도 한몫하
고 있을 것입니다. 그땐 다른 장소에 가서 연습을 하였으니까요. 그
래도 마음으로는 "다시 불어야지, 다시 불어야 하는데" 하는 심경
으로 지금 제 곁 벽장 속에 갇혀 보이지 않는 그를 올려다보곤 합니
다. 오겠지요, 또 그를 잡을 날이….

벨기에에 디낭이라는 아름다운 소도시가 있습니다. 도시 전체가 온
통 색소폰으로 도배되어 있는 이 도시는 색소폰의 아버지 아돌프
색스의 고향입니다. 색소포니스트들에겐 성지와 같은 곳이지요. 색
소폰과 관련된 다양한 축제가 끊이지 않고 4년에 한 번 세계 최고
권위의 색소폰 콩쿠르도 열린다고 합니다. 2차 세계대전에서 독일

아돌프 색스의 고향으로 색소폰의 성지가 된 벨기에의 디낭

과의 유명 전투 장소로 빈번하게 등장하는 뫼즈강 강변에 이 도시
가 있군요. 색소폰만큼이나 팬시한 도시네요. 언젠가 벨기에를 다
시 방문한다면 그땐 이 도시를 꼭 방문하렵니다. 우리나라에도 수
입되는 레페 맥주의 고향이라니 맥주는 보너스입니다. 그런데 왠지
벽장 안의 제 색소폰도 함께 그곳을 가야 할 듯싶습니다. 그를 세상
에 태어나게 한 그곳을 저보다 더 우선적으로 볼 권리가 있는 색스
의 후손 색소폰이니까요. *이 글을 통해 유튜브의 색소폰 스타 김은산 선생
님에게 감사를 드립니다. 영상으로만 뵈었지만 저의 지나간 세월과 함께 잃어버린
색소폰의 소리를 조금이나마 찾게 해준 분이십니다. 저는 이분의 색소폰 소리가 제
가 아는 색소폰 연주자 중에서 가장 목관과 금관의 경계, 그리고 클래식과 대중음악
의 중간에 위치해 있다고 생각합니다. *

2악장 교향곡과 6악장 실내악곡

절반만 작업하고 납품했는데 그것이 세계 최고? 통상 4악장인 교향곡의 룰을 깨고 2악장만 있음에도 세계 3대 교향곡으로 꼽히는 슈베르트의 〈미완성 교향곡〉 이야기입니다. 그런데 그는 왜 불멸의 이 곡을 절반에서 멈추었을까요? 그의 〈8중주〉 실내악곡은 4악장이면 충분한 것을 굳이 6악장까지 작곡했으면서 말입니다. 알다가도 모를 슈베르트입니다.

통상 교향곡은 4악장을 기본으로 하고 있습니다. 우리가 알고 있는 교향곡들을 대개 다 4악장이지요. 초기엔 3악장의 교향곡도 있었지만, 악성으로 추앙받는 베토벤이 4악장으로 종지부를 찍었습니다. 교향곡의 아버지는 하이든이지만 그것을 완성하고 전성시대를 연 음악가는 베토벤인지라 그런 그의 영향력으로 4악장이 정답이 된 것입니다. 그런데 그 시대에 다소 생뚱맞게 3악장도 아닌 2악장만으로 구성된 교향곡이 있습니다. 우리에게도 너무나도 잘 알려진 슈베르트의 8번 교향곡입니다. 그 곡은 그렇게 2악장으로만 끝나 〈미완성 교향곡 Symphony no.8, 'Unfinished'〉이란 이름을 얻게 되었습니다. 2악장 교향곡을 미완성이라 하니 교향곡은 최소 3악장 이상은 되어야 완성 교향곡이라는 것을 의미할 것입니다.

하지만 이렇게 미완성임에도 불구하고 슈베르트의 이 교향곡은 베토벤의 5번 〈운명〉, 차이콥스키의 6번 〈비창〉과 함께 세계 3대 교향곡에 당당히 이름을 올리고 있습니다. 슈베르트 사후 후대의 말러가, 그보다도 더 후대인 우리들이 이렇게 평가하는 것을 알면 상당히 기분 나빠할지도 모를 일입니다. 교향곡에 관한 한 한가락 하는 그는 4악장도 모자라 그것을 넘어선 5악장 교향곡도 썼으니까요. 그것도 대규모 악기들과 아리아와 합창까지 동원해서 말입니다. 우리에게 〈부활〉로 잘 알려진 그의 2번 교향곡이 그의 그런 스펙터클

미완성인 삶을 살다 간 비운의 천재 슈베르트 | 1797~1828

한 5악장 교향곡 중의 하나입니다. 아마도 말러는 넘사벽 베토벤을 넘어서기 위해 그런 시도를 했을지도 모릅니다.

결국 악장 수로 보면 〈부활〉은 〈미완성〉의 2.5배이고, 시간으로 보면 〈미완성〉이 25여 분, 〈부활〉은 90여 분에 달하니 무려 4배 가까이 됩니다. 말러가 보기에 작곡에 공들인 길이와 시간으로 볼 때 슈베르트가 너무 쉽게 교향곡의 금은동메달 중 한 자리를 차지하고 있다고 생각할지도 모른다는 것입니다. 음악의 문외한인 저의 저급한 생각입니다.

지난 토요일(2022. 6. 4) 저녁 서울 예술의 전당에 다녀왔습니다. 이 책에도 있는 글인 〈Only in Vienna〉 음악회를 관람하러 간 것입니다. 제가 그 음악회 타이틀 에세이를 프로그램북에 게재한 연으로도 가게 된 자리였습니다. 진작부터 연주 레퍼토리를 알고는 있었지만 그날 들은 8중주 실내악은 처음 접하였습니다. 듀엣, 트리오, 콰르텟, 퀸텟 이렇게 5중주까지는 들어봤어도 실내악에서 그이상의 연주자와 악기는 처음이었다는 것입니다.

8중주는 라틴어 수열에 따라 8을 의미하는 옥텟Octet이라 불립니다. 실내악으론 9중주 노넷Nonet까지 있습니다. 물론 10중주도 가능하겠지요. 이 정도면 거의 미니 오케스트라입니다. 악단의 규모만큼 연주가 성사되기도 만만치 않을 것입니다. 전속 연주자들이 아니고 서야 악기별 그 많은 연주자들을 섭외하는 것은 물론 일정을 맞추어 연습하는 것도, 공연하는 것도 쉽지 않을 테니까요. 이렇게 구성만으로도 흥미로운 첫 경험이었습니다. 그날 연주자들이 들려준 8중주의 작곡자는 바로 슈베르트였습니다. 그는 비엔나에서 태어나 비엔나에서 활동하고 비엔나에서 죽은 순진짜정말 비엔나 토박이였습니다. 〈Only in Vienna〉 타이틀에 최적인 음악가 슈베르트입니다.

비엔나의 두 거인 베토벤과 슈베르트

슈베르트1797-1828, 그는 베토벤1770-1827을 존경하였습니다. 베토벤은 독일인이지만 비엔나를 주 무대로 35년간 활동하며 슈베르트와 비엔나를 공유하였습니다. 그러함에도 슈베르트는 베토벤을 평생 단 한 번밖에 만나지 못했습니다. 그것도 베토벤이 죽기 1주일 전이었습니다. 베토벤 사망 1년 후 슈베

비엔나 중앙 묘지(좌부터 베토벤, 모차르트, 슈베르트 묘지)

르트는 31세의 젊은 나이에 죽었는데 그는 죽어가며 베토벤 이름
을 부를 정도로 베토벤 바라기였습니다. 결국 그는 죽어서는 비엔
나 중앙 묘지의 베토벤 바로 옆에 묻히는 영예를 안았습니다. 살아
서는 베토벤의 명성에 어림도 없던 그였지만 단 한 번 만난 베토벤
의 슈베르트에 대한 높은 평가가 그를 사후 악성의 곁으로 인도하
게 한 것이었습니다.

40여 년 전인 1791년, 같은 비엔나 시민으로 살아서는 영예를 누렸

지만 죽음은 쓸쓸해 시내 밖 공동묘지에 버려져 유해조차 찾을 수 없는 모차르트에 비해 죽음은 행복한 슈베르트였습니다. 모차르트 그도 30대에 요절해 35세에 유명을 달리하였습니다. 만약 베토벤이 1주일 먼저 일찍 죽었다면 슈베르트와 그런 세기의 만남이 되어버린 만남은 성사되지 못했을 것입니다. 그렇다면 지금 슈베르트 묘지의 위치도 달라졌을지도 모릅니다. 결국 살아서든, 죽어서든 비엔나를 빛낸 3인방은 죽어서는 셋이 사이좋게 한 자리에 모여 있게 되었습니다. 모차르트 그도 유해는 없지만 나중에 그의 기념 묘비가 이곳 후배들이 있는 자리에 세워졌으니까요. 사필귀정입니다.

그런데 그 정도로 베토벤을 존경한 슈베르트가 교향곡은 왜 그의 룰을 따르지 않고 2악장으로 종결시켰을까요? 4악장 교향곡은 베토벤이 확립해 교향곡의 텍스트가 되었는데요. 더구나 제가 지난 주말 예술의 전당에서 감상한 〈슈베르트의 8중주〉 곡은 〈베토벤의 7중주〉 곡을 흠모하고 계승해서 악기를 하나 더 추가까지 하며 작곡했으면서 말입니다.

슈베르트 8중주 후기

〈슈베르트 8중주Schubert Octet〉는 제1바이올린, 제2바이올린, 비올라, 첼로, 더블베이스, 호른, 클라리넷, 바순 등 8개의 현악, 금관, 목관 악기가 등장합니다. 주요 멜로디는 주로 제1바이올린이 아닌 클라리넷이 진행합니다. 제 귀엔 이런 클라리넷과 함께 더블베이스가 매우 인상적으로 들렸습니다. 개인적으로 전 그의 〈미완성 교향곡〉에서도 이 두 악기를 주목해오고 있었습니다. 1악장 개시와 함께 묵직하게 바닥을 긁고 지나가는 더블베이스의 멜로디를 클라리넷이 높게 공중으로 끌어올려 마치 카나리아가 노래하듯이 곱게 연주하는 그 인트로를 좋아해서 그렇습니다. 슈베르트는 클라리넷을 좋아했었나 봅니다. 이렇게 요직을 맡기는 것을 보면 말입니다. 그의 〈8중주〉는 6악장이나 되니 출연 악기 모두가 개인기를 보여주곤 합니다. 연주 시간도 길 수밖에 없어 교향곡 이상의 60여 분이나 걸리므로 언급한 대로 실내악이지만 미니 오케스트라급 연주가 맞습니다.

긴 연주 동안 부재한 타악기 소리를 메꾸기 위해 종종 더블베이스와 첼로의 피치카토가 베이스 드럼과 팀파니의 역할을 대신하는 듯하였습니다. 특히 더블베이스가 더 강력해 보였는데 제가 위에서 더블베이스가 인상적이라고 한 것은 바로 이런 구간들이었습니다. 격정과 유려함 속에, 때론 반구형으로 마주 보고 앉은 연주자들이 축구에서 티키타카 짧은 패스를 하듯 주제를 주고받으며 연주한 〈8 중주〉의 긴 시간이 전혀 지루하지 않게 흘러갔습니다. 훌륭한 앙상블이었습니다. 슈베르트라는 대가의 작곡 능력에 연주자들의 기량이 더해져 그랬을 것입니다. 때론 더 많은 종류의 악기가 여러 대씩 등장하는 오케스트라도 각 악기들이 아무리 다채롭게 연주해도 지루하기도 한데 그날 슈베르트의 〈8중주〉의 무려 60여 분은 전혀 그렇게 느껴지지 않았습니다.

그렇게 연주를 들으며 후반부에 전 그의 〈미완성 교향곡〉을 떠올렸습니다. "Mr. 슈베르트! 아니, 정작 교향곡은 2악장만 써서 미완성인 채로 남겨 두고 그렇게 안 해도 되는 이 8중주 곡은 굳이 왜 6악장까지 쓰셨나요?"라고 그에게 묻고 싶은 것이었습니다. 음악의 문외한인 저의 저급한 생각이 또 한 번 발동하는 순간이었고, 지금 이 글을 쓰게 된 동기가 발아하는 시점이었습니다. 통상 실내악이나 협주곡이 3악장, 4악장인 것을 고려하면 이 6악장 〈8중주〉 곡에서 뒷부분 2악장을 뚝 떼어서 〈미완성 교향곡〉에 갖다 붙이면 4악장 곡이 되니, 그러면 교향곡이나 실내악이나 다 모자람과 남김이 없이 4악장으로 뚝 떨어진다고 전 생각한 것입니다. 이미 8개 악기의

곡은 완성되어 있으니 오케스트라에서 빠진 몇 개의 악기만 추가하
면 되니까요.

그렇게 초등학교 저학년의 산수적 생각을 가능하게 한 것은 "슈베
르트 정도의 천재라면 그렇게 5, 6악장을 떼어내 갖다 붙여도 별문
제 없이 〈미완성 교향곡〉의 1, 2악장과 어울리게 3, 4악장으로 교정
할 수 있지 않을까?"라는 생각 때문이었습니다. 슈베르트를 그만큼
높게 평가하기에 가능한 생각이었다는 것입니다. 그리스 신화에 등
장하는 프로크루스테스는 나그네가 그의 집에 묵을 때 침대보다 키
가 크면 발을 잘라 사이즈를 맞추고, 침대보다 키가 작으면 발을 잡
아당겨 늘려서 침대에 맞추었습니다. 침대에 딱 맞추어 살해한 것
입니다. 전 그렇게 악당 프로크루스테스와 같은 생각을 한 것이었
습니다. 슈베르트의 〈미완성 교향곡〉은 1822년에, 그리고 〈8중주〉
곡은 그보다 2년 뒤인 1824년 작곡되었습니다.

가장 불행한 음악가 슈베르트

슈베르트의 삶은 매우 불행했습니다. 음악 역사상 그보다 더 불행
한 음악가가 있을까요? 시력과 청력을 잃은 대가들이 있지만 그것
은 그들 전체 삶의 일부분이었습니다. 일단 슈베르트는 어린 시절

부터 악보를 보는데 시력이 안 좋아 안경을 끼고 살았습니다. 안경은 우리가 그를 여러 음악가 중에서 쉽게 그를 구별하게 하는 그의 캐릭터 중 하나입니다. 헝클어진 머리와 부은 얼굴의 외모도 안경과 함께 그를 타 음악가와 구별되게 합니다. 하지만 같은 안경을 쓰고 있어도 그의 사후 비엔나에서 활동한 같은 오스트리아인인 말러는 그와는 달라 보입니다. 교향곡을 난해하게 만들고 5악장까지 늘리느라 고생을 많이 해서 그런지 말러는 고뇌하는 지식인과 문화 상류층의 까탈스러운 이미지가 있는 데 반하여 슈베르트는 그렇지 않아 보인다는 것입니다.

실제로 그의 부은 얼굴은 그의 영양 상태와 상관이 있습니다. 가난하기에 제대로 먹을 수 없던 것이었습니다. 그의 곤궁한 경제 상태를 단적으로 보여주는 예는 그의 작곡에 필수인 피아노를 죽기 1년 전에야 마련했다는 것입니다. 주로 기타로 작곡을 했다고 알려져 있습니다. 과연 천재라 아니 부를 수 없는 슈베르트입니다. 기타로 오페라까지 작곡하다니요? 그는 잘 알려지지 않았지만 〈사콘탈라〉, 〈악마의 별장〉 등 15곡이 넘는 오페라를 썼습니다. 그가 존경하는 베토벤은 〈피델리오〉 딱 한 곡만 썼지요. 헝클어진 그의 머리는 그가 게으르거나 그가 사는 열악한 위생 환경을 보여주고 있을 것입니다.

그런 외모로 인해 그렇게 음악에 뛰어난 천재임에도 그는 여자들에게 인기도 없었습니다. 결혼도 안 했지요. 그래서인가 그의 육신은 어두운 비엔나 뒷골목의 여인에게서 걸린 매독으로 그의 생을 31이라는 숫자에 멈추게 했습니다. 매독은 인류 역사상 생각보다 많은 위인들을 괴롭히고 죽음에 이르게 하였습니다. 헨리 8세, 이반 4세, 루이 14세 등의 세속 군왕들과 알렉산드로 6세, 율리우스 2세, 레오 10세 등의 신의 사도인 교황들도 피해 갈 수 없는 병이었습니다. 작가 그룹에선 보들레르, 플로베르, 모파상, 마네, 고갱, 로트렉, 하이네 등의 쟁쟁한 멤버들이 그 몹쓸 병의 희생자였습니다. 그리고 슈베르트가 존경해 마지않던 베토벤도 젊은 시절 매독으로 고생을 하였다고 알려져 있습니다.

제가 이렇게 많은 역사적 인물들을 열거하는 이유는 유독 슈베르트의 매독만이 후대에 1순위로 불명예스럽게 올라오고 있어 그의 편에 서서 그를 연민하며 보편화(?)시키기 위함도 있습니다. 당시 의학으로는 치료가 불가능한 무서운 병이었으니까요. 위의 알려진 인물보다 훨씬 더 많은 인물들이 이 병으로 고통을 받았을 것입니다. 그래서 15세기 말 이후 역사상 사망 이유가 불분명한 위인들은 이 병이 사인일 확률이 높습니다. 시대를 막론하고 드러내기 힘든 병이니까요. 19세기 초 당시 비엔나 인구는 30여만 명에 달했는데 그

중 윤락업에 종사하는 여성이 2만 명이나 됐다고 합니다. 당시 세계 최대의 매춘 도시였습니다. 비엔나에서 열린 나폴레옹 전쟁 전후 처리를 위한 세계 최초의 국제회의인 비엔나 체제(1815)의 영향으로 전 유럽의 남성들과 성매매 여성들이 몰려든 결과입니다.

그 체제하에 슈베르트는 1822년 25세에 매독이 걸렸습니다. 이제 그의 인생은 불행한 인생에서 더 불행한 인생으로 가게 됩니다. 하지만 흉하게 변해가는 피부, 극심한 두통과 위통으로 죽어가면서도 그는 630여 곡에 달하는 가곡을 비롯해 1000여 개의 다양한 장르의 곡을 그의 일생에 작곡해냈습니다. 31년의 짧은 인생에 1000여 곡, 그의 불행했던 삶과 그 속에서의 다작은 그가 살던 비엔나에서 멀리 떨어진 서남부 프로방스의 햇살 아래 그와 비슷한 삶을 살다 간 고흐라는 남자를 연상하게 합니다.

슈베르트를 닮은 미완성 교향곡

그가 1822년에 작곡한 〈미완성 교향곡〉을 그의 생전에 들은 사람은 아무도 없었습니다. 세계 3대 교향곡이라 칭송받는 이 명곡은 그의 사망 40여 년 후인 1865년이 돼서야 비엔나에서 초연이 되었으니까요. 다시 돌아가서, 그런데 그렇게 다작 작곡가인 슈베르트가 왜

이 곡은 2악장까지만 작곡하고 멈추었을까요? 여러 자료와 내용을 찾고 둘러보아도 명쾌한 대답을 얻을 수 없었습니다. 혹자는 1, 2악장을 작곡해놓고 추가 작업을 잊어버려서라고 하고, 아이디어 고갈로 스톱했다는 설도 있습니다. 실제로 그가 3악장 작곡을 시작한 흔적은 있습니다. 또 혹자는 병마로 인해 작곡을 멈추었다고 하지만 이후에도 6악장이나 되는 긴 〈8중주〉곡을 포함해 왕성한 작

슈베르트〈미완성〉교향곡

곡 활동을 이어간 것을 보면 그것은 말이 안 됩니다. 영화 〈아마데우스〉에서 보듯 죽음 때문에 부득이 〈레퀴엠〉을 미완성인 채로 남기고 떠난 모차르트와는 다르다는 것입니다. 슈베르트는 병에 걸린 같은 해에 미완성 교향곡을 썼고 그 후 6년을 더 살았습니다.

확실한 것은 그가 미완성한 교향곡이 그의 삶을 닮았다는 것입니다. 모든 것이 완성되지 않은 채로 그는 죽음을 맞이하였습니다. 생전에 경제적으로 궁핍했고, 육체적으로 아팠고, 음악적으론 정당한 평가를 받지 못했던 그였으니까요. 그의 사망 7년 후 낭만주의의 대가 슈만은 사람들이 슈베르트의 이름조차 모르는 것을 안타까

위하며 그의 천재성에 대한 많은 아티클들이 나와야 한다고 했습니다. 그리고 언젠가는 그럴 날이 올 것이라고 하였습니다. 그가 미완성인 채로 죽었다는 것이지요.

슈만의 예언대로 슈베르트는 죽어서 완성이 되었습니다. 완성에 모자랐던 2악장이 채워진 것입니다. 그의 미완성된 교향곡이 오늘날과 같은 위대한 평가를 받고 그는 가곡의 왕으로서 독보적인 음악가가 되었으니까요. 생전엔 그의 연가곡 〈겨울 나그네〉의 고독하고 쓸쓸한 나그네처럼, 그의 현악 4중주 〈죽음과 소녀〉의 죽음의 유혹 속에 살던 그였습니다. 모르지요. 그가 존경했던 베토벤처럼 그가 50대 후반까지 살았다면 음악의 역사가 어찌 달라졌을지도요. 무엇보다도 그의 불멸의 명작인 〈미완성 교향곡〉이 완성이 되어 그 곡엔 다른 부제가 달렸을 것입니다. * 내용 중 매독 부분은 《질병이 바꾼 세계의 역사》(게르슈테 지음, 강희진 옮김, 미래의 창 출판)에 나오는 내용을 인용하였습니다. *

왜 라파엘전파?

세상에서 가장 비싼 그림

와이너리 & 갤러리

파리의 아름다운 순간들 by 이건희

왜 라파엘전파?

주류 회화 사조를 이끈 대륙의 프랑스에서 19세기 중반 사실주의
가 성행할 시 바다 건너 영국에서는 라파엘전파라는 일단의 화가들
이 작품 활동을 전개하였습니다. 거두절미하고 라파엘로 이전의 그
림으로 돌아가자는 운동입니다. 그런데 왜 그들은 르네상스의 대가
들 중 라파엘로를 호출하여 전면에 내세웠을까요? 더 센세이셔널해
보이는 미켈란젤로전파, 다빈치전파 이렇게 작명했을 법도 한데요.

덜 빛나 보이는 르네상스의 거장 라파엘로

중세 천년의 어둠을 깬 르네상스 시대를 빛낸 예술가들 중 3인을 뽑으라고 하면 대다수는 미켈란젤로 부오나로티, 레오나르도 다빈 치, 그리고 산지오 라파엘로를 가리킬 것입니다. 그래서 르네상스 3대 거장이라 불리는 그들입니다. 그런데 이런 식의 분류는 누가 시작한 것인지 모르겠습니다. 그 시대에 활동했던 예술가들이 모 두 모여 콘테스트를 통해 금메달, 은메달, 동메달을 가린 것도 아니 고, 후대에 권위 있고 공신력 있는 르네상스 평가 협의회가 열려 당 시 활동했던 모든 예술가들을 놓고 3등까지 석차를 매겨 선정한 것 도 아닐 텐데 말입니다. 그렇다고 이 3인이 그럴 만한 자격이 없다 는 것은 절대 아닙니다. 충분히 그런 칭송과 영예를 누릴만한 예술 적 성과를 남긴 거장이라는 것엔 이견이 없지만 이 글을 열자마자 불현듯 저의 요상한 궁금증이 도져서 든 생각입니다. 누가 언제부 터 그렇게 불렀고, 그것이 어떻게 공인되어 우리가 과거 학창 시절 시험 문제에 틀리지 않기 위해 그렇게 달달 외웠는지 말입니다.

실은 어떤 분야에서 이런 식의 위대한 3인방 등과 같은 분류는 그 자체로 그렇게 의미 있거나 중요한 것은 아닐 것입니다. 그들이 이 룩해 낸 각각의 성과와 그 의미가 중요한 것이겠지요. 그리고 그것들 간에 서로 연결 관계가 있다면 그것도 분석할 만한 의미 있는 일일 것입니다. 제가 이렇게 3인방에 경도된 또 다른 이유는 그러면 그 시대 최전방에서 르네상스를 연 조토나, 최후방에서 르네상스를 닫은 카라바조와 그들 사이에서 활동했던 안젤리코, 보티첼리, 브라만테, 도나텔로 등 수많은 예술가들이 지하에서 이 말을 들으면 섭섭해할지 몰라서도 든 생각이었습니다. 그들 모두도 살아생전엔 한가락 했다 자부하고 인기도 누리고 평가를 받았던 르네상스의 대가들이었느니 말입니다.

그런데 같은 르네상스를 대표하는 3인이라도 미켈란젤로와 다빈치에 비해 라파엘로는 좀 처지는 감이 있습니다. 3인방에서 더 좁게 들어가 르네상스의 쌍벽이라 하면 그를 제외한 미켈란젤로와 다빈치를 가리키기도 하니 말입니다. 마치 러시아 소설 문학을 이야기할 때 3인방이라 하면 톨스토이, 도스토옙스키, 투르게네프 등을 가리키지만 쌍벽이라 하면 톨스토이, 도스토옙스키로 좁혀지고 그런 평판으로 인해 투르게네프가 이들 두 작가보다는 좀 힘겨워 보이는 것처럼 말입니다. 라파엘로의 경우는 후대의 평가도 그렇지만 미켈란젤로와 다빈치가 회화 분야에서만 돋보였던 그와는 달리 조각이나 건축, 공학 등 다른 분야에서도 걸출한 역량을 보였기에 그렇게 평가되는 것도 있으리라 보여집니다. 그런데 15세기 말과 16세기

〈아테네 학당〉 | 라파엘로 | 1510~1511

초 피렌체를 중심으로 공유했던 이들 3인의 생전엔 라파엘로의 대
중적인 인기가 가장 높았다고 합니다. 특히 여성들에게 말입니다.

라파엘전파의 등장

이렇게 높은 명성과 성과로 그들 사후에도 역사에서 존경을 받던 이들 르네상스인들은 후대 어느 시점 일단의 후배 화가들에게 비판까지는 아니더라도 그들과 선을 긋자는 어떤 화풍의 사조에 소환되게 됩니다. 그들 사후 300여 년 후 출현한 라파엘전파가 바로 그들입니다. 라파엘전파Pre-Raphaelite Brotherhood는 1848년 영국왕립미술원에 수학 중인 존 에버렛 밀레이, 단테 가브리엘 로세티, 윌리엄 홀먼 헌트 등의 젊은 화가들이 말 그대로 라파엘로 이전으로 돌아가자는 그림 운동을 한 것입니다.

사실 그들은 라파엘로 한 사람만을 호출해 예술의 시계를 그 이전으로 돌리자는 형제회를 조직했지만 실상은 라파엘로를 비롯한 르네상스 3대 거장은 물론 위에서 열거한 모든 르네상스 화가 이전의 그림으로 돌아가자고 주장하며 새로운 작품 활동을 하였습니다. 한마디로 중세로 돌아가자는 복고주의의 구현이었습니다. 그들이 그렇게 주장했던 이유는 중세의 예술이 그 대상이 인간이든 자연이든 그것들을 가장 사실적이고 치밀하게 묘사했다는 것입니다. 이렇듯 복고주의와 함께 사실주의는 라파엘전파의 모토가 되었습니다.

그 지적은 맞습니다. 르네상스는 인본주의의 부활로 자유로운 고대 그리스와 로마의 예술을 추구하여 인간과 자연을 가장 이상적으로 표현하였습니다. 미켈란젤로가 조각한 〈다비드〉 상이나 보티첼리가 그린 〈비너스의 탄생〉에서 보이는 남녀는 가장 이상적인 비율과 잘생기고 아름다운 모습의 극치를 보여주고 있습니다. 이것은 다빈치의 노트 속 인체의 가장 완벽한 황금비를 보여주는 스케치에서도 마찬가지로 보여집니다. 그런데 실제 세상엔 그런 사람은 아주아주

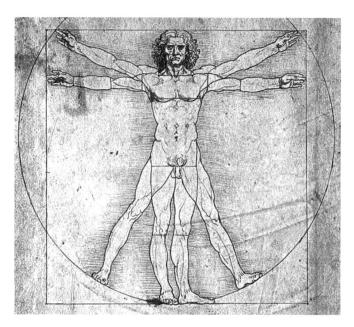

〈비트루비우스의 이론에 따른 인체 비례도〉 | 레오나르도 다빈치 | 1490

극소수입니다. 비현실적이라는 것입니다. 라파엘전파의 화가들은 라파엘로가 아름답게만 그린 〈성모〉 시리즈의 모습에서도, 그리고 〈아테네 학당〉의 많은 인물들의 모습과 그 배치와 숨겨진 상징에서도 그런 부자연스러움과 비현실성을 느꼈을 것입니다.

라파엘전파의 수태고지

그래서 그러한 것에 반기를 든 라파엘전파의 화가들은 신성의 영역인 기독교의 예수 그리스도와 그의 엄마인 성모 마리아를 표현함에 있어서도 지극히 인간적인 모습으로 묘사하였습니다. 성모 마리아에게 가브리엘 천사가 나타나 예수 그리스도의 잉태를 예고하는 〈누가복음〉 중 한 장면은 기독교에서 매우 의미 있게 다루는 주제라 그 시대 많은 화가들이 이 장면을 작품으로 남겼습니다. 당연히 수태고지를 받아들이는 침착하고 자애로운 마리아의 모습과 그것을 전달하는 하나님의 메신저인 날개 달린 천사 가브리엘의 모습이 매우 성스럽게 표현되었습니다.

하지만 로세티의 작품 〈수태고지 Annunciation〉는 그렇지 않습니다. 자다가 깨 겁에 질려 벌벌 떠는 한 소녀의 모습이 보일 뿐입니다. 가브리엘 천사도 어디에 두고 왔는지 그가 천사임을 보여줄 날개를

〈수태고지〉 | 레오나르도 다빈치 | 1452

〈수태고지〉 | 라파엘로 | 1503∼1504

〈수태고지〉 | 단테 가브리엘 로세티 | 1850

장착하지 않습니다. 단지 그가 천사임을 암시하는 것은 몸이 바닥에서 살짝 떨어져 있다는 것입니다. 그리고 성화임을 짐작하게 하는 것은 천사와 마리아의 머리 뒤 후광Halo인데 그것도 최소한으로 작고 빛도 나지 않습니다. 마리아의 이런 모습, 당연하다 할 것입니다. 남자와 동침한 적이 없는 처녀에게 아기를 배게 될 것이라는데 겁내지 않을 처녀가 세상에 어디 있겠습니까?

더구나 그녀는 당시 요셉이라는 성실한 목수 청년과 정혼한 상태였으니 더 겁을 먹었을 것입니다.

라파엘전파의 예수 그리스도

라파엘전파의 화가 밀레이가 그린 〈부모의 집에 있는 그리스도〉라는 작품 역시 전혀 성스럽지 않습니다. 어린 시절 아버지 요셉을 따라 목수 일을 했던 그의 집안을 묘사했는데 이 그림은 당시로선 매우 충격적이었습니다. 예상되듯이 이 그림을 보고 당시 영국의 인

〈부모의 집에 있는 그리스도〉 | 존 에버렛 밀레이 | 1851

기 작가였던 찰스 디킨스는 광분하며 마치 예수 그리스도의 성 가족을 술주정뱅이와 빈민들로 묘사했다며 신성모독이라고 강하게 비판을 가했습니다. 하지만 그리스도의 집안이 왕족도, 귀족도, 부자도 아닌 나사렛의 허름한 목수집이니 온 식구의 생존이 걸린 생업에 모두 이렇게 매달리는 것은 당연했을 것입니다.

10여 세의 어린 예수는 못에 찔렸는지 엄마 마리아가 볼에 뽀뽀하며 호호 불어주고 있습니다. 아빠 요셉도 고개를 숙여 그를 케어하는 모습은 당시 여느 가정의 모습과 다를 바 없어 보입니다. 그것이 천하의 하나님의 독생자 예수 그리스도라도 말입니다. 이제 비로소 사람들은 제대로 된 예수의 어린 시절 집을 구경하게 된 것입니다. 그 시대는 물론 이전 르네상스 시대에선 볼 수 없던 예수의 생가 모습입니다.

라파엘전파의 오필리아

이번엔 셰익스피어의 〈햄릿〉의 영향으로 우리에게도 잘 알려진 밀레이의 다른 작품 〈오필리아〉입니다. 먼 곳을 응시하듯 두 눈을 뜬 채로 물에 떠 죽어가는 그녀의 모습이 마치 사진처럼 생생하게 묘사되어 있습니다. 이 그림을 그리기 위해 밀레이는 원작에서 묘사된 그녀의 죽음과 가장 근접한 오필리아의 죽음을 연출하기 위해 먼저 배경부터 찾았다고 합니다. 그 배경을 그리기 위해 그는 런던 교외를 샅샅이 뒤져 저 로케이션을 발견하고 몇 달 동안 자연과 사투하며 수초와 웅덩이를 그렸습니다.

그리고 집에 돌아와서 오필리아의 죽은 모습을 연기할 모델을 수배해 그녀를 물에 빠트리듯 욕조에 뉘어 그의 작품을 완성했습니다. 때는 겨울이었습니다. 난방이나 온수가 제대로 갖춰지지 않았던 시

〈오필리아〉 | 존 에버렛 밀레이 | 1851

절이라 모델은 무지 고생을 하였을 것입니다. 프로 정신을 발휘해서 버텨냈겠지요. 셰익스피어가 이 그림을 보았다면 뭐라고 했을까요? 격하게 칭찬해주었겠지요. 라파엘전파가 추구한 사실주의의 구현이었습니다.

프랑스의 사실주의 출현

이렇게 라파엘전파의 화가들은 로세티와 말레이의 작품에서 보여자는 사실주의와 복고주의를 그들 사조의 생명으로 알고 그들이 활동했던 19세기 중반의 매너리즘에 빠진 영국의 화단에 찬반양론의 신선한 충격을 주었습니다. 당시 이런 사조가 유행이었는지 바다 건너 유럽 대륙의 메인 사조를 이끌던 프랑스에서도 마찬가지로 고전주의, 낭만주의에 이어 사실주의가 출현하였습니다. 사실주의 화가들은 이전 화가들이 그린 그림들과는 다른 사람들을 그들의 그림에 등장시켰습니다. 고전주의나 낭만주의의 화가들이 주로 왕족이나 귀족의 우아하고 아름다운 모습이나 역사적이고 극적인 소재를 작품의 소재로 삼았다면 사실주의 화가들은 일반 평민들이 살아가는 일상의 험블하고 지저분한 모습을 주요 소재로 삼았습니다.

〈돌 깨는 사람들〉 | 쿠르베 | 1849

〈3등 열차〉 | 도미에 | 1864

쿠르베는 채석장에서 인부들이 힘겹게 작업하는 모습을 소재로
〈돌 깨는 사람들〉을 그려 사실주의 시대를 열었습니다. 이어서 도
미에는 〈3등 열차〉란 작품에서 역시 또 팍팍하고 고된 삶을 살아가
는 사람들의 모습을 화폭에 담았습니다. 3등석에 앉아 생기라곤 조
금도 찾아볼 수 없는 퀭한 승객들의 눈에서 그들의 고단한 생활이
유추됩니다. 이렇듯 같은 사실주의를 추구했지만 바다 건너 영국의
라파엘전파와는 다른 그들이었습니다. 대륙의 사실주의엔 복고주
의는 없었으니까요.

왜 라파엘전파?

그런데 왜 그들의 사조를 라파엘전파라 불렀을까요? 정확한 저의
의문은 미켈란젤로도 있고 다빈치도 있는데 왜 하필 그중에서 라파
엘로만을 콕 집어서 그렇게 희생양의 간판으로 내세웠냐는 것입니
다. 미켈란젤로전파, 다빈치전파 등 이런 식으로 그들을 호출할 수
도 있었는데 말입니다. 라파엘로의 의문의 1패입니다. 더구나 라파
엘로 그는 그들 중 막내로 태어났고 그들과는 달리 37세에 죽음으
로써 1483-1520 가장 먼저 죽은 애처로운 천재였는데 말입니다. 맏형
레오나르도는 67세까지 살았고 1452-1519, 미켈란젤로는 89세까지 살
아 1475-1564 당시로는 천수를 누렸습니다. 혹시 라파엘전파가 활동했
던 19세기 중반엔 라파엘로 인기가 가장 좋아서 그를 간판으로 내
세웠을까요? 생전에 높은 인기를 누렸다고 하니까요. 아니면 그들
의 작품 중 회화만 딱 떼어내서 상대적으로 다작인 라파엘로를 저
격하기 위해 그렇게 한 것이었을까요?

지금부터는 저의 추측입니다. 물론 위의 이유도 저의 추측입니다.
일단 저는 라파엘로의 외모를 처음 봤을 때 깜짝 놀랐습니다. 물론
초상화입니다. 그의 외모는 미켈란젤로와 다빈치와는 달랐습니다.
우리가 서구 역사상의 예술가라면 머릿속에서 연상되는 이미지가

〈미켈란젤로의 초상〉 | 다니엘 볼테라 | 1545년경　　　〈자화상〉 | 레오나르도 다빈치 | 1510~1513

있습니다. 근엄한 얼굴에 긴 수염 등으로 아우라가 빛나는 그런 얼굴…. 미켈란젤로와 다빈치의 얼굴은 그렇습니다. 하지만 라파엘로의 얼굴은 그렇지 않습니다. 미혼으로 살다 노총각인 37세에 죽었으니 그 전 모습일 텐데 아무리 그렇다 해도 너무나도 매끄럽고 핸섬한 외모입니다. 700여 년 전 그가 직접 그린 자화상인데 패션도 그렇고, 외모도 그렇고, 시선까지도 전혀 옛날 사람 같지가 않습니다. 마치 요즘 시대 우리나라 아이돌 뺨치는 외모입니다.

〈자화상〉 | 라파엘로 | 1506

그렇지 않습니까? 라파엘로는 21세기 인간이 타임머신을 타고 16세기에 가 있는 듯한 모습입니다. 그래서 혹시나, 또 혹시나 1848년 같은 뜻 아래 모인 밀레이, 로세티, 헌트 등은 그들 형제회의 이름을 작명할 때 이런 르네상스 대가들의 자화상을 보고 라파엘로를 가장 르네상스적으로 생긴 이상적인 인물로 보고 그를 대표 선수로 선정하여 그의 이름을 앞에 올린 것은 아닐는지요? 자화상이니 그가 그 자신을 나르시시즘에 빠져 사실적이지 않게 미화해서 그렸다고 약간의 의심을 하면서 말입니다. 결과적으로 그들의 선 긋기용 작명은 후대에 라파엘로를 더욱 유명하게 만들었습니다. 사람들은 라파엘전파를 접하면서 "대체 어떻게 그렸길래" 하며 그의 작품들을 찾아보게 되었으니까요. 제가 그랬듯이 말입니다.

1520년 37세의 라파엘로가 죽었을 때 그의 장례식은 바티칸에서 거행되었는데 당시 교황인 레오 10세는 신께서 자신이 가장 사랑하는 천사를 지상에 잠깐 내려보냈다가 데려가셨다고 할 정도로 그의 죽음을 아쉬워하였습니다. 아름다운 청년 라파엘로였습니다.

세상에서 가장 비싼 그림

사람들은 1등에 열광합니다. 요즘 우리나라 TV에서 상당 기간 인기를 끌고 있는 음악 오디션 프로의 경우 수억에 달하는 상금은 1등에게만 주어집니다. 프로 골프를 보더라도 한 끗 차이로 보이는 1등과 2등의 상금은 거의 2배 가까이 차이가 납니다. 그리고 기록에서 기억되는 인물은 1등만이 유일합니다. 말 그대로 2등은 아무도 기억하지 않는 것입니다. 그림은 어떨까요?

최상급은 사람을 주목하게 합니다. 세상에 딱 하나밖에 없는 것이기에 그럴 것입니다. 그리고 경제학적 관점에서 보아도 희소성은 최고의 가치이니까요. 최상급인 1등은 독보獨步이고 유일하고 비교불가인 챔피언입니다. 그래서인가 "2등은 아무도 기억하지 않습니다"란 슬로건을 내세운 광고는 집행 당시 많은 주목을 받았었습니다. 20세기 말 세계일류를 지향한 삼성의 기업 PR로 달에 첫발을 내디딘 우주비행사 닐 암스트롱을 모델로 등장시킨 광고였습니다. 인류 최초의 달나라 탐사 여행에 동반하였음에도 달 표면에 첫발을 안 디뎠기에 다른 2명의 우주비행사들은 사람들에게 주목도 못 받고 기억도 잘 안 된다라는 점을 전달했습니다. 1등만을 기억하고, 1등만이 기억된다는 것이죠. 최상급만이 유일한 것이 아님에도 사람들은 그러합니다. 실은 2등도 유일하고 3등도 유일하며, 꼴찌조차도 유일한데 말입니다. 하나라는 희소성은 다 마찬가지입니다.

현존하는 가장 비싼 화가 데이비드 호크니

2021년 5월 강남 한 복판인 코엑스 4거리에 흥미로운 볼거리가 등장했습니다. 세계적인 예술가 데이비드 호크니의 영상 미디어 신작인 〈해돋이〉 작품이 케이팝 스퀘어 대형 LED 화면에 표출된 것입니다. 이 작품은 2021년을 의미하는 20시 21분에 2분 30초간 5월

데이비드 호크니 신작
〈해돋이〉 홍보 영상

한 달 동안 매일 노출되었습니다. 그리고 이것은 서울뿐만이 아니라 런던, 뉴욕, 로스앤젤레스, 도쿄 등 전 세계 5대 도시에서 동시에 진행되는 글로벌 미디어 아트 이벤트였습니다. 당시 그것과 맞추어 데이비드 호크니의 드로잉 작품전도 양재천의 쇼룸인 라인 라운지에서 무료로 진행되었습니다.

데이비드 호크니…. 이 이름은 어느 날부터인가 조용히 귀에 들리더니 요즘은 이렇게 흔하게 들리고 있습니다. 그 이전에도 왔는가 모르겠지만 그는 2019년 우리나라 전시회에서 상당한 유명세를 떨쳤습니다. 예인이 아닌 일반인인 저는 그 시점에야 그의 이름을 처음 듣게 되었습니다. 그런데 호크니의 명성은 제게는 이름값보다는 작품값이 먼저 왔습니다. 아마 다른 많은 사람들도 그럴 법한데 그것은 이 화가가 현존하는 화가 중 가장 비싼 화가라는 것입니다. 호크니의 몸값이 아니라 그의 그림값이 그렇다는 것이고, 엄밀히는 그의 그림 중 하나가 전 세계 생존 작가 중 가장 비싼 값으로 거래되었다는 것입니다.

TAKEOUT 2

코엑스 사거리를 밝히는 데이비드 호크니의 〈해돋이〉

당연히 이 팩트는 그를 알림에 있어 가장 중요한 뉴스로 그가 등장할 때마다 언론지상이나 홍보물에 등장합니다. 그를 가장 유명하게 만들고, 쉽게 기억하게 만들어 전시장 발걸음 티켓으로 연결하게 하는 파워 있는 사실이기에 그렇습니다. 사람들이 주목하고 열광하는 최상급과 1등의 힘입니다. 그런데 가장 비싸다고 하는 그 작품이 어떤 것인지 아는 사람들은 생각보다 많지 않을 것으로 저는 추정합니다. 단순히 "현존하는 가장 비싼 화가—데이비드 호크니"라는 슬로건으로 사람들의 뇌리에 박혀 있을 확률이 높습니다.

데이비드 호크니
〈예술가의 초상〉

그의 트레이드 마크 중의 하나인 수영장이 등장하는 1972년 작 〈예술가의 초상〉은 2018년 뉴욕 경매에서 9,030만 달러(약 1,018억 원)에 낙찰됩니다. 이 작품이 저까지 그를 알게 한 문제의 가장 비싼 그림입니다. 11월 경매에서 이 작품이 팔리고 그다음 해 3월 우리나라에서 전시가 열렸으니, 당시 가장 핫한 작가의 작품이 우리나라에 상륙한 것이었네요. 전시를 그 이전부터 기획하고 계약까지 했는지는 모르겠지만 만약 그랬더라면 그 기획사는 더 큰 대박이 났을 것입니다. 하지만 문제의 아래 작품은 그때 전시회에 오지 못했습니다. 새 주인이 사자마자 바로 내어주기는 쉽지 않았을 것입니다. 현존 화가의 세계에서 가장 비싼 그림으로 신분이 상승되었으니 말입니다.

작가에 대한 설명을 논하는 글이 아니므로 문제의 그림에 대해서만 짧게 언급하겠습니다. 수영장의 모습을 그린 〈예술가의 초상〉 작품에서 서 있는 붉은 재킷의 남자는 호크니의 애인입니다. 잘 알려진 대로 호크니는 동성애자입니다. 그래서 보수적인 조국 영국을 떠나 미국에서 활동하는 중이었습니다. 1937년생이므로 그의 활발한 활동기에는 동성애자가 반사회적 인격장애자로 취급받는 시절이었습니다. 그림에서 서 있는 그 남자는 수면 아래로 잠수해 수영하는 남자를 뚫어지게 쳐다보고 있습니다. 관음이고 훔쳐보기입니다. 왜냐하면 수영하는 남자의 자세로는 누군가 자기를 쳐다보고 있다는 사실을 알 수 없기에 그렇습니다.

사후 가장 비싼 화가 레오나르도 다빈치

그렇다면 현존 작가가 아닌 죽은 작가 중에서 역사적으로 세계에서 가장 비싼 그림은 누구의 어떤 작품일까요? 그것은 우리에게도 잘 알려진 르네상스의 대가 레오나르도 다빈치가 그린 〈살바토르 문디 Salvator Mundi〉라는 작품입니다. 2017년 역시 뉴욕 경매에서 4억 5,030만 달러(5,014억 원)에 거래가 되었습니다. 살바토르 문디는 라틴어로 세계의 구원자란 뜻으로 예수를 가리킵니다. 다빈치의 작품이기에 남자 모나리자라는 재미있는 별칭을 가지고 있습니다. 그런데 이 작품은 처음엔 다빈치의 제자 작품으로 알려져 세상에 처음 나왔을 때에는 불과 45파운드(약 65,000원)에 거래되었다고 합니다. 이후 다빈치의 진품임이 밝혀지면서 오늘과 같이 신분이 수직 상승된 것입니다. 이 작품을 매입한 소유주는 사우디의 왕자로

〈살바토르 문디〉 | 레오나르도 다빈치 | 1500년경

알려져 있으며 현재 그림은 어디에 있는지 행방이 묘연한 상태입니다. 바다 위 요트 위에 떠있다는 설만 전해오고 있습니다.

주식으로 가장 비싼 화가 데이비드 최

그러면 마지막으로 현존하는 작가와 죽은 작가를 모두 포함하여 이 세상에서 가장 비싼 그림은 무엇일까요? 하지만 이 질문은 말이 안 됩니다. 당연히 위에서 설명한 다빈치의 작품이겠지요. 사후 작가 다빈치가 생존 작가 호크니를 이겼으니까요. 생존과 사후를 합친다 해서 없던 작가의 그림이 새로 나타나지는 않습니다. 하지만 이 난센스 같은 질문에는 난센스 같은 답이 있습니다.

학생 신분으로 페이스북을 창업한 마크 저커버그는 그의 거처인 하버드대 기숙사를 떠나 서부 캘리포니아의 팔로알토로 이주하여 그의 사무실을 차립니다. 2005년의 일로 오늘날 실리콘밸리의 많은 천재들이 동부 아이비리그를 떠나 서부에 자리 잡은 것과 비슷한 여정입니다. 서세동점이 아니고 동세서점의 양상입니다. 이때 페북은 본사 사무실을 팬시하게 꾸미기 위해 그림을 그릴 작가를 찾게 됩니다. 당시 페북은 스타트업 기업이니 돈이 있을 리 없어 유명 화가 섭외는 꿈도 꾸기 힘든 시절이었습니다.

이때 데이비드 최라는 한인 재미교포 무명 화가 청년이 어찌어찌해서 섭외가 되었습니다. 말이 화가이지 거리를 도색하는 그라피티 화가였던 그는 딱히 일도 없겠다 알바 차원에서 한 달여간 페북 사무실 내외부를 그라피티로 데코레이션 합니다. 작업 후 그에게 온 제안은 줄 돈이 별로 없다며 원한다면 페이스북 주식을 주겠다며 둘 중 하나를 선택하라는 것이었습니다.

그런데 이 청년이 참으로 요상합니다. 무슨 신기가 있었는지 그는 몇백여만 원의 돈 대신 휴지가 될지도 모르는 주식으로 작업비를 받았습니다. 우리나라에 2천 년 초 수많은 인터넷 벤처들이 우후죽순 일어났지만 지금 남아있는 회사는 다음, 네이버, 네이트 등 3개 사에 불과합니다. 네띠앙, 심마니, 라이코스, 싸이월드, 프리챌, 드림라인, 유니텔 등 대기업 포함해서 정말 수많은 인터넷 벤처 회사들이 흔적도 없이 사라졌습니다. 당시 사업 초창기인 페이스북도 마찬가지 상황이었는데 우리 배달의 민족인 청년 데이비드 최는 돈 대신 주식으로 작업료를 받겠다고 한 것입니다.

그때 그가 받은 주식은 정확히는 알려져 있지 않으나 페이스북 전체의 0.1~0.25% 수준이라고 합니다. 그 후 7년 후 페이스북이 뉴욕 증시에 상장을 했을 때 처음 시가 총액이 100조에 달하면서 그는 일약 번외 화제의 인물로 떠올랐습니다. 당시 그의 주식이 2억 달러에 달한다고 국내외 언론에 소개되었으니까요? 그라피티 작업 하나로 그는 2천억이 넘는 거부가 된 것입니다.

그런데요 그가 아직도 그 주식을 팔지 않았다면 어떻게 되었을까요? 제가 글을 쓰고 있는 오늘 페북의 시총은 약 980조에 달합니다. 2012년 상장 시 시총 100조의 10배에 달하는 금액입니다. 만약 그가 그의 주식을 하나도 팔지 않고 오늘까지 갖고 있다면 그가 받은 주식도 10여 배에 달할 테니 그러면 2조…. 상상하기 힘든 금액입니다. 데이비드 최의 그라피티가 세계에서 가장 비싼 그림으로 등극, 맞습니다. 그러나 난센스!

진짜로 세상에서 가장 비싼 그림

역사학적 관점에서 위의 호크니와 다빈치의 그림은 정사, 데이비드 최의 벽화는 야사로 보시면 됩니다. 사실 그림을 비롯한 예술품에 가격을 매기는 것이 과연 온당한 방법이고 그 평가 가치의 객관성이 정확히 담보되는지도 모르겠습니다. 원가가 정확하지 않기에 셈법이 복잡한 것이지요. 이렇게 그림에 금이나 쌀처럼 값을 매기다 보니 이 그림을 가지고 벌어지는 많은 부작용이 생기기도 합니다. 요즘은 주식이나 가상화폐처럼 쪼개서 판매하기도 하고 블록체인 기술이 적용된 예술품 NFT 거래소가 생기기도 했습니다. 예술품이 돈으로 묶이는 것은 왠지 예술이라는 본연적인 순수성이 훼손되는 것 같아 좀 찜찜하지만 그래도 그로 인해 더 많은 사람들이 그 예술품을 감상하고 행복해진다면 그 또한 의미 있고 마땅한 일이라고 생각합니다.

그런데 진짜로 세상에서 가장 비싼 그림은 어떤 작품일까요? 위의 그림들은 어디까지나 시장에 나와 화폐로 거래된 작품에 한한 것이기에 그렇습니다. 고흐가 생전에 유일하게 판매한 〈아를의 붉은 포도밭Red Vineyard at Arles〉은 1888년 친구 누나에게 400프랑에 판매된 후 1906년 2차 판매가 1만 불로 러시아 화상에게 넘어갔습니다. 이후 혁명기 때 볼셰비키에 의해 압수되어 그때부터 모스크바 푸시킨 미술관에 들어가 100년 넘게 그곳에서 나오지 못하고 있습니다. 이 고흐의 그림이 시장에 나온다면 지금은 과연 얼마까지 가격이 치솟을까요? 다작 화가 고흐의 유일한 판매작이라는 프리미엄이 붙어

고흐의 작품 중 유일한 판매작 〈아를의 붉은 포도밭〉 | 1888

꽤나 비싸게 거래될 것입니다. 그리고 지금은 코로나라 잠잠하지만 전 세계 박물관 중 최대 관람객(2018년 1,020만 명)을 끌어모으는 루브르 박물관의 마스코트인 역시 또 다빈치의 〈모나리자〉가 시장에 경매로 나온다면 과연 이 그림은 얼마에 낙찰될까요? 모르긴 해도 현재 기록을 가볍게 뛰어넘지 않을까요? * 국내 화가 중 가장 비싼 화가는 한국 추상화의 선구자로 알려진 김환기 화백입니다. 2019년 그의 그림 〈우주〉는 홍콩 크리스티 경매에서 8,800만 홍콩 달러(약 131억 원)에 낙찰되었습니다. *

와이너리 & 갤러리

세상의 모든 술은 음용 시 음식을 필요로 합니다. 흔히 술안주라고
부르는 음식입니다. 와인은 특히나 그렇습니다. 그래서 종자별로,
브랜드별로 무수히 많은 와인이 있지만 그 와인들은 그에 걸맞는
음식 또한 가지고 있습니다. 우린 이런 조합을 마리아주mariage라고
부릅니다. 남녀의 결혼에 빗댄 것이지요. 그러면 와인이 익어가는
와이너리에 어울리는 마리아주로는 무엇이 있을 수 있을까요? 여
기 와이너리 안에 갤러리가 있습니다. 그 갤러리는 단순한 건축물

이 아니라 건축의 노벨상이라 불리는 프리츠커상을 수상한 거장이 설계한 작품으로, 과연 와이너리와 환상적인 마리아주를 보여주고 있습니다.

© James Reeve

브라보! 멋진 건축물입니다. 흡사 이 모습은 과학을 비웃고 있는 듯해 보입니다. 중력의 법칙을 발견한 뉴턴이 보면 기가 막혀할 것 입니다. 건물에 최면을 건 것도 아닐 텐데 하늘에 건물이 떠 있습니다. 과학을 비웃는 듯해 보인다 했지만 과학의 발달로 이런 건축물이 가능했을 것입니다. 건물의 아래 4각 중 땅에 닿은 부분은 2각에 불과합니다. 땅에 강력한 지지 핀을 박았겠지요. 그래도 그런 상태론 평평하게 띄울 수 없으니 대신 그 위쪽 지붕으로 꺾이는 부분을 케이블로 잡아당겨 땅에다 박았을 것입니다. 그래서 비탈이지만 건물은 수평을 유지할 수 있게 되었습니다. 마치 남해대교와 같은 현수교 건축 시 하단의 교각 부재로 지지력을 잃은 다리 상판을 철탑 위 케이블이 당겨서 고정시키듯이 그런 첨단 건축 기법을 일반 건축물에 적용한 것이겠지요. 그래도 이런 발상과 그 결과물이 놀랍습니다. 아름다운 예술품으로 탄생했고 사람들에게 볼 것을 제공해주고 있습니다. 과연 건축은 계속해서 진화하는 위대한 아트입니다.

피렌체의 두오모 건축

흔히 피렌체 두오모라 불리는 산타마리아 델 피오레 대성당의 지붕인 두오모는 건축 시 세계 최대의 난제였습니다. 두오모는 영어의 돔으로 성당의 반구형 지붕을 뜻하지만 이탈리아에선 그냥 대성당으로도 통합니다. 그만큼 두오모가 주는 상징성이 커서도 그럴 것입니다. 난제의 시작은 성당의 제단을 너무 크게 만들어 당시로선 그 천정을 우아하게 메꿀 두오모를 제작할 기술이 없었기에 그랬습니다. 그래서 1296년 착공한 그 성당은 다른 공사는 마쳤지만 정작 두오모는 없이 뻥 뚫린 채로 50년 넘게 방치되어오고 있었습니다.

그 방치를 막은 자는 그 무렵 도시의 지도자로 올라서는 코시모 메

코시모 메디치와 브루넬레스키의 합작으로 완성된 아름답고 거대한 피렌체 두오모

디치였습니다. 그는 이후 국부라 불릴 정도로 메디치 가문을 피렌체
의 정상으로 끌어올린 자였습니다. 그는 메디치 가문을 교황청의 주
거래 은행으로 만들어 세상에 알린 아버지 조반니에 이어 피렌체 시
민들에게 무언가 한 방을 보여줘야만 했습니다. 당시 돈을 만지는 업
은 종교적으로 죄악시했기에 많은 헌금이나 기부를 통해서도 속죄를
하였는데 그는 그 일환으로서도 그 성당을 완공해야 했습니다.

코시모는 두오모의 문제를 해결하기 위해 그것을 해결할 건축가부
터 공모를 통해 찾았습니다. 큰돈을 걸었겠지요. 그리고 다행히 그

앞에 구세주가 나타났습니다. 로마에서 공부한 브루넬레스키라는 건축가였습니다. 그는 석재 돔으로는 지금까지도 깨지지 않는 기록 인 지상 최대의 지름 42미터의 돔을 벽돌로 차곡차곡 위로, 안으로 계속 쌓아 올려 착공 16년 만인 1436년 드디어 완성했습니다. 어떤 방법을 사용했는지는 모르지만 과학과 건축의 승리임에 틀림이 없 습니다. 이렇듯 르네상스의 선구자인 코시모 메디치와 브루넬레스 키라는 천재 건축가의 합작으로 오늘날까지 우리는 그 거대하고 멋 진 피렌체의 랜드마크를 볼 수 있게 되었습니다. 후에 미켈란젤로 가 감독한 바티칸의 베드로 대성당 돔도 이 브루넬레스키의 공법을 따랐다고 합니다. 이렇듯 세상은 대개 천재와 그를 알아보는 힘 있 는 자에 의해 진화하곤 합니다.

리차드 로저스

앞서 소개한 비탈에 떠있는 와이너리 안에 갤러리는 금세기 최고의 건축가로 꼽히는 영국의 리처드 로저스의 마지막 작품입니다. 그는 2007년 프리츠커상 수상자로 20세기의 가장 파격적인 건축물이라 고 하는 파리의 퐁피두 센터를 설계한 아티스트입니다. 어린 시절 그 건축물의 사진을 잡지에서 처음 보았을 때 황당해했던 기억이 납니다. 당시 제 머릿속 건물은 각진 사각형으로만 정의되어 있었

리처드 로저스가 설계한 여의도의 파크원

파크원 타워 VR 둘러보기

으니까요. 이렇게 그는 2021년 12월 사망 전까지 지구촌 곳곳에서 많은 화제를 불러일으킨 여러 건축물에 관여를 하였습니다. 2020년 우여곡절 끝에 오픈한 우리나라 여의도의 파크원도 그의 작품입니다. 멀리서 봐도, 밤에 봐도 외벽 빨간 철골 파이프가 눈에 띄는 세련되고 아름다운 복합 건축물입니다.

맨 위 중력을 거스른 건축물에도 용도는 다를지 몰라도 건물을 둘러싼 빨간 파이프가 눈에 띕니다. 내부를 넓게 쓰기 위해 건물 안에 들어갈 시설물들을 외부로 뺀다는 리처드 로저스의 건축 철학이 역시나 보이고 있습니다. 파리의 퐁피두 센터도 그렇게, 마치 내장과도 같은 파이프들이 밖으로 다 쏟아져 나와 있습니다. 여의도의 파크원엔 페어몬트 호텔과 현대백화점 그리고 초고층 사무용 건물이 두 동 들어서 있습니다. 이 건물은 아름다운 모습과 혁신성으로 2020년 대한민국 토목건축기술대상에서 건축부문 대상을 수상하였습니다. 그런데 파크원도 리처드 로저스의 마지막 작품이라고 하는데 위의 건축물과는 누가 더 라스트인지 모르겠네요.

리처드 로저스 드로잉 갤러리

비탈에 떠있는 갤러리의 정체는 〈리처드 로저스 드로잉 갤러리 Richard Rogers Drawing Gallery〉입니다. 그런데 갤러리가 위치한 장소가 좀 특이합니다. 와이너리 안에 있기 때문입니다. 샤토 라 코스트Château La Coste라 불리는 와이너리 안에 지어진 신축 갤러리입니다. 저는 작년 2월 이 사진을 뉴스를 통해 처음 보았을 때 매우 놀랐습니다. 건축물의 파격성에도 놀랐지만 내용을 읽어보니 이 와이너리를 제가 가본 적이 있기에도 그랬습니다. 세상엔 셀 수 없을 정도로 많은 와이너리가 있고, 그중에서 제가 가본 곳이라곤 딸랑 2개뿐인데, 그중 하나가 어느 날 아침에 배달된 우리나라 유력 신문에 등장했으니 제가 어찌 안 놀랐겠습니까!

제가 그곳을 투어한 것은 2018년 가을 추석 연휴를 낀 남프랑스 프로방스 여행 때였습니다. 지금 전 그날을 회고하며 이렇게 당시 써놓았던 글을 꺼내 보고, 꺼낸 김에 내용을 전면 수정하며 새로 쓰듯 써내려가고 있습니다. 제 주변의 한 지인께서 내년에 프로방스 여행과 그곳 와이너리 투어를 구상 중에 있다고 해서 이곳을 추천드리면서 일어나고 있는 일입니다.

리차드 로저스 드로잉 갤러리
둘러보기

갤러리가 있는 와이너리

세잔의 도시 엑상프로방스에서 북으로 20여분 가면 이 샤토 라 코스트 와이너리가 나옵니다. 저는 처음에 우리에게 익숙한 그 악어 심벌 티셔츠와 상관있는 곳인가 했더니 그건 아니었습니다. 스포츠 의류 사업을 했던 프랑스의 유명 테니스 선수 라코스테의 브랜드와 혼동해서 들은 생각이었습니다. 이 와이너리는 부동산 개발과 와인, 그리고 예술에 관심 있는 아일랜드 출신의 남매가 운영하는 곳이었습니다. 입구에 들어서며 놀란 것은 한마디로 현대적이라는 것이었습니다. 통념 속에 있는 프랑스의 와이너리는 샤토가 성이듯 고풍

안도 다다오가 설계한 샤토 라 코스트 와이너리의 갤러리

스러움인데 이곳은 전혀 그렇지 않았습니다. 입구부터 모던하다 했더니 들어가서 투어한 모든 것이 모던 아이덴티티로 일관성이 있었습니다. 이곳은 포도 껍질과 과육을 같이 으깨서 만드는 로제 와인으로 유명한 와이너리입니다. 핑크빛이 감도는 그 모던한 느낌의 와인 말입니다.

제가 리처드 로저스의 갤러리 뉴스를 접하고 놀라움과 반가움을 가졌지만 그때 한가지 더 들었던 감정은 바로 공감이었습니다. 왜냐하면 샤토 라 코스트엔 이미 유명한 갤러리와 예술품이 즐비하기에 그랬습니다. 그때도 그곳을 감상하며 오너인 아일랜드 출신 남매의 예술에 대한 열정에 놀랐었는데 한마디로 그럴만한 와이너리에서 또 하나 큰 사고를 쳤구나라고 생각한 것이었습니다. 이곳 와이너리와 갤러리는 일본의 건축가 안도 다다오가 전체적인 콘셉트를 정하고 설계를 담당했습니다. 아래 사진의 갤러리는 바로 그가 설계한 작품입니다. 첨단의 역동성과 혁신성을 지닌 위의 리처드 로저스의 갤러리와는 달리 자연에 최대한 순응하듯 그 속에 평안하게 자리 잡은 야트막한 갤러리입니다.

갤러리 앞에 조성한 인공 연못의 수상엔 독보적인 모빌 작가 칼더의 작품이 흔들거리고 있었습니다. 그리고 설치 미술가인 루이스 부르주아의 거미 작품도 물 위에서 마치 살아있는 것처럼 웅크리고 앉아 있습니다. 이들 이외에도 많은 예술품들을 그곳에서 볼 수 있었는데 한마디로 그 와이너리는 와인과 음식 이외에 보너스로 예술작품까지 모두 즐길 수 있는 곳이었습니다. 이런 그곳의 예술품 목록에 또 하나의 걸작인 리처드 로저스의 건축물인 갤러리가 추가된 것입니다. 저처럼 이미 가봤기에 혹시 버킷 리스트에서 이 와이너리를 삭제한 여행자들이 있다면 그곳을 한 번 더 가고 싶게 만드는, 그 자체로 예술품인 명품 갤러리일 것입니다.

〈거미〉| 루이스 부르주아 | 2003

샤토 라 코스트는 오크통이 아닌 스테인리스 통에 와인을 저장하고 있습니다. 이 저장고는 투어하면서 제 상식과 달라 의아함을 주는 장소였습니다. 와인은 통상 카브cave라 불리는 어두침침한 동굴 속에 가지런히 놓인 오크통 속에서 자라나는데 이곳은 그런 전통적인 방법을 사용하고 있지 않기에 그렇습니다. 이곳의 가이드는 스테인리스는 오크통과 기능은 같으면서도 훨씬 위생적이라 이 방법을 채택하고 있다고 설명하였습니다. 과연 모던한 와이너리의 콘셉트에 맞게 저장과 숙성마저도 모던한 방법을 사용하고 있나 봅니다. 세상의 모든 변화가 그러하듯 좀 지나면 와인의 숙성도 인공지능AI이 알아서 하게 될지도 모르겠습니다.

스테인리스 통을 사용하고 있는 현대적인 와인 카브

전통 방식의 와이너리

전통적인 방식으로 오크통에 와인을 숙성시키는 와이너리에는 세월의 흔적이 묻어나 보이는 검게 그을린 동굴인 카브에 포도들이 온전한 와인의 모습으로 세상에 나갈 날을 기약하며 통 속에서 잠들어 있습니다. 이들이 태어날 그날까지 이렇게 조용히 있는 곳을 엄마의 자궁이라고 치면 위의 스테인리스 저장고는 마치 세련되고 현대적인 엄마의 그곳처럼 보이고, 오크통은 마치 단아하고 전통

오크통을 사용하고 있는 전통적인 와인 카브

적인 엄마의 그곳처럼 느껴집니다. 하지만 태아에게 엄마의 자궁은 누구이든 간에 세상에서 가장 안락하고 편안한 곳일 것입니다. 와인도 마찬가지이겠지요.

샤토 드 라 가르딘 Château de la Gardine은 프로방스 지역의 교황의 와인이라 불리는 샤토뇌프 뒤 파프 Châteauneuf du Pape에 소재한 와이너리입니다. 샤토뇌프 뒤 파프는 14세기 아비뇽 유수 사건 시 교황청이 아비뇽으로 강제로 이주되며 그 근처에 새로 조성된 와인 마을인데 그곳의 와인도 지칭합니다. 과연 그곳은 교황의 와인답게 전통적인 방법으로 와인을 저장하고 숙성시키고 있었습니다. 물론 와이너리의 모습도 머릿속에 상상되는 고풍스러운 샤토의 모습을 하고 있었습니다. 그곳엔 입은 검정 드레스만큼이나 길고 검은 생머리의

한국인 소믈리에가 근무하고 있어 한층 더 편하게 투어를 진행하였습니다. 저는 생애 첫 와이너리 투어에 가장 모던한 와이너리인 샤토 라 코스트와 가장 전통적인 와이너리인 샤토 드 라 가르딘을 오전과 오후에 번갈아 보게 되었습니다. 행복한 하루였습니다.

프로방스를 관통해 흐르는 강은 알프스에서 발원해 지중해로 빠지는 론강입니다. 그래서 이 지방의 와인을 통칭 론 와인이라 부릅니다. 북쪽 보르도와 부르고뉴에 이어 프랑스의 3대 와인으로 명성이 높은 곳입니다. 이곳 바로 아래 남쪽이 지중해 바다이니 저 멀리 북쪽 알프스부터 달려온 그 강물은 그들의 종착지를 얼마 안 남겨두

고 그들이 줄 수 있는 힘찬 에너지를 론강 남과 북의 포도밭에 지금 도 아낌없이 뿌려주고 있을 것입니다.

와이너리와 갤러리의 마리아주

와이너리에 갤러리가 있다는 것은 서로 간 상관성이 높기에 그럴 것입니다. 와인이 상품으로는 마시는 술에 불과하지만 가치로 보면 예술품에 견줄만하기에 그런 것이겠지요. 와인을 잘 모르는 우리 상식과 관념으로도 술 중에서 예술과 가장 상관성이 높은 술을 하나 뽑으라 하면 대다수는 와인을 가리킬 것입니다. 예술을 하자는데 소주나 고량주, 그리고 위스키 등이 연상되지는 않을 테니까요. 도니제티의 오페라 〈사랑의 묘약〉에서 묘약으로 등장하는 술은 강력해서 효과 만점인 보드카가 아니라 와인이었습니다. 모든 예술가들이 추종하는 예술과 축제의 아버지인 디오니소스를 취하게 한 술도 역시 와인이었습니다. 와인으로 그는 주신으로 올라선 것입니다. 가격으로 봐도 술 중에서 가장 비싼 술이 있는 주종은 와인이니 좋은 와인은 예술품으로 불려도 손색이 없을 것입니다. 그래서 이렇게 와이너리엔 와인과 미각의 마리아주를 위한 고급 레스토랑에 이어 시각의 마리아주를 위한 갤러리도 들어서나 봅니다. 와이너리와 갤러리, 확실하게 상관성이 있습니다.

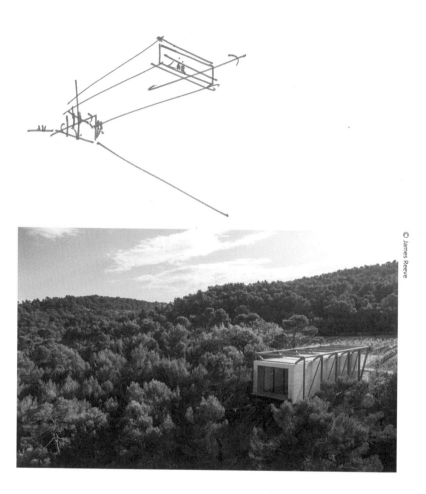

다른 방향에서 본〈리처드 로저스 드로잉 갤러리〉의 전경입니다. 이
렇게 보면 건축물이 자연의 법칙에 최대한 순응하고 있는 듯 세상
편해 보입니다. 위대한 건축 예술의 힘입니다.

파리의 아름다운 순간들 by 이건희

아름답고 부요로운 시대, 파리의 벨 에포크Belle Époque도 그러한 시대
였습니다. 역사상 한 도시에 그렇게나 많은 예술가와 문인들이 몰
렸던 시대가 있었을까요? 세기말과 20세기 초 그때 그곳에서 활동
했던 8인의 미술가가 우리나라 과천에 모였습니다. 그 소집 명령을
내린 사람은 다름 아닌 삼성의 고 이건희 회장이었습니다.

2017년 11월, 런던의 국립미술관을 방문했습니다. 20여 년 만의 일

이었습니다. 영국은 두 번을 방문했지만 모두 런던만 가보았기에 제 생애 최소 한 번은 더 가고 싶은 나라입니다. 그땐 런던이 속한 잉글랜드의 북쪽 스코틀랜드의 에든버러, 바다 건너 북아일랜드의 벨파스트, 그리고 서쪽 웨일스의 카디프까지 주욱 돌아볼 생각입니다. 그래야 완전체 영국UK을 다녀왔다 할 것입니다. 그러면 도는 김에 북아일랜드에 갔을 때 남쪽 아일랜드의 수도 더블린도 들르는 편이 낫겠습니다. 독립적으로도 가고픈 국가와 도시인데 영국 여행길에 자연스레 순환 동선이 나오니 굳이 안 갈 이유가 없으니까요. 이렇게 해서 영국 여행 맵이 완성되었습니다. 미래의 어느 날을 위해 버킷에 담아 놓겠습니다.

사실 첫 번째 런던 국립미술관 방문은 기억이 나지 않습니다. 오래되기도 했거니와 당시 업무로 간 출장에서 시간을 쪼개 급하게 봐서도 그런 것 같습니다. 무엇보다도 당시 저의 눈엔 미술관보다는 이어서 간 대영박물관의 임팩트가 훨씬 컸습니다. 특히 미라를 비롯한 이집트의 거대한 관들이 저의 눈을 잡아끌었습니다. 초딩 입맛이라고 아이와 같은 놀라움이었을 것입니다. 그런데 5년 전 두 번째 방문했을 때는 박물관보다 미술관이 더 인상적이었습니다. 아이 티를 좀 벗은 것일까요? 그 미술관에서 전 보티첼리, 카라바조, 루벤스, 렘브란트, 고흐, 모네, 클림트 등의 진품을 만날 수 있었습

〈퐁투아즈 곡물 시장〉 | 카미유 피사로(1830~1903) | 1893

니다. 행복한 시간이었습니다. 부가적으로 저를 또 행복하게 한 것은
그 볼 것 많은 미술관이든 박물관이 다 무료로 개방한다는 것이었습

니다. 그것도 자국민들뿐만 아니라 영국을 방문한 전 세계 시민들에게 말입니다. 과거 산업혁명을 일으키고 세계를 섭렵한 1호 선진국의 문화와 예술을 대하는 애티튜드가 반영된 정책일 것입니다.

과천 이건희 컬렉션 특별전

올가을 우리나라 미술계가 시끄럽습니다. 소음처럼 기분 나쁜 시끄러움이 아닌 매우 기분 좋은 일이 진행되고 있습니다. 바로 국립현대미술관에서 전시 중인 〈이건희 컬렉션 특별전〉입니다. 그의 이름으로 서울에선 우리나라를 대표하는 화가인 이중섭의 작품들이, 과천에선 특정 시대 파리에서 활동했던 8인의 화가 작품들이 올가을부터 내년 봄까지 전시 중에 있습니다. 국내외 최고 아티스트들의 전시회가 세칭 동시패션으로 열리고 있는 것입니다. 그로 인해 코로나가 거의 풀린 요즘 미술 애호가들은 서울에서 과천으로, 과천에서 서울로 바쁜 발걸음을 하고 있습니다. 2022년 9월, 한가위가 들어있는 풍성한 가을입니다.

미술 애호가들이 더 바쁘게 움직일 수밖에 없는 또 다른 이유는 이두 전시회가 다 무료라는 사실입니다. 제가 5년 전 영국 국립미술관에서 느꼈던 그 무료의 감회를 소환한 이유입니다. 기업만큼이나

**이건희컬렉션 : 한국미술명작
전시투어**

예술을 사랑했던 고 이건희 회장의 기증
품이기에 이런 무료 전시회가 가능했을
것입니다. 그의 유족은 그의 이름으로
평생 그가 수집한 무려 2만 3천여 점의
미술품을 국립현대미술관과 국립중앙
박물관 등에 조건 없이 기증을 하였습니
다. 경제 선진국만큼이나 그 수준에 걸
맞은 예술과 문화 선진국도 꿈꾸었던 그
가 죽음에 맞춘 사후 6개월 뒤 그 소장품
들을 국가에 기증했고, 그로 인해 그 혜

택을 국민들이 보게 되었습니다. 그에게서 미국의 석유 재벌 폴 게
티가 떠오르는 이유입니다.

저는 과천을 먼저 선택했습니다. 검색해보니 서울 경복궁 옆 국립
현대미술관은 워낙 붐벼 사전 예약 없이는 관람이 불가하다 해서
그랬습니다. 하지만 그것과 상관없이 〈모네와 피카소, 파리의 아름
다운 순간들 Monet, Picasso, and the Masters of the Belle Époque〉이라는 타이틀로 열리
는 과천 미술관의 전시가 제겐 더 매력적으로 다가온 터라 잘됐다
싶어 그쪽으로 발길을 향했습니다. 주중 점심을 먹다가 오후 스케
줄이 취소되어 무작정 감행한 미술관행이었습니다. 길진 않지만 좋

<수련이 있는 연못> | 클로드 모네(1840~1926) | 1917~1920

은 날씨엔 드라이브하기에도 좋은 과천의 미술관 길입니다. 예상대로 미술관 올라가는 숲속 굽은 길을 지날 때 짧지만 한갓진 가을 정경이 창을 내린 차 안으로 쏟아져 들어왔습니다. 번개성 미술관행이지만 참 잘 결정했다는 생각을 하며 그곳으로 올라갔습니다.

그런데 도착 즈음 놀랄 정도로 긴 차량 줄이 제 앞길을 막고 있었습니다. 거기서부터 최소 60분을 기다려야 미술관 주차장에 입차 할 수 있다는 안내판이 근처 서울랜드의 놀이 기구 앞 안내판처럼 눈에 보였습니다. 역시나 만만치 않은 <이건희 컬렉션 특별전>이었습니다. 기다리기도 그렇고, 그냥은 더 돌아갈 수도 없다고 생각한 저

〈노란 모자에 빨간 치마를 입은 앙드레〉 | 피에르 오귀스트 르누아르(1841~1919) | 1917~1918

는 차를 돌려 오다가 본 서울랜드의 야외 주차장으로 향했습니다.

다소 거리가 있긴 했지만 거기서부터 걸어서 와도 60분의 절반도

안 걸리는 데다가 워낙 가을이 좋아서도 아무 문제없는 결정이라

생각하고 그렇게 하였습니다.

평일임에도 이렇게 사람이 많기에 미술관에선 현장 예약을 받고 있었습니다. 저는 그때부터 1시간 30분 후에 입장하는 시간을 배정받았습니다. 그 남은 시간에 미술관에선 비디오 아티스트 백남준 관련 전시도 있어서 전 그것을 감상하고, 카페 테라스에서 커피도 마셨습니다. 그런데 기다리는 시간이었지만 그것이 오히려 보너스와 같은 시간이 되었습니다. 백남준 전시는 1988년 서울올림

픽 때에 미술관 내에 1,003개의 TV 모니터를 쌓아 만든 〈다다익선〉의 복원을 기념하는 후배 비디오 아티스트들의 오마주 성 협연 전시였습니다. 그간 불이 꺼져 있던 백남준의 그 많은 TV 타워 속 모니터 안 영상 작품들이 다시 살아난 것입니다. 제가 방문했을 때엔 무슨 문제인지는 모르겠지만 꺼져 있어 좀 아쉬웠습니다. 그 전시는 이 정도로만 소개하겠습니다. 이윽고 시간이 되어 전 오늘의 메인 이벤트가 열리는 갤러리 안으로 들어갔습니다. 벨 에포크, 19세기 말부터 제1차세계대전 전까지 풍요롭고 아름다웠던 유럽 파리의 시대로 입장한 것입니다.

파리 벨 에포크의 주역 8인의 아티스트

이번 이건희 컬렉션에서 전시된 파리 벨 에포크의 주역은 8인의 아티스트입니다. 피카소와 모네를 비롯하여 피사로, 고갱, 샤갈, 르누아르, 미로, 달리가 그들입니다. 그들을 대표하는 작품이 하나씩 전시되었지만 피카소의 작품은 회화가 아닌 도자 작품 90점이 전시되었습니다. 수량으로 보아 피카소는 우리의 생각 이상으로 많은 도자 작품을 제작했나 봅니다. 그리고 이건희 회장은 개인 컬렉터치곤 꽤나 많이 그의 도자 작품을 소장했었네요. 피카소는 1946년부터 프랑스 남부 프로방스의 도자기 도시인 발로리스의 마두라 공방에서 30여 년간 도자기 작업을 하였습니다. 과연 회화, 조각, 도예, 판화 등 미술 분야에서 그의 손이 거치지 않는 것이 없다 할 정도로 만능 천재인 그였습니다. 12세 때 이미 라파엘로와 같이 그릴 수 있었다고 한 그니까요. 영국의 라파엘전파의 화가들도 지목했던 르네상스의 대가를 피카소는 그 어린 나이에 소환했습니다.

〈파리의 아름다운 순간들〉 전시회는 크게 사조로 보면 19세기 후반 인상파 계열인 인상파와 후기 인상파, 그리고 20세기 주류 현대 미술인 입체파와 초현실주의로 나뉩니다. 먼저 인상파로는 피사로, 르누아르, 모네의 작품이, 그리고 그것을 이은 후기 인상파의 고갱

〈센강 변의 크레인〉 | 폴 고갱(1848~1903) | 1875

의 작품이 전시되어 있습니다. 현대미술로는 입체파의 대가 피카소
가, 그리고 그것을 이은 달리, 미로, 샤갈의 초현실주의 작품이 전
시 중에 있습니다. 모두가 파리에서 활동했지만 인상파는 오늘날
미국령이 된 버진아일랜드 출신인 피사로를 제외하곤 모네, 르누
아르, 고갱 등의 프랑스 출신의 화가들이, 현대미술은 오늘날 벨라
루스가 된 과거 제정 러시아 출신인 샤갈을 제외하곤 피카소, 달리,
미로 등의 스페인 출신 화가들이 주종을 이루고 있습니다. 이렇게
작품의 시대적 사조와, 작가의 출신 국가가 대별되는 점도 이번 전
시회를 흥미롭게 보는 부가 요소라 하겠습니다.

피카소와 미로가 재회한 국립현대미술관의 과천 전시실

이들은 벨 에포크 시대 미술의 중심지였던 파리에서 스승과 제자,
선배와 후배, 혹은 동료로 만나 서로의 성장을 응원해 주며 20세기
서양 미술사의 흐름을 주도하였습니다. 과연 파리의 아름다운 순간
들이었습니다. 피사로는 고갱의 스승이었습니다. 증권 중개인이었
던 그는 피사로가 참여한 미술전을 보고 화가로 전업을 꿈꾸었고,
피사로는 그런 그의 꿈을 현실이 되게 만들어 주었습니다. 모네와
르누아르는 야외에 같이 나가서 그림을 그렸을 정도로 절친이었습
니다. 결혼을 7번이나 한 피카소는 여인의 화가 르누아르를 존경하
였는데 그 역시 많은 여인을 작품화한지라 르누아르의 작품 속 여
인을 유심히 보았을 것입니다.

미로와 달리는 파리에 와서 먼저 명성을 얻은 피카소를 맏형으로 모시며 선후배의 교분을 나누었습니다. 피카소는 안달루시아, 미로와 달리는 카탈루냐 출신이었는데 다들 피가 뜨거운 스패니시들이라 서로를 꽤나 아끼고 도왔을 것입니다. 샤갈은 흠모하던 피카소를 파리에서는 못 만났지만 뒤늦게 프로방스의 도자기 공방에서 만나 감격에 겨워했습니다. 마치 같은 비엔나에 살면서 베토벤을 흠모했으나 못 만나다가 그가 죽기 1주일 전 극적으로 만난 슈베르트처럼 그들은 그렇게 만났습니다. 이랬던 8인이라 이번 전시회는 각 작가들의 작품을 원형으로 조성된 갤러리 안에서 관객으로 하여금 서로의 관계성을 읽기 쉽게 동선을 꾸렸습니다.

파리에서의 퇴장, 벨 에포크의 종말

그랬던 그들이 파리를 떠납니다. 마치 옥타곤이라 불리는 클럽의 멤버들처럼 끈끈하게 얽히고설킨 그들 8인이었지만 파리는 그들을 평생 같이 있게 붙잡지 못했습니다. 파리가 그들의 젊은 시절엔 한창 정력적으로 활동하기엔 좋았는지 모르지만 파리에서 각자의 뚜렷한 작품 세계를 발견한 그들은 그것에 맞는 곳으로 뿔뿔이 떠나갔습니다. 그래서 그들에게 파리의 아름다운 순간들은 지나간 추억의 순간들이 되었습니다. 벨 에포크가 끝나가는 것이었습니다. 당

〈결혼 꽃다발〉 | 마르크 샤갈(1887∼1985) | 1977∼1978

연히 제1차세계대전의 영향도 있었을 것입니다. 아, 이들 중 유일하
게 피사로는 끝까지 파리에서 살다 죽었습니다. 그는 1903년 죽었

으므로 대전과는 아무 상관이 없습니다. 그리고 고향이 서인도 제도의 버진아일랜드라 귀향도 마땅치 않아 파리에서 계속 체류했을지도 모릅니다.

피카소는 말년을 온전히 남쪽 프로방스 지방에서 보냈습니다. 아마도 고향인 안달루시아의 해안 도시 말라가를 닮은 곳을 찾아 지중해 연안으로 내려갔나 봅니다. 그는 도자기를 구웠던 발로리스 이외에 그 근처 앙티브에도 살았고 죽음은 무쟁에서 맞이하였습니다. 극우 독재자인 프랑코 총통이 스페인을 다스리던 때라 공산주의자였던 그가 귀국해서 살기엔 발길이 떨어지지 않았을 수도 있습니다. 노년의 그였지만 프로방스에서도 도시를 옮겨가며 여러 여자를 만났습니다. 그가 파리에서 동생이자 친구처럼 보살펴줬던 미로와 달리는 모두 고국인 스페인으로 돌아가 생을 마감했습니다. 달리는 고향인 카탈루냐의 피게레스로, 미로는 마요르카섬의 팔마로 갔습니다. 현대 미술계를 쥐락펴락한 스페인 3인방의 파리 퇴장입니다.

인상파의 대가 모네는 모네 하면 같이 붙어 다니는 파리 근교의 지베르니로 이주해 그곳에 그림 같은 집을 짓고 43년을 더 살았습니다. 그의 걸작인 연작〈수련〉이 자라던 정원이 있는 곳입니다. 르누아르도 말년엔 남쪽 프로방스의 아름다운 해안 도시 카뉴쉬르메르로 이주해 정착해서 살았습니다. 샤갈도 역시 프로방스의 그림처럼 예쁜 성곽 도시인 생폴드방스에 가서 말년을 보냈습니다. 당시는 소련이란 이름으로 공산화된 그의 고국으로 돌아가기엔 마땅치 않은 측면도 있었을 것입니다. 그 도시는 이방인인 그를 흔쾌히 받아들이고 사후 성 안에 그의 무덤까지 만들어 주었습니다.

고갱은 파리를 떠나는 것이 아닌, 아예 문명을 떠나 남태평양 타이티로 갔고 죽음은 히바오아에서 맞이하였습니다. 둘 다 폴리네시아의 프랑스령 섬입니다. 그는 가는 길에 아를을 들러 고흐와 잠시 생활하기도 했습니다. 이번 전시회의 멤버는 아니지만 고흐 역시 그 시대 파리에서 활동하다가 프로방스의 아를로 내려간 케이스입니다. 역시 엑상프로방스 출신의 토박이 화가 세잔도 파리로 와 활동하다 고향으로 내려갔습니다.

〈파리의 아름다운 순간들〉을 보낸 위의 예술가들엔 또 다른 공통점이 있습니다. 모두 장수했다는 것입니다. 샤갈 98세, 피카소 92세, 미로 90세, 모네 86세, 달리 85세, 르누아르 78세, 피사로 73세, 고갱 55세, 그들의 사망 나이입니다. 달리를 제외하고 모두 19세기에 태어난 작가들인 것을 보면 다소 놀랍기도 합니다. 그들 중 가장 단명한 고갱도 55년의 생을 살았는데 이것도 파리 옆동네인 독일이나 오스트리아에서 활동했던 음악가들의 생에 비하면 장수한 측에 들어갈 것입니다. 미술가가 음악가에 비해 업의 특성상 팔자가 좋아서 그런 것일까요? 주로 태양이 내려쬐는 야외에서 느긋하게 풍경을 그리는 미술가와 어두운 실내에서 머리를 쥐어짜며 작곡과 연주에 몰두하는 음악가의 수명엔 분명한 상관관계가 있는 듯합니다.

더구나 야외도 그냥 야외가 아닌 풍광 좋은 프랑스와 스페인의 지중해 연안 지역에서, 또는 아름다운 시골에서 말년을 보냈기에 이들 미술가의 생활이 건강에 더 좋을 수밖에 없었을 것입니다. 그렇다 하더라도 이 정도의 장수 기록은 이례적입니다. 아마도 파리에서 아름다운 순간들을 보냈지만 그들이 그곳에서 끝까지 살았다면 이렇게까지 단체로 오래 살긴 어려웠을 것입니다. 파리의 물랑루즈를 비롯한 밤업소에서 오랫동안 지내며 그림을 그린 로트레크의 경우 37세로 단명했으니까요. 물론 그는 선천성 질환을 앓아서도 단명을 하였습니다. 원시의 섬으로 간 고갱의 경우는 아예 문명과 격리되어서도 장수 그룹에서 좀 멀어졌을 것입니다. 이들 중 그다음 단명자인 피사로도 1903년에 사망했으니 그 시절 73세라면 그도 장수했다고 봐야 할 것입니다.

어쩌면 그래서 그들에겐 파리에서의 보낸 순간이 더욱 아름다워 보일 수도 있을 것입니다. 은퇴자가 사무실에서 방을 빼듯 파리에서 방을 뺀 그들이 뿔뿔이 흩어져 각자의 생활을 했던 말년기에 왁자지껄하게 화동들과 어울리며 젊음을 불태웠던 파리의 그 시절은 다시 돌아가고픈 추억 그 자체였을 테니까요. 그렇지 않아도 대체로 과거는 아름다운 법인데 누가 뭐래도 그 시절 파리는 독보적인 세계 제1의 예술 도시였으니 그것은 당연하다 할 것입니다. 이것은 일반인인 우리도 젊은 시절을 회고하면 그렇게 느끼며 추억에 빠지곤 합니다. 우리말로 흔히 봄날이라고 부르는 그 시절이 그들에겐 파리에서 보낸 벨 에포크였을 것입니다.

슈퍼 컬렉터 이건희 회장

전시회장을 나오며 일전에 읽었던 고 이건희 회장의 미술 관련 언론 기사*가 생각이 났습니다. 그는 기업의 회장 재직 시절 미술을 공부하기 위해 흔히 우리가 말하는 과외공부를 받았습니다. 가정교사는 이호재 가나아트 대표였습니다. 그는 매주 한 번씩 일과 후인 저녁 8시부터 미술품 시장과 작품에 대해 교습을 하였는데 이 회장의 학습 열의가 대단했다고 합니다. 평균 3~4시간인 수업이 새벽 4시까지 이어지기도 했다니까요. 그리고 일주일에 한 번 수업으로 모자라 두 번을 불려 간 적도 있다고 합니다. 그렇게 이 회장은 그림과 도

자기에 이어 조각품인 불상까지 전문가
빰치게 마스터했습니다.

그때 이 회장이 가장 애착을 보인 것은
해외로 반출된 우리의 미술품이었습니
다. 그는 그것을 다시 국내로 들여오는
것에는 얼마가 들든 비용을 아끼지 말라
고 했답니다. 그런데 그 작품을 국내의
다른 매입자와 경합을 할 경우 그 작품
은 꼭 사지 않아도 좋다고 했습니다. 본
인이 소장하는 것보다 우리 것을 우리 땅으로 찾아오는 것에 더 관
심이 많았다는 것입니다. 이것은 그가 미술 시장에서 사익으로만
움직이는 일반 컬렉터가 아닌 국가와 공익까지 생각한 슈퍼 컬렉터
임을 보여주는 일화일 것입니다.

기사에서 화랑 대표는 이건희 회장의 도자기에 대한 안목을 박사급
으로 평하고 있습니다. 그가 왜 피카소의 도자 작품을 그렇게나 많이
소장했는지를 알게 해 준 대목입니다. 이번 국립현대미술관 과천의
〈파리의 아름다운 순간들〉과 서울의 〈이중섭〉 전시회는 이런 그의 미
술에 대한 열의와 이해의 결실이라 하겠습니다. 수확의 계절에 만난

행복한 결실입니다. 그가 국가에 기증한 2만 3천여 점의 작품들은 하루에 한 개씩 수집한다 해도 63년이나 걸리는 장구한 작업의 결과물입니다. 5년 후인 2027년 서울시 송현동, 그의 모든 미술품이 전시될 '이건희 미술관(기증관)'이 어떤 모습으로 나타날지 사뭇 궁금합니다.

TAKEOUT **3**

유럽여자 유럽남자

프랑스 미투

누가 이 애자와 이들을?

그와 노벨상을 바꿀 수만 있다면

세번의 이혼으로 유명한 교복들

문미오의 줄리엣의 밸런테인

나세의 19세기 유럽의 여성

니체와 19세기 유럽의 여성

이 책 뒤편에 나오는 〈19세기 유럽 개화기의 여성 작곡가〉의 속편 성격의 글입니다. 그 글에선 여성 작곡가를 중심으로 남녀 차별이 심했던 19세기 유럽 여성을 그렸는데 그렇다면 동시대에 가장 앞선 지성남 니체1844-1900는 여성을 어떻게 보았을까요? 반대편에 있는 남성의 이야기를 듣고 싶은 것입니다. 그의 대표작 《짜라투스트라는 이렇게 말했다》에 나타난 그의 여성관을 살펴봅니다. 아, 그래도 글 읽는 순서는 상관이 없습니다.

짜라투스트라의 행복

고교 시절 제가 최고의 은사님으로 손꼽는 분을 대학 입학 후 3월 집으로 찾아뵈었습니다. 고등학교 3학년 때 담임이신 그분은 우리에게 여타 선생님들이 그러했듯 이름보다는 별명으로 많이 불리셨습니다. 바이킹이셨는데 지금 생각하니 그 별명의 유래가 가물가물합니다. 그런데 어쩌면 유래 따위는 없었는지도 모릅니다. 선생님들의 별명이라는 것이 매해 새로 작명되는 것이 아닌 그 학교의 선배 대로부터 대대로 전수되어 따라 내려오니까요. 그래서 한번 바이킹은 영원히 바이킹입니다.

선생님은 왜소한 체격에 책을 매우 가까이하신지라 안팎으로 바이킹을 떠올리긴 힘들었습니다. 그래도 매서운 눈매는 바이킹 전사 저리 가라 할 정도로 예리하셨습니다. 그 눈매만큼이나 예리한 언행을 보여주신 선생님의 대학 때 전공은 독문학이었지만 학교에서 우리를 가르친 담당 과목은 영어였습니다. 제가 방문드린 그날 바이킹 선생님은 갓 졸업생이 된 저에게 교실에선 들을 수 없었던 독어로 《짜라투스트라는 이렇게 말했다》의 한 꼭지를 이렇게 말씀해 주셨습니다.

"남자의 행복은 Ich will, 여자의 행복은 Er will"

"남자의 행복은 내가 하고 싶은 일을 하는 것이고, 여자의 행복은 그가 하고 싶은 일을 하는 것이다"라고 말입니다. 조로아스터교의 창시자인 페르시아의 현자 조로아스터(짜라투스트라)의 입을 빌어 니체가 남녀의 행복에 대해 독일어로 한 말입니다.

영어로는 "남자의 행복은 I will, 여자의 행복은 He will" 정도로 쓰이겠지만 사실 국어든 영어든 이렇게 그대로 옮긴 번역이 원작자의 원어가 갖고 있는 의미를 완벽하게 따라가기는 힘들 것입니다. 우리말로 쓴다면 "Ich will"이든 "Er will"이든 이 두 단어를 풀기 위해 A4 용지를 구구절절이 채워도 안 될 것이라고 당시 바이킹 선생님은 말씀해주셨습니다. 그것이 작가가 사용하는 오리지널 언어의 힘이고, 언어마다 뉘앙스의 차이가 있기에 그런 것이겠지요. 그래서 역사에 등장하는 탁월한 인문학 천재들은 고전을 제대로 해석하기 위해 라틴어를 독학해서 원전을 읽었다고 하지요.

하지만 우리에게도 그 느낌은 올 것입니다. 그렇지 않습니까? 이때 남자의 행복은 별 이견이 없지만 여자의 행복은 논란의 여지가 있을 것입니다. 여자의 경우 배우자인 그가 소망하는 것을 이루는 것

172 173

〈프리드리히 니체의 초상화〉| 에드바르트 뭉크 | 1905

만이 행복이라면, 그 안에 여자의 독립적이고 독자적인 행복은 없다
는 것과 같기에 그렇습니다. 그녀의 그가 행복해야 나인 그녀도 행복
하고, 그가 불행하면 그녀인 나도 불행하다고 했으니 말입니다. 마치
유교가 지배하던 우리 이조시대 여인의 삼종지도三從之道를 연상하

게 하는 니체의 글입니다. 그럼 결혼하지 않았거나 남친이 없는 여자의 행복은 어디서 어떻게 찾아야 하는 것이었을까요? 니체의 말대로라면 무조건 불행해야 하는 것이었을까요?

최근에야 저는 《짜라투스트라는 이렇게 말했다》를 읽었습니다. 저의 독서 위시 리스트엔 백만 년 전부터 올라 있었고 책을 사놓은지도 오래되었지만 최근에야 드디어 읽은 것입니다. 니체보다는 고교 은사이신 바이킹 선생님께 괜스레 죄송한 마음이 듭니다. 선생님께서 들려주신 위의 이야기는 본문 중 '짜라투스트라의 설교 1부'의 '늙은 여자와 젊은 여자에 대하여' 편에 나오네요. 지금 논의되는 말들은 다 젊은 여자에 해당되는 말입니다.

그 안엔 여성이라면 읽기 힘든 심한 이야기도 많이 나옵니다. 여자는 남자의 장난감이며, 마음의 깊이가 얕고, 잘 변하며, 여자에 있어서 남자의 목적은 임신이라고 하니까요. 그래서 여자는 남자에게 복종해야 하며, 남자는 여자를 찾아갈 때 채찍이나 회초리를 잊지 말라며 이것은 진리라고까지 말합니다. 물론 19세기 만의 진리겠지요. 당시 바이킹 선생님은 남자의 행복 부분만을 강조해서 제자인 제게 덕담으로 이르셨을 것입니다. "Boy! 네가 하고 싶은 일을 하고 사는 것이 행복이란다"라고 말입니다. 아, 여자의 행복까지 저보고 책임지란 것이었을까요? 설마 여자 만날 때 채찍 들고 가란 것까지 실천하라고 말씀 주신 것은 아니었겠지요.

니체와 19세기의 여성

저는 지금 이 책의 뒤편에 있는 〈19세기 유럽 개화기의 여성 작곡가〉를 쓰면서 구상한 내용을 이렇게 연동해서 쓰고 있습니다. 당시 여성들은 그렇게 남성 위주의 사회에서 그들에 저항하며 힘들게 살았는데 정작 그녀들을 그렇게 만든 반대편 남자들의 생각이 궁금해서였습니다. 그런 면에서 니체는 19세기를 대표하는 유럽의 지성 남이기에 충분히 대표성이 있을 것입니다. 당시 가장 개방적이고 진보적이라 할 수 있는 그의 말이 굳어진 글을 통해 보면 그의 여성관을 확인할 수 있으니까요. 결과는 위의 《짜라투스트라는 이렇게 말했다》에서 보시다시피 거기에 답이 훤히 나와 있습니다. 니체는 1844년에 태어나서 1900년에 사망했으니 19세기를 에누리 없이 알뜰하게 끝까지 산 위인이었습니다. 그런데 말년 11년을 바이마르의 정신병원에서 보냈으니 그 기간은 그의 일생에서 어떻게 카운트돼야 하는지 모르겠네요. 물론 그의 역저 《짜라투스트라는 이렇게 말했다》는 1883년 그가 제정신일 때 쓰였습니다.

그리고 또 하나 니체는 가히 음악가라 할 정도로 정통한 작곡가요, 피아노 연주자란 것도 그를 소환한 이유입니다. 각종 장르의 곡을 무려 70여 곡이나 작곡하였으며 피아노는 정신병원에서 죽을 때까지 달고 살았으니까요. 적어도 그는 죽는 순간만큼은 그 자신이 철학가가 아니라 그가 그토록 되고파했던 피아니스트로 알고 죽었을 것입니다. 음악가로서의 그의 삶은 이 책의 〈라라 피아노맨〉에서 건반 위의 철학가로 나타납니다. 이런 니체였기에 그는 동시대인 19세기의 많은 여성 작곡가들과 친교하며 지냈을 것입니다.

물론 니체는 뛰어난 천재이고 난해한 철학자이니 《짜라투스트라는 이렇게 말했다》에 나오는 그의 여성에 대한 서술 중 범부인 제가 이해 못 하는 많은 비유와 상징이 들어 있을 수도 있을 것입니다. 그리고 그 작품은 평생의 연인인 루 살로메에게 차이자마자 채한 달도 안 걸려 쓰인 책으로 알려졌듯이 여성에 대한 그의 적대적인 반감이 배가되어 표출되어 있을 수도 있습니다. 19세기의 조르주 상드에 이어 20세기까지 화려한 남성 편력을 이어간 시대의 여인 루 살로메의 요청으로 그의 친구인 레와 함께 셋이서 기묘한 동거를 했던 니체였습니다.

그렇게 그녀에게 절절맸음에도 괜히 센 척하려고 그의 작품에선 여

말놀이 중인 살로메, 레, 니체. 정작 채찍은 여자인 살로메가 들고 있다.

성을 그렇게 비하하며 표현했을 수도 있다는 것입니다. 이것은 그가 여성을 논한 이 '늙은 여자와 젊은 여자에 대하여' 편에서 그나마 딱 한 줄, 남자를 여자보다 열등하게 얘기한 것에서도 유추할 수 있습니다. 니체 왈 "남자는 여자보다 더 아이 같다"고 했으니까요. 그리고 이어서 "여자는 그런 아이를 남자보다 잘 이해한다"고 했습니다. 아이 같다는 것에는 순진무구와 유치찬란이 공존하고 있습니다. 아, 니체의 이 말은 21세기를 사는 남자인 저도 격하게 공감을 합니다. 사실 니체에겐 안 됐지만 인류는 그를 칼같이 두 번이나 차 버린 루 살로메에게 감사해야 할 것입니다. 그녀가 니체에게 실연을 안겨줬기에 이 위대한 작품이 세상에 나왔으니까요. 고대 이후 오랫동안 잠자고 있던 짜라투스트라의 말문이 그녀 덕에 터진 것입니다.

이렇게 여성이 차별받았던 19세기였음에도 예술과 문학 분야에서 위대한 결과물을 만들어낸 여성들은 그 자체로 매우 위대하다 할 것입니다. 사고와 연구를 통해 결과물을 산출하는 학문적이고 지적인 영역은 여성들에게 막혀있던 때였으니까요. 여성이라는 성 정체성과 본명으로 활동하기 힘든 시대였습니다. 그래도 그것을 극복하고 이겨낸 그녀들이 있었기에 오늘날 우리는 그녀들의 온전한 이름으로 표현된 예술과 문학 작품들을 감상할 수 있게 되었습니다. 그리고 그것을 넘어 남성들의 전유물이었던 더 많고 다양한 분야에서 키 플레이어로 활동하고 있는 더 많은 여성들을 볼 수 있는 시대를 맞이하게 되었습니다. 만약 21세기인 오늘날까지 니체가 살아있다면 그는 여자의 행복을 무엇이라고 정의할까요? 또 짜라투스트라에게 떠밀려나요?

로미오와 줄리엣의 백년해로

듣기만 해도 설렘이 오는 로미오와 줄리엣입니다. 대개 우리는 원작인 셰익스피어의 희곡보다 영화로 그 작품을 먼저 만났고, 내용도 그렇게 기억하고 있을 것입니다. 그만큼 인상적인 영화였으니까요. 그런데 그들이 그 어린 나이에 죽지 않고 함께 오래 살았다면 어떻게 되었을까요? 일단 문학은 되기 힘들었을 것입니다.

추억의 로미오와 줄리엣

그땐 중간고사나 기말고사가 끝나는 마지막 날이면 으레 학교에서 영화를 단체로 관람하게 하였습니다. 시험이라는 압박과 설움에서 해방된 즐거움을 누리라고 학교에서 내려주는 은전과 같은 것이었지요. 빡빡머리 중학생 때의 이야기입니다. 은전이라고 하는 것은 이때가 아닌 때에는 학교 선생님들이 영화관에 잠입해서 숨죽이며 영화를 감상하던 학생들을 순사처럼 잡아가던 시대였기에 그렇습니다. 미성년자들이 보기에 애매한 영화를 선생님께 허락받지 않고 보면 무슨 큰일이라도 나는 줄 알던 시대였지요. 교무실로 잡혀간 학생은 그곳이 고문실이 되면서 소위 불량학생이라는 낙인이 찍히면서 구속까지는 아니더라도 영화의 등급과 동반자의 성별과 품격, 그리고 취조하는 선생님을 대하는 행동거지에 따라 훈방, 반성문, 태형, 정학 등의 형벌을 받곤 했습니다.

그랬던 선생님들과 함께 관람을 하는 날이니 그날은 그분들을 앞세워 당당하게 입장을 하곤 하였습니다. 그렇다고 해서 그 영화를 공짜로 본 것은 아니었습니다. 그래도 정상 영화값에서 학생 할인에, 단체 할인에 그리고 마지막 날 시험은 2교시 정도에 끝났기에 조조 할인 비스무리한 할인까지 들어가 매우 저렴한 비용으로 봤던 기억이 납니다. 대신 좌석은 언감생심, 만원 극장에서 서서 보기 일쑤였지요. 제가 다닌 중학교 한 학년만 해도 900명이 넘었으니까요. 지금은 극장에서 서서 보는 입석이란 개념이 아예 없어졌지요.

그런데 이제야 생각해보니 시험이 끝나는 딱 그날이면 중학생들이 교육적으로 볼만한 미성년자 상영가의 영화가 항상 개봉되어 있었던 것이 신기합니다. 당시 인천 시내 중학교 교장 선생님들과 영화관 사장님들이 무슨 카르텔이라도 맺어져 있던 것인지는 모르겠으나 큰 시험이 끝나는 날이면 그 행사는 예외 없이 거행되었습니다. 이 글의 영화 행사는 중학교 2학년 때의 일이었습니다. 그런데 그날 영화는 달랐습니다. 그전에 보았던 〈킹콩〉 같은 오락물이나 공산당을 때려잡자는 반공, 승공, 멸공 영화가 아닌 문학성 높은 로맨스인 〈로미오와 줄리엣〉이었으니까요.

아…. 〈로미오와 줄리엣〉…. 그 영화가 멀리 바다 건너 인천에 상륙한 것입니다. 원작자 셰익스피어는 몰라도, 그리고 남자 주인공은 예나 지금이나 누군지 모르겠고 알아도 관심도 없지만, 당시 이 나라 제 또래 빡빡머리들의 남심을 열렬하게 울린 소녀 여주인공은 이미 영화 훨씬 전부터 반도를 점령한 상태였습니다. 그녀가 줄리엣이라 문학성은 뒤로 밀릴 수밖에 없었습니다.

올리비아 핫세, 그녀가 왔습니다. 그 시절 남학생들의 책받침에 단연코 가장 많이 곱게 모셔져 있던 그녀였습니다. 책받침 스타는 요즘으로 치면 브로마이드 연예인 스타라 할 수 있는데 사이즈는 공책 사이즈였습니다. 그런데 그것을 왜 책받침이라 불렀는지 모르겠네요. 책을 받치는 물품이 아닌데 말입니다. 그리고 독서대인 책받침대와 혼선의 여지도 있으니 정확히는 공책받침이라 불려야 했습니다.

올리비아 핫세가 주연
〈로미오와 줄리엣〉의 발코니씬

게다가 올리비아 핫세가 주연으로 출연한 영화 〈로미오와 줄리엣〉은 지구상에서 가장 아름답고 비극적인 사춘기 남녀의 사랑 이야기이니 당시 영화관에 밀집해 있던 저를 비롯한 사춘기 중학생들의 심장은 모두 그때 국어책에 나온 민태원님이 쓴 〈청춘예찬〉의 심장이 되어 있었습니다. "물방아 같은 심장의 고동을 들어보라. 청춘의 피는 끓는다. 끓는 피에 뛰노는 심장은 거선의 기관과 같이 힘있다". 이렇게 뜨겁고 힘차게 말입니다. 당시 우린 극장 오기 전 학교에서 치른 국어 시험에 위와 같은 〈청춘예찬〉의 지문이 나왔던지라 모두들 그것을 되새기며 심장이 한껏 업되어 있었습니다.

그런데 그 와중에 그날은 영화가 세기의 명화인지라 극장엔 제가 다녔던 남자 중학교만이 단관을 온 것이 아니라 가서 보니 모 여자 중학교도 단관을 와있었습니다. "Oh my God!" 어두컴컴한 극장은 만원 지하철 버금가게 남녀 중학생들로 발 디딜 틈 없이 꽉 찬 콩나물시루가 되었습니다. 제 전후좌우로도 여학생들이 마구 밀착되어 뒤섞여 있었지요. 전방 대형 스크린에선 로미오와 줄리엣이 열정적으로 키스를 하고 있고, 첫날밤도 치르고…. 아아…. 그날은 선생님들이 잘못한 날이었습니다. 아니면 확실하게 은전을 베풀었던가…. "Bravo, Romeo & Juliet!"

로미오와 줄리엣이 남긴 의문

제가 이렇게 어린 로미오와 줄리엣을 소환하게 된 것은 며칠 전 읽은 신문의 칼럼 때문입니다. 2022년 2월 3일 자 중앙일보에 김영민 교수가 연인 로미오와 줄리엣을 등장시켰는데 저와 생각의 단초가 비슷해 이렇게 제 글로도 쓰고 있는 것입니다. 글에서 김 교수는 로미오와 줄리엣의 격정적인 사랑과 동반 자살을 혁명이라 칭합니다. 그런데 '그들이 만약에 그렇게 죽지 않았다면 그 혁명 정신이 끝까지 이어졌을까'라는 의문을 던집니다.

그리고 변학도 앞에서 죽음과 맞바꾼 절개를 지킨 춘향과 암행어사로 출두한 그의 피앙세 이몽룡도 '그것이 혁명이었다면 그들은 이후 어떻게 되었을까'라는 질문도 던집니다. 춘향은 정경부인이 되었지만 기생 출신이라 다른 양반 부인들에게 왕따를 당하며 고문 후유증으로 평생을 신경통에 시달리며 살았을 것이라고 예측하면서 말입니다. 그런 그녀의 생활 모습에서 과거 한 때 혁명의 모습은 찾아보기 힘들다는 것입니다. 그것은 시국을 빗댄 정치 칼럼이었습니다.

제가 중학 시절 위의 영화관에서 본 〈로미오와 줄리엣의〉 일체감이 컸던 것은 원작 주인공들의 나이대가 우리 또래와 비슷해서 더 그랬을 것입니다. 그 커플의 정확한 나이를 셰익스피어는 밝히지 않았지만 원작에선 줄리엣의 나이가 채 14살이 안 된다고 나옵니다. 그러니 로미오도 아무리 늦게 봐도 10대 중반의 소년이었을 것입니다. 그들의 사랑이 뜨겁고 불같을 수밖에 없는 이유입니다. 이성과 인내 등이 비집고 들어가기엔 감정의 파도가 높은 곳에만 머물러 있어 냉정을 취하기 힘든 때니까요. 냉정은 고사하고 냉정과 열정 사이도 없는 꼭대기 열정만이 존재하는 시기입니다.

그러니 로미오는 작품 말미에 줄리엣이 약에서 깨어나서 일어날 불과 2분여의 짧은 시간도 못 기다리고 죽음을 선택해, 이후 깨어난 줄리엣까지 죽게 해 해피엔딩을 새드엔딩으로 바꾸게 한 것입니다. 우스갯소리로 그때 로미오가 흡연자였다면 로미오도 줄리엣도 모두가 살았을 것이라고 합니다. 사형수이든 자살자이든, 또는 전장의 전사자도 그들이 흡연자라면 죽기 전 마지막 행동이 담배 한 대인 것은 만국공통이니까요. 담배 한 대의 길이만큼 흡연자가 비흡연자보다 오래 사는 것입니다.

김영민 교수의 〈로미오와 줄리엣〉과 제 생각이 유사하다는 부분은 이렇습니다. 제 생각은 역으로 그들이 이팔청춘이었기에 혁명이든 문학이 될 수 있었다는 것입니다. 10대라서 둘 다 자살이 가능했다는 것이지요. 만약 그들이 20대에 처음 만났다면 제 생각엔 로미오와 줄리엣 중 죽어야 최대 1명만 죽었을 것입니다. 그리고 그들이 30대에 처음 만났다면 1명도 자살하지 않았을 확률이 높습니다. 그리고 그들이 40대 이후에 만났다면 로미오와 줄리엣은 오히려 "왜 죽어야 하는데요?"라고 반문했을지도 모릅니다. 40대 이상까지 사신 분이라면, 그리고 사랑과 인생에 대해 좀 아시는 분이라면 제 의견에 동의하실 것이라고 저는 믿습니다.

사랑과 나이의 함수에 죽음(자살)이라는 변수를 넣으면 나이대별로 이렇게 나오지 않을까라는 저의 추론입니다. 물론 로미오와 줄리엣

같이 서로 원수 집안으로 사랑이 이루어지기 힘든 동일한 환경 하에서의 가정입니다. 그리고 그것을 떠나 나이가 들면 열정이 식는 것은 당연하니까요. 반대로 죽음을 대하는 자세는 나이가 들수록 진지해질 것입니다. 그래서 셰익스피어는 로미오와 줄리엣의 나이를 10대로 설정했을 것입니다. 그래야 문학이 되고 공감도 되니까요. 로미오와 줄리엣이 둘 다 40대인데 그들이 원작의 10대처럼 약 먹고 동반 죽음을 택한다면 청중이나 독자는 공감하기 힘들 것입니다.

불멸의 명작 로미오와 줄리엣

〈로미오와 줄리엣〉은 이탈리아의 북부의 유서 깊은 도시 베로나의 뿌리 깊은 앙숙 몬태규 가문의 사내아이와 캐플릿 가문 여식의 과정은 행복했으나 결말은 슬픈 사랑의 이야기입니다. 그래서 이 아름다운 청춘남녀가 모두 죽어 우린 슬프고 원통해하지만 셰익스피어의 4대 비극 같은 비극엔 포함 안 시키고 희비극으로 분류합니다. 비극으로 인정받으려면 처음부터 끝까지 행복한 순간은 없고 계속 비극적이어야 하나 봅니다. 미괄식으론 안 된다는 것이지요.

올리비아 핫세가 출연한 〈로미오와 줄리엣〉은 1968년 전 세계에 처음 개봉했습니다. 이 원작은 1996년 셰익스피어 탄생 450주년을

로미오와 줄리엣의 배경 도시인 이탈리아의 베로나

기념하여 우리 생애에 한 번 더 만들어집니다. 이번엔 줄리엣보다 로
미오에 힘을 더 주었습니다. 당시 할리우드의 청춘 아이콘인 레오나
르도 디카프리오를 로미오로 출연시켰으니까요. 그럼에도 그 영화는
저의 경우 과거의 그 영화와 같은 참 맛이 나지 않았습니다. 시대적
배경이 현대인 것도 이입을 방해하는데 한몫을 하였겠지요. 그만큼
올리비아 핫세가 출연한 〈로미오와 줄리엣〉은 마치 셰익스피어의
그 작품이 희곡이 원작인 것처럼 영화판 원작으로까지 보입니다.

이런 셰익스피어의 로미오와 줄리엣은 영화 이외에도 다양한 장르에서 재탄생하는데 대가들에 의해 잘 알려진 클래식으로는 구노의 〈로미오와 줄리엣〉 오페라, 차이콥스키의 〈로미오와 줄리엣〉 환상 서곡, 베를리오즈의 〈로미오와 줄리엣〉 극적 교향곡, 그리고 발레로 각색되며 그 음악으로는 프로코피에프의 〈로미오와 줄리엣〉 모음곡 등이 있습니다. 그리고 뮤지컬로는 번스타인이 각색한 그 유명한 〈웨스트 사이드 스토리〉가 있고 영화와 뮤지컬을 결합한 스필버그 감독의 뮤지컬 영화인 〈웨스트 사이드 스토리〉가 2021년 국내에도 개봉을 하였습니다.

셰익스피어의 이탈리아 사랑

줄리엣의 도시 베로나는 서로는 밀라노, 동으로는 베네치아의 중간에 위치한 이름만큼이나 아름다운 고도입니다. 개인적으론 이탈리아에서 가장 이름이 아름다운 도시로 저는 베로나를 꼽습니다. 프랑스에선 아비뇽처럼 말입니다. 베로나는 로미오와 줄리엣이 태어나고 십수 년간 살았다고 셰익스피어가 낙점했기에 그 유명세로 오늘날 전 세계의 연인들이 가장 많이 찾는 도시가 되었습니다. 제가 2017년 그 도시를 방문했을 때도 예외 없이 캐플릿 가문의 줄리엣의 집 발코니 아래엔 연인들로 만원을 이루고 있었습니다. 아, 저는 연인으로 간 것이 아니고 업무차 갔습니다.

그리고 줄리엣의 집 문과 담벼락은 그날도 듣던 대로 전 세계에서 그녀에게 보낸 러브 레터로 빼곡 도배되어 있었습니다. 그 편지를 배경으로 〈레터스 투 줄리엣 Letters to Juliet〉이란 로맨스 영화가 만들어 지기도 했지요. 이렇듯 베로나는 오늘날 그 도시에서 요절한 로미오와 줄리엣 덕을 톡톡히 보고 있습니다. 도시 베로나는 영국의 셰익스피어에게 감사를 드려야 할 것입니다.

 그리고 역시 국가인 이탈리아도 셰익스피어에게 감사 인사를 해야 할 것입니다. 그의 〈베니스의 상인〉은 베네치아, 〈오셀로〉도 베네치아, 〈템페스트〉는 불카노, 〈말괄량이 길들이기〉는 파도바, 〈한여름 밤의 꿈〉은 아테네 등 이 많은 작품들을 이탈리아의 도시들을 배경으로 썼으니까요. 아테네는 그리스의 아테네가 아니고 이탈리아의 작은 도시 아테네라는 설이 유력합니다. 과연 이탈리아의 광팬인 셰익스피어였나 봅니다.

놀라운 것은 그가 이탈리아를 단 한 번도 안 가고 이 도시들을 무대로 작품을 썼다는 것입니다. 그런데 그럴 리가 없다 하며 이번엔 셰익스피어의 광팬인 리처드 폴 로라는 작가가 그의 이탈리아 여정을 추적한 《셰익스피어의 이탈리아 기행》이라는 책을 2013년 출간하기도 했습니다. 괴테의 《이탈리아 기행》을 떠오르게 하는 제목입니다.

실제 그가 이탈리아를 갔든 안 갔든, 그리고 로미오와 줄리엣이 실제 인물이든 아니든 셰익스피어의 생가를 보유한 영국 입장에선 후대에 남 좋은 일을 시키는 그를 아쉬워할지도 모르겠습니다. 영국에도 오랜 역사를 지닌 도시는 차고 넘치니 이 모든 작품들의 무대를 영국의 도시들로 해도 됐으니 말입니다. 셰익스피어 정도의 천재라면 작품성에도 아무 문제 없이 영국에 맞춰 창작을 했을 것입니다. 하지만 영국인은 그런 그를 인도와도 바꾸지 않겠다고 할 정도로 국가적인 보물로 받들고 있습니다.

늙은 로미오와 줄리엣

〈로미오와 줄리엣〉의 영화 속 커플은 영화가 끝난 후 죽은 듯이 조용히 살았습니다. 전 세계적으로 흥행성과 화제성을 다 잡은 명화

의 청춘스타임에도 그들은 그렇게 살았습니다. 그러고 싶어서 그런
게 아니라 〈로미오와 줄리엣〉에서 맡은 배역이 너무 강해 차기작
캐스팅에 기피되어 불이익을 당한 승자의 저주가 걸려서 그런 것이
었습니다. 그나마 출연한 몇 편의 영화들도 그들의 존재감은 없었
습니다. 비슷한 시기 〈엔드리스 러브〉로 스타덤에 올랐던 브룩 쉴
즈와 남자 주인공도 비슷한 길을 걸었지요.

그래서인가 몇 년 전 공식석상에 모습을 나타낸 그들은 진짜 커플
로 백년해로하는 것 같은 모습으로 나타났습니다. 마치 영화 속 어
린 로미오와 줄리엣이 무덤에서 약발이 떨어져 다시 살아나 몰래
멀리 도망쳐서 오랫동안 살다 돌아온 커플처럼 보인 것입니다. 대
중들의 기억 속엔 그들의 삶과 모습엔 로미오와 줄리엣만이 존재하
기에 그래 보였을 것입니다.

그런데 로미오와 줄리엣이 진짜로 작품 속에서 죽지 않고 사랑이
결실을 맺어 살았다 해도 그들 이후의 삶은 그들 역을 맡은 배우인
여주인공 올리비아 핫세나 남주인공 레오나드 위팅의 삶처럼 조용
했을 것입니다. 시간이 흐를수록 문학적 요소가 가득했던 10대의
불꽃 튀기던 격정이나 열정적인 사랑은 사라지고 대신 그 자리엔
평화롭고 지혜로운 사랑이 채워져 서로를 케어하며 살았겠지요. 홍

미를 끌 만한 시끄러운 얘깃거리도 없을 테니 주변의 시선도 줄어든 조용한 삶으로 말입니다.

무슨 이야기냐 하면 사랑이 꼭 칙칙폭폭 하며 우렁찬 소리를 내는 큰 배의 기관과 같은 끓는 피로만 제조되는 것은 아니라는 것입니다. 청춘만의 전유물이 아니라는 것이지요. 설사 문학은 끝났다 해도 나이대별로 그 남녀에 맞는 사랑이 존재한다는 것입니다. 우리 어렸을 때 목도한 할아버지와 할머니의 그들 방식대로의 정겨운 주고받음도 사랑이듯 말입니다.

What is a Youth vs A Time for Us

〈로미오와 줄리엣〉의 그 유명한 ost는 우리에게 두 가지 버전으로 알려져 있습니다. Ost란 말을 쓰는 순간 바로 영화 속 그 노래와 장면이 떠오르네요. 중세에 민네징거라고 불렸던 음유시인이 캐플릿가의 무도회에서 불렀던 그 아름다운 사랑 노래 말입니다. 영화 안에선 〈What is a Youth〉란 타이틀로 음유시인이 노래하지만 그 곡은 영화 밖에서 〈A Time for Us〉란 제목의 얼터너티브 버전도 하나 더 가지고 있습니다. 여러 가수가 불렀지만 제 귀엔 앤디 윌리엄스의 곡이 익숙합니다. 우리에겐 영화 속 〈What is a Youth〉 버전보다

이 가사의 노래가 더 익숙할 것입니다. 영화 개봉 1년 후인 1969년에 발매되었으니 〈A Time for Us〉도 거의 〈로미오와 줄리엣〉과 때를 같이 했습니다.

이곳에 전체 가사를 게재하지는 않지만 이 두 곡은 제목에 나온 의제에 대한 답을 노래에서 곧바로 줍니다. 영화 속에서 그 노래를 부른 가수는 젊음은 충동적인 불꽃이라 단정하고 노래를 이어갑니다. "What is a youth? Impetuous fire" 그리고 영화 밖에서 그 노래를 부른 가수는 우리를 위한 시간은 언젠간 올 것이라며 노래를 시작합니다. "A time for us, someday there'll be"

같은 멜로디로 두 곡 모두 로미오와 줄리엣의 사랑을 노래하고 있지만 각각의 첫 가사로만 보면 뉘앙스는 좀 다르게 느껴집니다. 전자는 현재의 충동적이고 뜨거운 사랑을 노래하고 있고, 후자는 미래의 희망적이고 안정적인 사랑을 노래하는 듯합니다. 현재의 사랑은 타오르는 불꽃 같은 사랑이고 미래의 사랑은 그 불꽃으로 정련된 사랑이라 할 것입니다. 만약 로미오와 줄리엣이 원작과 영화에서 나와 백년해로했다면 후자와 같은 사랑이 되지 않았을까요?

새벽의 약속으로 유럽의 교육을

노벨문학상, 맨부커상과 함께 세계 3대 문학상이라 불리는 프랑스의 공쿠르상을 두 번이나 받은 작가가 있습니다. 한 작가에겐 한 번밖에 수여 안 하는 이 상을 그는 어떻게 두 번이나 받았을까요? 그것을 떠나 그의 문학적 재능이 놀랍기만 합니다. 그 천재 뒤에 그를 위해 모든 것을 희생한 한 여인이 있었으니 그녀는 바로 그의 엄마입니다. 교육열 높은 한국의 엄마들보다 몇 수는 높은 여인이었습니다. 로맹 가리, 또는 에밀 아자르라 불리는 작가의 엄마입니다.

로맹 가리인가? 에밀 아자르인가?

새벽의 약속으로 유럽의 교육을. 다소 아리송한 언어의 조합인 이 글의 제목은 어떤 작가가 쓴 작품의 제목을 나열한 것입니다. 그가 쓴 두 권의 소설 제목을 한 줄로 엮은 것입니다. 현대 프랑스 문학을 빛낸 작가로 출생에서 죽음까지, 요람에서 무덤까지 광풍처럼 다이내믹한 인생을 살다 간 그였습니다. 가히 풍운아라 불릴만한 그의 이름은 로맹 가리 Romain Gary 입니다. 과연 그답게 그는 에밀 아자르 Emile Ajar 라는 역시 또 유명한 이름도 갖고 있습니다. 실은 유명하지 않은 다른 이름들도 더 있었습니다. 이렇게 알려진 두 개의 이름으로 활동한 그였기에 덕분에 그는 평생 한 작가에겐 한 번밖에 수여 안 한다는 프랑스권 문학 작품 중 최고의 작품에게 수여하는 공쿠르상을 두 번이나 수상할 수 있었습니다.

로맹 가리와 에밀 아자르, 그 둘이 동일인임을 모르기에 일어난 일이었습니다. 로맹 가리가 그것을 노리고 숨긴 것은 아니겠지만 진실은 끝내 가려졌습니다. 생전엔 에밀 아자르의 대리인을 통해 수상 거부 의사를 밝히긴 했으나 본인이 로맹 가리와 이명일인異名一人이라는 사실은 끝내 밝히지 않았기 때문입니다.

로맹 가리 또는 에밀 아자르라 불린 남자(1914~1980)

진실은 그가 죽고 나서야 밝혀졌습니다. 공쿠르상 주최 측은 기가 막혔을 것입니다. 기네스북에나 오를 법한 발칙한 일이 벌어졌으니까요. 한마디로 문단을 농단한 것입니다. 과연 로맹 가리답습니다. 하지만 이것은 역설적으로 로맹 가리 그가 얼마나 대단한 작가라는 것을 반증하는 사건일 것입니다. 지구상에서 한 해 프랑스어로 쏟아진 수많은 소설 중 가장 뛰어난 작품에게 수여하는 상을 한 사람이 두 번이나 받았으니 말입니다.

1956년엔 로맹 가리가 《하늘의 뿌리》로, 1975년엔 에밀 아자르가 《자기 앞의 생》으로 그 상을 수상했습니다. 공쿠르상Prix Goncourt은 음악계에서 주로 들리는 콩쿠르concours와는 다른 것으로 프랑스의 작가 에드몽 공쿠르의 유언에 따라 제정된 문학상입니다. 그 상은 노벨문학상과 영어권 작품 중 최고의 작품에게 수여하는 맨부커상과 함께 세계 3대 문학상으로 불리는 큰 상입니다.

나중에 사용한 에밀 아자르라는 이름은 결국 로맹 가리의 필명이라 할 수 있겠는데 그는 그 이름으로 활동하던 시기에도 동시에 로맹 가리란 이름으로도 작품들을 발표했습니다. 그런데 신기하게도 그 시기에 로맹 가리의 작품들은 인기가 없어서 한물간 작가의 작품으로 치부되었는데 떠오르는 신상 에밀 아자르의 작품들은 인기가 좋았다고 합니다. 이 정도면 동양의 성명 철학이 근거 없는 것은 아닌 가 봅니다. 그래서인가 개명이 자유로워진 우리나라에서 요즘 주변 에 이름을 바꾼 분들이 꽤나 많이 보입니다.

로맹 가리는 20세기 초인 1914년 러시아에서 태어나 리투아니아, 폴란드에서 유년기를 보내고 프랑스 남부 휴양 도시인 니스에 정착 해 끝까지 프랑스인으로 살았습니다. 그의 일생에서 빼놓을 수 없는 두 명의 여자가 있다면 한 명은 그의 엄마 니나 카체프이고, 또 한 명 은 그의 두 번째 부인인 유명 영화배우 진 세버그일 것입니다. 그의 엄마는 그에게 화려한 삶을 주었다면 그의 연인은 그에게 어두운 죽 음을 주었습니다. 아, 물론 그녀는 연인으로서 큰 기쁨도 당연히 주 었겠지요. 할리우드를 빛낸 미녀 스타인 데다가 여러 여자와 살았 던 로맹 가리에게 유일한 자녀인 아들을 낳아준 여인이니까요.

본인의 작품을 영화화하면서 연을 맺게 되어 영화감독으로도 활약한 로맹 가리는 진 세버그와 이혼 후에도 흑인 인권운동에 연루되어 슬 럼프에 빠진 그녀를 재기시키기 위해 그의 작품에 출연시키는 등 그 녀와의 교류와 지원을 이어갔습니다. 이혼도 그런 외부적 요인으로 갈등이 증폭되어 한 것으로 알려졌습니다. 그런 와중에 1979년 그녀 의 자살 소식에 로맹 가리는 FBI 연루설을 공개적으로 제기하다 그

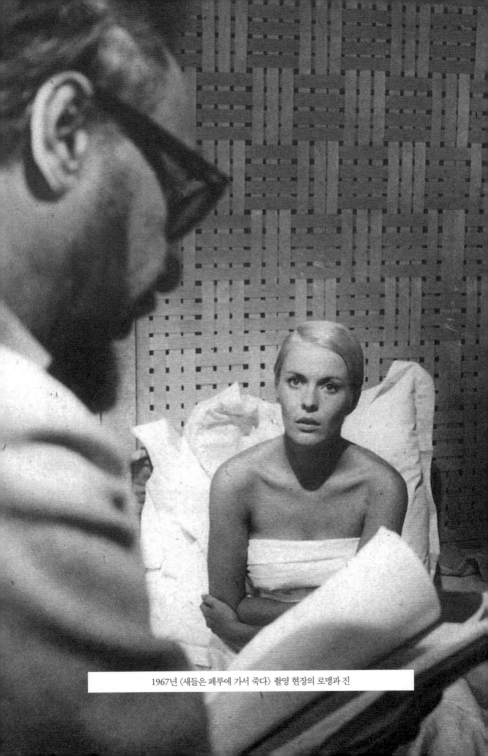

1967년 〈새들은 페루에 가서 죽다〉 촬영 현장의 로맹과 진

1963년 로크브륀의 로맹 가리와 진 시버그

런 혼란 속에 그 또한 1년 후인 1980년 자살로 세상을 떠납니다. 천재들의 자살이야 범부들로서는 이해하기 힘든 부분이 많지만 그의 죽음의 그림자에 그녀가 없었다고 단정하기는 힘들 것입니다.

하지만 그의 죽음의 그림자엔 그에게 화려한 삶을 선사한 그의 엄마도 있었을 것이라고 저는 생각합니다. 그의 삶에 그녀가 차지하는 비중은 일반 모자 관계와는 달리 유별났기에 그가 죽음을 대하는 순간에 엄마도 떠올렸을 거라 추론하는 것입니다. 그의 엄마 니나 카체프는 그의 부인인 진 세버그와는 달리 아름다움과는 거리가 먼, 억척스러운 그리고 또 억척스러운 여자로 평생을 살다 간 우리네 엄마와 같은 여자였습니다. 그 억척스러움의 방향이자 목표는 오직 그녀의 아들 로맹 가리뿐이었습니다. 사생아로 그를 낳자마자 여자로서 그녀 개인의 인생은 포기하고 오로지 그의 교육과 뒷바라지에만 일생을 쏟아부은 그녀였습니다.

엄마와 한 새벽의 약속

《새벽의 약속 La Promesse de L'aube》은 로맹 가리의 자서전 성격의 소설입니다. 저는 이 작품을 동명의 제목인 영화로 보았습니다. 스토리는 그의 어린 시절부터 입신양명하기까지의 그의 삶을 보여주는데 그

어린 시절 로맹 가리와 엄마 니나 카체프

의 주변엔 늘 엄마가 맴돌고 있었습니다. 같이 있을 땐 그것이 당연
했지만 그가 혼자일 때도 그는 엄마와 함께했습니다. 성인이 되어
서도 마찬가지였습니다. 교육열로 치면 헬리콥터맘으로까지 불리
는 우리나라 엄마를 따라올 자가 전 세계에 누가 있으랴 하지만 로
맹 가리의 엄마는 그 이상으로 헬리콥터가 못 가는 곳까지 가는 드
론맘이었습니다. 그가 군대에 있을 때에도 그곳까지 따라갔으니까
요. 그러다 보니 제 눈엔 그가 마마보이처럼 보이기도 했습니다.

어려운 환경이었지만 그런 홀어머니의 치마폭 안에서 교육만큼은 최고로 받으며 자란 그였습니다. 엄마 니나 카체프는 로맹 가리에게 그렇게 교육을 할 때마다 거의 최면 수준으로 주입을 하곤 했습니다. "너는 최고가 될 거야", "너는 최고의 작가가 될 거야", "너는 프랑스의 대사가 될 거야", "너는 최고 무공 훈장인 레지옹 도뇌르 훈장을 받을 거야"…. 작품의 제목 〈새벽의 약속〉은 그가 이렇게 엄마와 한 약속으로 그녀가 희망하는 미래의 그가 되는 약속입니다.

결국 로맹 가리는 엄마에게 한 약속을 다 지켰습니다. 르네상스적 천재형 인간이기에 그것이 가능했을 것입니다. 프랑스 최고의 작가, 아니 더 나아가 세계적인 작가가 되었고, 프랑스를 대표하며 20여 년간 스위스, 불가리아, 페루, 볼리비아, 미국 등 전 세계를 도는 외교관이 되었으며, 젊은 시절엔 2차 세계대전에 공군으로 참전해 전후 레지옹 도뇌르 훈장을 받았습니다. 외교관을 마치고 한 할리우드 영화감독은 보너스였습니다. 엄마의 꿈을 모두 이뤄준 자랑스러운 아들이 된 것입니다.

문제는 그의 엄마가 그런 그의 모습을 하나도 보지 못하고 죽었다는 사실입니다. 그녀는 오로지 헌신만 했을 뿐 그로 인한 영광은 보지도, 누리지도 못했습니다. 아들이 엄마의 죽음을 알면 혹여 흔들릴까 싶어 죽기 바로 전 전장의 로맹 가리에게 보낼 편지를 미리 대량으로 써놓고, 죽은 후에도 계속해서 타인을 통해 그녀의 사랑과 격려가 담긴 편지를 아들에게 보낸 것은 정말 희생의 백미였습니다. 저승에 가서도 이승의 아들에게 편지를 보낸 것입니다. 뒤늦게 그것을 안 성공한 아들 로맹 가리의 심경이 어땠을까요?

이런 엄마의 교육으로 로맹 가리는 우리가 아는 로맹 가리가 되었습니다. 그가 작가로서 우리에게 이름을 알린 것은《유럽의 교육 Éducation européenne》이라는 그의 첫 소설인데 이 책이 대박이 난 것입니다. 전 지금 그 책의 독서를 마치고 이 글을 쓰고 있습니다. 사실 〈새벽의 약속〉 영화는 2년 전에 보았습니다. 그 영화 속에서 이《유럽의 교육》을 진력을 다해 쓰는 로맹 가리가 나오기에 관심을 갖고 바로 읽어야지 했던 책인데 차일피일 미루다 이제야 구입을 해서 읽게 된 것입니다.

로맹 가리는 이 작품을 2차 세계대전 전쟁터에 나가 전투기를 타고 독일군과 전투를 하며 틈틈이 썼습니다. 주경야독이 아니고 주전야독晝戰夜讀하듯이 미친 듯이 써내려 간 것입니다. 그 사이 엄마와는 편지로 이 작품에 대해 계속해서 필담 디스커션을 나누었습니다. 그리고 1945년 1월 대전이 끝나기 전 프랑스에서《유럽의 교육》초판이 발행됩니다. 책과 함께 세상에 로맹 가리란 이름이 탄생하는 순간이었습니다. 프랑스를 비롯하여 전 세계로 뻗어 나가 다양한 언어로 인쇄되는 작품이 되었으니까요. 하지만 정작 로맹 가리가 성공한 그 순간을 가장 보여주고 싶고, 자랑하고픈 사람인 엄마는 그 순간을 못 보게 된 것입니다. 이 책은 본격 출간 1개월 전인 1944년 12월 영국에서 《분노의 숲 Forest of Anger》이라는 제목으로 먼저 선을 보였습니다.

새벽의 약속에 등장한 유럽의 교육

《유럽의 교육》은 레지스탕스 소설입니다. 독일의 히틀러와 소련의 스탈린이 자존심을 걸고 한판 크게 벌인 2차 세계대전 동부 지구의 최고의 전투인 스탈린그라드 전투를 배경으로 활동하는 폴란드의 빨치산 이야기입니다. 그런데 이런 배경과는 달리 엇갈린 이념이나 참혹한 전쟁이 묘사되지는 않습니다. 그 안에 있는 다양한 군상과 사건들의 인간사를 보여주는 소설입니다.

이 책을 읽기 전까지 저는 이 책의 제목이 주는 선입감으로 인해 무슨 교육 관련 서적인 줄 알았습니다. 장 자크 루소의 《에밀》 같은 책으로 인지했던 것입니다. 그리고 그것은 로맹 가리가 그의 엄마에게 교육되는 과정을 영화 〈새벽의 약속〉을 통해 보았기에 그런 선입견까지 더해서 더 그랬습니다. 이래서 무식은 늘 문제가 됩니다. 제목으로만 보면 영국에서 먼저 출간해 베타 버전 성격이 되어 버린《분노의 숲》이 더 선명해 보입니다.

《유럽의 교육》도《새벽의 약속》처럼 로맹 가리의 자전적 성격이 들어간 작품으로 저는 해석을 합니다. 이 책은 야네크라는 소년이 주인공인데 정탐이 주 임무인 그가 빨치산 소년병으로 활동하며 14세에서 15세까지 겪는 전쟁통 이야기를 다루고 있습니다. 그 조직 안엔 그보다 10살 위인 도브란스키란 대학생 빨치산이 나오는데 그는 그곳에서 글을 씁니다. 쓴다고만 말로, 아니 글로 하는 것이 아니라 작가는 도브란스키가 쓴 글을 작품 안에서 직접 간간이 보여줍니다. 소설 안에 소설이 들어 있는 특이한 구조의 작품입니다. 마치 꿈속에서 또 꿈을 꾸는 영화〈인셉션〉처럼 말입니다. 책 끝부분에 도브란스키는 총탄을 맞고 죽게 되는데 그는 죽어가며 야네크에게 그가 전장에서 쓰던 작품의 완성을 부탁합니다. 그가 쓰던 그 책의 제목이《유럽의 교육》이었습니다.

전쟁에서 성장통을 겪는 야네크의 이야기가 로맹 가리의 성장 이야기로도 보여 그의 자전적 소설 성격도 있다고 저는 생각하는 것입니다. 그리고 죽어가며 야네크에게《유럽의 교육》책의 완성을 부탁하는 도브란스키는 로맹 가리의 엄마로 보입니다. 〈새벽의 약속〉에서 엄마가 로맹 가리에게 죽는 순간까지 약속을 걸듯 도브란스키는 야네크에게 약속을 건 것으로 보인다는 것입니다. 결국 야네크로 분한 로맹 가리는 같은 전쟁인 제2차세계대전 전쟁터에서 《유럽의 교육》을 완성했습니다. 픽션과 논픽션이 혼재된 로맹 가리의 현실 세계와 가상 세계가 《새벽의 약속》과 《유럽의 교육》에 이렇게 스며 있는 것으로 제 눈에 보였다는 것입니다. 소설 속 야네크도 현실의 로맹 가리처럼 도브란스키와의 약속을 지켰을 것입니다.

《유럽의 교육》은 인간의 존엄성, 형제애, 그리고 자유 같은 아름다운 이념들이 태어난 문명의 요람 유럽의 대학에서 펼쳐지는 교육만이 교육이 아니라 전쟁터에서 벌어지는 총살, 구속, 고문, 강간 등 유럽의 아름다운 삶을 파괴하는 것도 교육이라고 강변합니다. 대학과 도서관, 그리고 대성당 같은 곳에서 훌륭한 교육이 이루어지지만 결국 그러한 교육은 자기한테 아무 짓도 안 한 사람을 죽이는 데 소용이 될 만한 그럴싸한 이유와 용기를 찾아내는 것에 불과할 뿐이라고 말입니다. 결국 인격과 문명의 파괴를 위한 교육이었다는 것입니다.

하지만 작가는 그 속에서 희망의 메시지도 이야기합니다. 전쟁은 없어지고 새로운 세상이 올 거라고, 전 유럽이 자유를 찾고 서로 손을 잡을 것이라고, 그리고 비옥하고 건설적인, 지금까지는 없던 정신의 르네상스가 올 것이라고 작품 속 인물을 통해 염원합니다. 전쟁 속에서 신문명의 시대를 기원하는 것입니다. 전후 파괴된 낡은 유럽을 버리고 새로운 유럽으로 가기 위한 교육을 작가인 로맹 가리가 하고 있는 것입니다.

엄마와의 약속을 다 이룬 로맹 가리

제가 로맹 가리의 자살 안에 그의 전 부인인 진 세버그 이외에 그의 엄마도 있을 거라 또 추론하는 것은 그가 모든 것을 이루었기 때문입니다. 그것은 엄마와의 약속을 다 지켰다는 것을 의미합니다. 당시 그에겐 더 이상 이룰 것도 없고 목표도 없었을 것입니다. 66세가 적은 나이도 아니었겠고요. 실제 로맹 가리의 아들 디에고는 아버지의 죽음에 대해 이렇게 이야기했습니다. "아버지는 더 이상 만들 것도, 말할 것도, 할 것도 없다고 판단했습니다. 그의 작품은 완성되었고, 그에게는 진행 중인 작품이 없었습니다". 이렇게 태연히 얘기하는 것 같은 그이지만 한 시대를 풍미한 엄마와 아버지가 1년 사이로 연속 자살해 고아가 된 아들 디에고의 심경은 어땠을까요? 불현듯 지금 그의 소식이 궁금해집니다. 아무튼 로맹 가리는 이런 이유까지 들어가 그가 자살을 선택한 것일 수도 있다는 것입니다. 천재의 의식 세계는 다르니까요.

로맹 가리는 1980년 권총으로 자살했고 그로부터 약 20년 전인 1961년 미국의 헤밍웨이는 엽총으로 자살했습니다. 둘 다 모든 것을 다 이룬 사람들입니다. 로맹 가리의 유서는 이렇게 끝납니다. "마침내 나는 나를 완전히 표현했다". 마치 엄마에게 말하는 듯합니다. "엄마, 당신의 자랑스런 아들을 보세요"라고 말입니다. 이렇게 엄마와의 약속을 다 지킨 로맹 가리의 자살에 역逆 오이디푸스 콤플렉스까지 작동했다고 하면 너무 많이 나간 것일까요? 그리고 혹시 그때까지 로맹 가리의 엄마가 살아있었다면⋯. 엄마는 그런 아들에게 그의 죽음을 막는 어떤 새로운 약속을 또 걸었을지도 모릅니다.

그녀와 노벨상을 바꿀 수만 있다면

열 번 찍어 안 넘어가는 나무가 있을까요? 하긴 요즘의 세태는 힘이 넘쳐나도 그렇게 찍을 수도 없을 것입니다. 사랑의 풍속도가 바뀌었으니까요. 여기 열 번, 아니 백 번을 찍어도 안 넘어간 나무가 있습니다. 그녀를 그렇게 평생 사랑한 남자는 1923년 노벨문학상을 수상한 유명 작가였습니다.

"이제 일어나 가리라, 이니스프리로 가리라"로 시작하는 〈이니스프

예이츠의 〈이니스프리의 호도〉에 등장하는 실제 호수 섬

리의 호도〉는 학창 시절 우리에게 예이츠1865-1939라는 아일랜드의
위대한 시인을 처음 알게 한 명시입니다. 이어지는 나뭇가지, 콩밭,
꿀벌, 호수물, 오두막집 등 시인이 선택한 자연의 생물들은 시인뿐
만이 아닌 우리도 그 섬으로 꽤나 가고프게 만듭니다. 찌든 도심에
서 청정한 자연을 떠오르게 하고, 또 시인처럼 우리 마음도 어린 시
절 뛰어놀던 고향으로 달려가게 하니까요. 이 시는 흡사 미국의 매
사추세츠주 콩코드 근처 월든 호숫가에서 오두막을 짓고 살았던 헨
리 데이비드 소로를 연상케 합니다. 또한 정지용 시인의 얼룩배기
황소가 울던 그의 고향을 그리는 시 〈향수〉도 떠오르게 합니다. 그
런데 예이츠는 이렇게 아름다운 자연주의 성향의 시만을 쓴 것은
아닙니다.

그대 늙었을 때

그대 늙어 백발이 되고 잠이 많아져

난롯가에서 고개 끄덕이며 졸 때

이 책을 꺼내어 천천히 읽고

그대의 눈이 예전에 지녔던

부드러운 표정과 그 깊은 그늘을 생각해보세요

얼마나 많은 사람들이

그대의 우아한 순간을 사랑했고

참 혹은 거짓으로

그대의 아름다움을 사랑했었나요

하지만

그대 내면에 감춰진 순례하는 영혼을 사랑하고

그대의 변해가는 얼굴과 슬픔을 사랑한 사람은

오직 한 사람이었을 것입니다

When You Are Old

When you are old and grey and full of sleep,

And nodding by the fire, take down this book,

And slowly read, and dream of the soft look

Your eyes had once, and of their shadows deep;

How many loved your moments of glad grace,

And loved your beauty with love false or true,

But one man loved the pilgrim soul in you,

And loved the sorrows of your changing face;

여기 그리움을 노래한 예이츠의 시가 또 있습니다. 시에서 그가 가고픈 곳은 고향에서 어떤 여인으로 바뀌었습니다. 과연 낭만주의의 대가답게 그는 여전히 서정적이고 감미로움 가득한 무드로 시를 이끌어 가지만 그 이면엔 행복과는 먼 애절한 그의 자전적 스토리가 숨어 있습니다. 이 시를 읽노라면 왠지 어느 겨울날 난롯가 옆에 있는 백년해로한 노부부가 정겨운 모습으로 서로 마주보며 앉아 있는 모습이 연상되지만 그렇지 않습니다. 그녀 앞에 앉아서 졸음을 이기지 못하는 그녀에게 책을 건네주고픈 예이츠가 그 장면을 상상해서 쓴 시입니다. 그렇습니다. 이 시는 한 여자를 향한 절절한 사랑 고백이고 러브 레터입니다. 그녀가 늙을 때까지 한평생 긴 시간 동안 이루지 못한 사랑을 향하여, 여전히 변함없는 그의 사랑을 나이대에 맞추어 속삭이고 있는 것입니다. 여전히 내 사랑은 그대뿐이라고….

예이츠의 평생 사랑을 거절한 여자, 콧대로 치면 클레오파트라 뺨칠 것 같은 그녀는 아일랜드 민족주의자인 모드 곤입니다. 그녀가 변호사였던 예이츠의 아버지에게 용무가 있어 그의 집 문을 두드린 그 순간부터 그녀는 그의 일생의 뮤즈가 되었습니다. 하지만 아일랜드의 문예부흥 운동에 앞장서 온 국민에게 추앙받는 민족 작가가 되고, 노벨상까지 수상하여 전 세계인의 마음까지 사로잡은 예이츠였지만, 정작 그는 단 한 명의 여자 모드 곤의 마음은 사로잡지 못

아일랜드를 대표하는 문인 윌리엄 버틀러 예이츠(1865~1939)

예이츠의 평생 사랑이었던 모드 곤(1866~1953)

했습니다. 그것도 평생에 걸쳐 위와 같은 시를 수십여 편 바쳐가며 대놓고 한 사랑이었는데 말입니다. 그녀는 과연 그녀답게 잘 나가는 유명 시인 대신 무명의 혁명 전사와 결혼을 하였습니다. 그리고 젊은 나이에 체포된 남편의 교수형을 지켜 보아야만 했습니다. 19세기 말과 20세기 초 어지러웠던 아일랜드의 시국에서 일어난 일이었습니다.

이게 웬 비극입니까? 로맨티시스트 남자와 민족주의자 여자, 왠지 우리가 익숙하게 들어온 각종 문학과 예술의 소재가 되는 주인공 커플과 성별이 뒤바뀐 듯한 이 기막힌 관계는 끝내 한 점 행복 없이 새드엔딩으로 끝납니다. 모르지요. 예이츠에게 모드 곤 같은 뮤즈가 있었기에 그녀가 선사한 고통의 산물로 찬란한 그의 문학세계가 펼쳐졌는지 말입니다. 70이 넘어서까지 연애할 때마다 주옥같은 작품을 쏟아낸 괴테를 그는 꽤나 부러워했을지도 모릅니다.

사실 예이츠가 청혼한 여자는 한 명이 아니라 두 명이었습니다. 세월이 흘러 51세가 된 그는 모드 곤의 남편이 처형당한 후 마지막이라 생각하고 또 청혼을 했는데 역시나 또 거절을 당하였습니다. 대단한 모드 곤입니다. 그 정성에 감복할 만도 한데 미망인이 되어서까지 그를 야멸차게 밀어냈으니까요. 그런데 여기서 예이츠는 다소 이해하기 힘든 행동을 합니다. 그녀의 딸인 이슐트 곤에게 곧바로 프로포즈를 한 것입니다. 결과는 그녀도 거절이었습니다.

아…. 위대한 예이츠! 그가 왜 그랬을까요? 그녀와 결혼하면 그녀의 엄마 모드 곤을 더 자주 볼 수 있을까 싶어서 그랬을까요? 안타깝습니다. 이런 집착이 만들어 낸 대타 사랑이 성공한 전례는 거의 없습니다. 세기의 천재가 삐끗거리는 순간이었을 것입니다. 운동권인 모드 곤, 그녀의 강한 기질을 그녀와 함께 사는 딸도 물려받았나 봅니다. 하긴 예이츠의 나이 51세에 한 프로포즈이니 당시 21세인 그녀 입장에서 보면 그가 많이 늙기도 했습니다. 예이츠는 74세에 죽었고 모드 곤은 이후 14년을 더 살았습니다. 그 기간도 그녀는 같은 마음이었을까요?

〈이니스프리의 호도〉는 예이츠가 20대 때 런던에서 생활하며 아일랜드에서 보낸 유년기를 그리며 쓴 시입니다. 시에서 그는 몇 번이고 어린 시절을 보낸 외가 슬라이고 근처 이니스프리 호수 안에 있는 그 섬에 가고 싶다고 드러냅니다. 아마 타지인 런던 도회지의 유학 생활에 지쳐 벌떡 일어나고픈 충동을 느껴 그 시를 썼을 것입니다. 그때만 하더라도 그는 그 섬의 숲에 진흙으로 초가집을 짓고, 콩밭을 일구며, 벌도 치고 하며 조용히 혼자 살고 싶다고 했는데 이후 그의 마음이 바뀌었나 봅니다. 귀국해서 그렇게 그 섬에 가서 혼자 살지 않았으니 말입니다. 대신 모드 곤에 평생을 집착하며 산 그였습니다. 결국 그가 가장 가고픈 곳은 이니스프리가 아니라 모드 곤이 되었습니다. 그녀는 이니스프리의 호도와는 달리 평생 저어도 저어도 다다르지 못한 예이츠의 섬이 되었습니다.

오컬트적인 고대 켈트족의 무속 신앙에도 관심이 많았던 예이츠는 결국 역시 오컬트에 빠진 조지 하이드리스라는 25세의 여성과 결혼을 했습니다. 이 모두가 그의 나이 51세인 1916년 같은 해에 일어난 일입니다. 결국 그해 예이츠는 두 번이 아니라 세 번을 청혼하고 결혼까지 골인한 격정의 한 해를 보낸 남자가 되었었습니다. 그래도 모드 곤을 향한 그의 사랑 시는 계속되었습니다.

하늘의 융단

내게 금빛 은빛으로 수놓은

하늘의 융단이 있다면

어둠과 빛과 어스름으로 물들인

파랗고 희뿌옇고 검은 융단이 있다면

그대의 발밑에 깔아드리련만

나는 가난하여 가진 것은 오직 꿈뿐

그대 발밑에 내 꿈을 깔았으니

사뿐히 밟으소서 그대 밟는 것 내 꿈이오니

He Wishes for the Cloth of Heaven

Had I heaven's embroidered cloth,

Enwrought with golden and silver light,

The blue and the dim and the dark cloths

Of night and light and the half-light,

I would spread the cloths under your feet

But I, being poor, have only my dreams

I have spread my dreams under your feet

Tread softly because you tread on my dreams.

누가 이 아버지와 아들을?

아버지와 아들…. 이들은 일상에선 정겨운 사이지만 이들이 역사
나 신화, 그리고 문학, 예술 등에 함께 등장하면 대개 그 스토리의
결말은 새드엔딩입니다. 그래서 그 결말을 향해 가는 과정에선 부
자간의 갈등과 대립하는 모습이 주로 보여지곤 합니다. 하지만 러
시아의 문호 투르게네프의 대표작인 《아버지와 아들》에서 그런 부
자 관계의 모습은 나오지 않습니다. 나올 법한데 말입니다. 저의 예
상이 빗나갔습니다.

갈등의 관계 아버지와 아들

요즘 흡사 주말부부처럼 주중엔 안 보이다가 주말이면 나타나는 개성 강한 주말부자週末父子가 있으니 그들은 KBS 1TV의 태조 이성계와 그의 아들 태종 이방원입니다. 아들인 〈태종 이방원〉은 과거 같은 그 방송국에서 방영되었던 〈용의 눈물〉과 같은 소재의 다른 제목입니다. 이번엔 드라마의 포커스가 아버지보다는 아들에게 많이 가 있다는 것이겠지요. 이렇게 같은 소재의 역사적 사실을 같은 방송국에서 또 드라마로 방영하는 것을 보면 그 역사적 사실의 중요도를 떠나 그만큼 시청자에게 흥미를 끄는 요소가 크기 때문에 내릴 수 있는 결정이었을 것입니다.

시청률을 견인하는 그 흥미 요소는 바로 아버지와 아들일 것입니다. 인간사의 영원한 테제이니 유인력이 클 수밖에 없는 소재입니다. 사실 제 입장에서도 이미 많이 봤고, 뻔히 다 아는 아버지와 아들 이성계와 이방원의 이야기지만 요즘 그 드라마를 또 보고 있어도 또 재미있습니다. 그리고 그 부자를 보면서 많은 아버지들이 생각이 납니다. 지금은 안 계신 제 아버지를 비롯해서 말입니다.

우리 역사상 그들 부자만큼 시끄러운 많은 아버지와 아들이 있었습니다. 이씨 조선만 보더라도 당장 위의 태종은 아들에서 아버지가 되자 그의 아들 양녕대군과 갈등을 겪어 그를 폐위하고 셋째 아들인 충녕대군을 후계자로 내세웁니다. 후기로 가면 아버지 영조의 서슬 퍼런 분노로 뒤주에 갇혀 생을 마감한 비운의 아들 사도세자도 있습니다. 그런 아버지를 둔 그의 아들 정조도 따지고 보면 아버지와 아들 트라우마에 시달린 피해자일 것입니다. 그리고 아버지인 대원군과 척을 져 페이스를 잃고 망국의 군주가 된 무능한 그의 아들 고종도 있습니다.

이렇듯 아버지와 아들은 가장 가까운 피를 나눈 사이임에도 종종 갈등과 충돌로 인해 파국까지 가는 상황이 연출되곤 합니다. 동물의 왕국에 등장하는 수컷 맹수들과 같은 모습으로 말입니다. 이는 서양도 예외는 아닙니다. 감독의 상상력이 더해지긴 했지만 영화 〈글래디에이터〉에서 로마 오현제 마지막 황제인 마르쿠스 아우렐리우스는 전장에서 아들인 콤모두스에게 살해당합니다. 실제는 그 야전에서 병사했지만 그 부자는 그럴 정도로 사이가 좋지 않았습니다. 감독은 이에 착안하여 아버지를 살해까지 하는 설정으로 바꾼 것입니다.

고대 그리스 신화를 소재로 한 그리스 비극 중 〈킹 오이디푸스〉는 아버지 살해를 다룬 소포클레스의 연극입니다. 어렸을 때 신탁에 의해 왕궁 밖에서 자란 테베의 왕자 오이디푸스가 자라서 왕인 아버지를 몰라보고 살해한 후 왕으로 추대되어 왕비인 생모와 결혼한다는 이야기입니다. 아버지와 아들이 벌일 수 있는 비극의 끝판왕이 일어난 것입니다. 결국 그는 자기 아버지를 몰라 본 두 눈을 뽑고 평생 유랑의 길을 떠납니다.

그런데 우리가 사는 오늘날 현실에서도 아들이 아버지를 해하는 이런 류의 사건이 종종 발생하곤 합니다. 아버지와 아들은 같은 유전자라선가 서로 당기고 흡수하기보다는 밀어내고 부딪히는 속성이 있어서 그런가 봅니다. 이렇게 아버지에게 적대적이고 어머니를 차지하려는 남아의 현상을 정신분석학자 프로이트는 오이디푸스 콤플렉스라 불렀습니다. 반대의 경우는 역시 또 그리스 신화에 등장하는 왕 아가멤논과 그의 딸 엘렉트라 사이에서 일어난 이야기를 근거로 엘렉트라 콤플렉스라 부르지요.

아버지와 아들을 만난 아버지와 아들

요즘 갑자기 이 사람이 궁금해졌습니다. 정확히는 더 궁금해졌습니다. 바로 러시아의 작가 투르게네프1818-1883입니다. 집에 이분의 책이 있습니다. 제 아들이 중학교 때 서점에 데리고 가서 제가 사춘기 때 읽었던 책들이라며 "너도 읽었으면 좋겠다"며 사준 여러 책들 중 하나입니다. 헤르만 헤세, 앙드레 지드, 칼릴 지브란, 오 헨리 등 이런 대가들이 쓴 우리 중학교 시절 탐독했었던 그런 책들이 주류를 이루었습니다. 그런데 그때 서가에 꽂힌 투르게네프의 《아버지와 아들》이 제 눈에 띈 것입니다.

사실 그때까지 저는 그 책을 알고는 있지만 읽지는 않았던 책인데 왠지 제목이 아버지와 아들이 함께 있는 그 상황과 딱 맞아떨어져 그 책도 사야 할 것만 같은 강박이 와서 예정에 없던 그 책도 아들 장바구니에 넣었습니다. 물론 제 아들의 아버지이자, 제 아버지의 아들이기도 한 저도 전부터 읽어보고 싶었던 작품이라 구매를 한 것입니다. 또한 세상에서 젤 무서운 나이가 중2라는데 그 책 안엔 제 아들이 아버지인 저를 대함에 있어 뭔가의 도움이 될만한 갈등 해법 같은 것이 있을 것만 같기도 했습니다. 투르게네프가 책 제목을 잘 지은 것이지요.

그리고 저는 그 책을 읽어야지, 읽어야지 생각만 하다가 잊고 지내며 최근까지 왔습니다. 책은 여전히 깨끗했습니다. 부전자전으로 아들도 안 읽었기 때문입니다. 성년이 된 아들은 2년 전 책장 정리

〈작가 이반 투르게네프의 초상〉 | 일리야 레핀 | 1874

를 하며 그사이 혹시나 하며 《아버지와 아들》 독서 여부를 묻는 제
게 그는 애당초 읽을 생각이 없었다고 큰 소리로 답했습니다. 그리
고 요새 누가 그런 책을 읽느냐며, 그건 아빠 세대 때나 읽었던 책

이라며 더 이상의 대화를 피하려 하였습니다. 제가 계속 권고한다고 언성을 더 높여봤자 오히려 《아버지와 아들》로 인해 아버지와 아들 간 갈등이 심화될 것 같아 더 이상 대화 진도는 나가지 않았습니다. 결정적으로 아버지인 저도 그 책을 그때까지 읽지 않았으니까요. 투르게네프에게 죄송했습니다.

그런데 드디어 제가 그 책을 읽은 것입니다. 세상만사가 그러하듯 책도 무릇 때가 되어야 읽나 봅니다. 앞서 저는 〈니체와 19세기 유럽의 여성〉에서 《아버지와 아들》보다도 집에 더 오랫동안 숙성시켜 두었던 《짜라투스트라는 이렇게 말했다》를 읽었다고 말씀드렸습니다. 그런데 그 19세기 유럽의 여성 중 한 명에서 투르게네프가 등장합니다. 바로 또 그 이전에 썼지만 책에서는 나중에 등장하는 〈19세기 유럽 개화기의 여성 작곡가〉에서 소개한 폴린 비아르도의 연인으로, 아니 꼭 투르게네프가 그녀의 연인이라고 하기엔 애매한 관계였지만, 여하튼 그가 그녀를 평생 사랑했다는 내용으로 그를 짧게나마 등장시켰습니다. 그래서 잊고 살던 그가 다시 급 궁금해진 것입니다. 그 글에선 폴린 비아르도의 조연으로 출연했지만 이제 투르게네프가 주연으로 등장할 때가 된 것입니다. 그래서 전 그의 대표작 《아버지와 아들》을 읽어야 했습니다. 투르게네프, 기뻐하십시오.

투르게네프의 아버지와 아들

대다수의 독후감들은 이 책을 가리켜 이렇게 얘기합니다. 제목에서 유추되듯 아버지와 아들로 대표되는 신구 세대 간 갈등을 다룬 소설이라고 말입니다. 사실 저도 읽기 전엔 그 오랜 세월 동안 그렇게 지레 생각해왔습니다. 그래서 제 아들에게도 독서를 권했던 것이고요. 하지만 저의 독후 일감으론 그것은 아니라고 생각합니다. 일단 최소한 투르게네프의 《아버지와 아들》에서 아버지와 아들 간의 갈등이나 충돌은 없습니다. 오히려 등장하는 두 가족의 부자간 사이는 그 반대로 너무나도 좋습니다. 물론 다른 등장인물과의 관계로 그런 내용이 없지는 않지만 그보다는 19세기 중반 당시 러시아 사회의 리얼리즘 소설이라고 저는 말하고 싶습니다. 신구의 시대적 갈등보다 더 많이 보이는 것이 등장인물들 간에 일어나는 인지상정 성격의 보편적인 심리와 행동이기 때문이기에 그렇습니다.

아버지와 아들이 등장하고, 그 아들과 친구, 그 아들 친구와 큰아버지, 그 큰아버지와 아버지, 아들과 연인, 아버지와 연인, 아들 친구와 연인, 아들 친구와 친구 부모 등 이 소설엔 아버지와 아들만큼이나 많은 양자들이 출연합니다. 그들 간 통상적인 로맨스처럼 남녀의 사랑도 나오고, 같은 세대인 친구 간 우정과 갈등도 등장하고,

아버지와 큰아버지 간의 형제애도 나옵니다. 이렇게 러시아 귀족 패밀리와 주변 인물들의 일상사가 주로 나오지만 그것은 생각보다 소소하게 묘사됩니다. 톨스토이 작품에서 보이는 것과 같은 광대하고 화려한 러시아의 빅 스케일과는 거리가 멀다는 것입니다. 그리고 도스토옙스키가 주로 묘사한 말단 인간의 힘겨운 생활과 범죄, 영혼 세계 등도 할애되지 않습니다. 투르게네프의 《아버지와 아들》은 그들 사이에 껴서 사는 귀족의 이야기와 그들과 얽힌 평민의 일상적인 인간사를 마치 드라마처럼 보여주고 있습니다.

《아버지와 아들》은 아르카디라는 대학 졸업생 아들과 그의 대학 친구인 바자로프, 이 둘에서 주변 인물들과 어우러져 펼쳐가는 소설입니다. 처음엔 아르카디가 주인공이었지만 끝날 땐 바자로프가 주인공입니다. 소설의 엔딩은 아르카디는 결혼이라는 해피엔딩으로, 바자로프는 죽음이라는 새드엔딩으로 마감됩니다. 아르카디는 그가 좋아하는 여성과 결혼에 성공하지만, 바자로프는 그가 좋아하는 여성이 보는 앞에서 죽음을 맞습니다.

대지주인 아르카디와 소지주인 바자로프 모두 아버지와 사이가 매우 좋습니다. 특히 아르카디는 상처한 아버지가 그 몰래 하녀의 어린 딸과 동침하여 사생아를 낳았음에도 그 어린 동생을 축복해주고

상트페테르부르크에 있는 투르게네프의 묘지

아버지와 자기보다도 어린 그녀와의 재혼을 적극 지지합니다. 큰아
버지도 그녀를 좋아하지만 동생의 여자이기에 동생과 그녀의 결혼
을 적극 추진하고 해외로 떠납니다. 부자간은 물론 형제간에도 우
애가 좋은 아르카디의 집안입니다.

이렇게만 끝나도 재미있는 소설이지만 이렇게만 끝났다면 투르게네프의 이 소설이 오늘날처럼 에지 있게 평가받지는 못 할 것입니다. 일반 소설이 명작이 되려면 무언가 불편한 요소들도 들어가야 합니다. 통상 비평가들이 얘기하는 러시아의 신구세대 간 갈등이 그것입니다. 그런데 그것은 아버지와 아들 간이 아닌, 아르카디의 친구인 바자로프와 아르카디의 큰아버지인 파벨 사이에서 일어납니다. 전혀 상관없을 것 같은 이 두 사람의 갈등은 그나마 이 작품을 긴장과 위기 속으로 몰고 갑니다.

어른인 파벨은 귀족주의, 슬라브주의, 지주, 부르주아, 보수, 예술, 전통 등을 상징하고, 젊은이인 바자로프는 허무주의, 유물주의, 실용, 진보, 인텔리겐차, 과학 등을 상징합니다. 그래서 그들은 아르카디가 바자로프를 그의 집에 손님으로 처음 들였을 때부터 매사 거세게 부딪칩니다. 큰아버지 파벨의 입장에선 조카 아르카디가 어디서 이상한 장돌뱅이 같은 놈을 하나 집에 데리고 온 것입니다.

결국 귀족으로서 명예를 중시하는 큰아버지 파벨은 사사건건 지지 않고 맞서는 바자로프에게 모욕감을 참을 수 없어 그에게 권총 결투를 신청합니다. 권총 결투로 사망에 이른 투르게네프의 선배 작가 푸시킨을 연상하게 하는 대목입니다. 그런데 바자로프는 이것마

〈오네긴과 렌스키의 결투〉| 일리야 레핀 | 1899
푸시킨의 소설《예브게니 오네긴》의 한 장면을 그렸다.

저 가장 봉건적인 방법인 기사도 정신을 흉내 낸 것이라며 친구의
큰아버지를 비꼽니다. 하지만 이렇게 신구 세대 갈등의 끝판인 결
투가 나와도 그 주제를 그 자체로 받아들이기 힘든 것은 이 결투의
결정적인 이유가 바자로프가 친구 아르카디의 아버지의 여자를 별
생각 없이 건드린 것에도 기인하기에 그렇습니다.

큰아버지인 파벨 입장에서 보면 자기 동생의 사생아를 낳은 여자이
지만 그도 관심을 두던 여자였습니다. 그런데 어디서 굴러온 바자
로프가 그런 그녀에게 진심은 하나도 없어 보이는 키스하는 장면을

그가 목격하고야 만 것입니다. 이렇듯 파벨은 질투와 형제애가 섞인 복합적인 분노로 인해 결투를 신청한 것이지 신구 갈등 만으로 결투를 신청한 것이 아니라는 것입니다. 일을 파헤치다 보면 이렇게 그 끝엔 드러내기 힘든 인간의 본성이 나오곤 합니다. 대개 그것은 표면적인 이유보다 더 큰 이유로 특정 사건에 작용하곤 합니다.

그전부터 바자로프, 파벨, 그리고 아르카디의 아버지인 니콜라이는 죽은 하녀의 딸인 페니치카를 두고 미묘한 행각들을 벌여 왔습니다. 이렇게 실제 생활에서도 충분히 있음 직한 다면적인 인간사를 글로 자연스레 보여주고 있기에 투르게네프의 《아버지와 아들》은 그런 생생한 리얼리즘이 신구세대의 갈등이라는 큰 주제를 작고 희미하게 만들고 있다는 것입니다.

투르게네프와 폴린 비아르도

어려움 없이 부유하게 자란 투르게네프는 러시아에서 가장 서구적인 작가로 알려져 있습니다. 베를린에서 유학한 것도 영향이 있겠지만 위에서 언급한 프랑스의 메조소프라노 오페라 가수이자 작곡가인 폴린 비아르도에 푹 빠져 일생을 그녀를 따라다니며 그녀 근처에서 산 그였습니다. 남편이 있는 그녀였지만 그녀 남편은 그것

투르게네프의 뮤즈 폴린 비아르도(1821~1910)

을 알면서도 투르게네프가 그렇게 하게 내버려 두었습니다. 결국 그렇게 그의 뮤즈 폴린 비아르도 곁에서 평생 독신으로 살다가 그녀보다 먼저 죽은 그는 그의 유산을 모두 그녀에게 남겼습니다. 그의 소설보다 더 소설 같은 그의 순애보입니다.

국내 러시아 문학의 권위자인 고려대 석영중 교수는 그녀의 칼럼*에서 투르게네프에게 연민의 정을 보냅니다. 그가 러시아 문학에서 처한 처지는 위치를 안타까워한 것입니다. 워낙 아우라가 강한 두 작가인 톨스토이와 도스토옙스키 사이에 껴서 허겁지겁 힘겹게 그들을 따라가는 3인방 중 말석인 그였습니다. 그래서인가 《아버지와 아들》 소설 속 부잣집 지주 아들인 온순한 아르카디는 그를 연상하게 합니다. 하지만 소설이 아닌 현실에서는 투르게네프가 톨스토이와 도스토옙스키보다 더 위대하고 드라마틱한 인생 장편 소설을 썼다고 평합니다. 1843년 상트페테르부르크의 〈세비야의 이발사〉 무대에서 폴린 비아르도를 처음 본 순간부터 무려 40년이나 그녀만을 일편단심 사랑하며 따라다녔으니까요.

인류의 절반인 남자는 한 아버지에서 태어난 아들입니다. 그리고 그 아들은 역시 또 아버지가 될 것이고 또 인류의 절반이 될 아들을 낳을 것입니다. 이렇게 아버지와 아들은 반복되는 역사 속에서 살고 있습니다. 아들이 되기도 하고 아버지가 되기도 하면서 말입니다. 그리고 그사이엔 아버지이기도 하고 아들이기도 한 시절도 있습니다. 하지만 그렇게 아들이 아버지가 되어도 그 누구도 내 아버지가 될 수는 없습니다. 지금 또 생각나는 내 아버지는 지금 제 나이 때 이렇게 봄이 오면 아들인 저를 보고 무슨 생각을 하셨을까요?

《아버지와 아들》 3장엔 푸시킨의 《예브게니 오네긴》에 나오는 한 시구가 나옵니다. 작가인 투르게네프가 의도를 가지고 인용한 것이겠지요. 소설 속 아버지 니콜라이가 상트페테르부르크에서 대학을 마치고 고향에 막 돌아온 아들 아르카디를 마중 나가 그를 만나자마자 기쁨에 들떠 반기며 낭송해주는 시입니다. 이때 아들은 어리둥절해합니다.

봄이여, 봄이여, 사랑의 계절이여!
네가 찾아오면
어찌하여 이다지도 외로운지!
얼마나⋯.

프렌치 미투

2017년 미투 운동의 거센 바람이 전 세계에 몰아칠 때 그 바람에 맞서 반대 목소리를 낸 두 명의 셀럽이 있었습니다. 참으로 용감무쌍한 행동이었는데 그 둘의 공통점은 모두 프랑스 여인이었습니다. 단연코라 할 정도로 저처럼 그렇게 생각하는 분들이 많을 것이라 생각이 들 정도로 프랑스인은 우리와는 다른 모습과 행동을 왕왕 보여주곤 합니다. 보듯이 미투도 그중의 하나였습니다. 무엇이 그들을 그렇게 다르게 만들었을까요? 거창한 분석이 아닌 가십의 영역에서 다뤄본 글입니다.

2021년 초 프랑스에서 발생한 별난 가족사 하나가 프랑스는 물론 우리나라를 포함한 전 세계 언론의 한 지면을 크게 장식했습니다. 크게 차지할 수밖에 없었던 이유는 그 가족의 추문이 한 건이 아니라 이혼하고 재혼한 부모 자녀 형제에게 줄줄이 엮여 있어서 그만큼 소개할 내용이 많아서였습니다. 요약하면 폭로자는 여성인데 그녀의 계부가 어린 시절 그녀의 쌍둥이 남동생을 성추행했다는 것과, 과거 그녀의 친부는 그녀의 이모인 그의 처제와 불륜 관계였다는 사실입니다. 그리고 그녀의 친모는 자신의 아들이 재혼 남편에게 성추행 당한다는 사실과 자신이 재혼 전 초혼 남편과 살 때 그가 자신의 여동생과 불륜 관계라는 사실을 알고 있었음에도 이런 일들을 모두 묵인했다는 것까지도 폭로를 하였습니다. 이런 팩트도 놀랍지만 이 뉴스의 밸류가 더 높아진 이유는 관계한 등장 남녀 모두가 아래와 같이 프랑스 지식 사회의 정점에 있는 저명인사들이기 때문이었습니다.

폭로자(여)   파리 5대학 법학 교수

    계부   헌법학자, 파리정치대학(시앙스포) 명예교수, 국립정
        치학재단FNSP 이사장

남동생	파리7대학 물리학 교수
친모	과거 쿠바의 피델 카스트로의 연인, 소르본대 정치학 교수, 변호사, 소설가
친부	국경 없는 의사회 설립자, 프랑스 보건장관·외무장관
이모	프랑스의 유명 여배우

미투 광풍

2017년 할리우드의 유명 영화 제작자가 여배우들을 대상으로 벌인 성범죄 파문으로 폭발한 미투 운동은 발원지인 미국을 비롯하여 전 세계로 퍼져 나갔는데 우리나라에서도 그간 가려지고 숨겨진 피해 여성들의 폭로가 잇따라 줄을 이어 광풍으로까지 불리며 사회적으로 커다란 반향을 일으켰습니다. 그리고 미투라는 용어는 쑥 들어 갔지만 그것은 현재도 여전히 진행 중일 것입니다. 요즘 들어 폭로 가 현격하게 줄어들어 보이는 것은 미투 선언 시작 당시 드러난 추 행이나 폭행들 중 대다수는 과거의 사고들이었는데 그 시점을 기해 많은 여성들이 일거에 그 일들을 쏟아냈기에 그래 보였던 측면도 있을 것입니다.

긍정적으로 생각하면 그런 미투 운동을 통해 남성 중심으로 움직였던 우리 사회가 각성하여 여성의 성 문제에 대해 관행적으로 방치했고 묵인했던 잘못된 것들을 교정하여 새로운 시대로 가고 있다고 하겠습니다. 한마디로 "뭘 그런 것 가지고" 했던 남자들에게 "앗 뜨거워" 하고 깜짝 놀라게 한 사건이었습니다. 하지만 그렇다고 해서 미투 선언을 촉발하게 하는 나쁜 성범죄가 사라진 것은 아닙니다. 가해자가 아닌 피해자의 시각과 입장을 더 고려하고 그로 인해 궁극적으로는 성범죄가 완전히 사라지기를 희망합니다.

카트린 드뇌브와 브리지트 바르도의 미투

그런데 미투 운동 폭발 당시 세계의 여성들이 공공의 적을 대하듯 모두 한목소리를 낼 때 다른 목소리를 낸 일부 여성들이 있었는데 그것은 바로 프랑스의 셀럽들이었습니다. 당시 이들의 행동과 발언은 역시 또 전 세계로 퍼져나가 미투 운동만큼이나 화제가 되었습니다. 첫 번째 일성은 2018년 초 프랑스를 대표하는 지적인 원로 배우 카트린 드뇌브의 발언이었습니다. 그녀는 남자는 여자를 유혹할 권리가 있다며 그런 환심과 유혹은 범죄가 아니라고 하였습니다. 또한 남자에게 증오를 표출하는 일부 페미니스트를 배격한다며 남자가 무릎을 만지거나 도둑 키스 한 번으로 평생직장을 잃는 것은 너무 가혹하다고까지 하였습니다. 놀라운 것은 그녀가 이 선언을 할 때 혼자 한 것이 아니라 프랑스 각계각층을 대표하는 여성 인사 100명이 함께 했다는 사실입니다.

두 번째 일성은 역시 또 프랑스를 대표하는 관능적인 배우인 브리지트 바르도였습니다. 우리보고 개고기를 먹는다고 계속해서 비난을 해대고 있는 배우입니다. 저는 개고기도 미투 운동보다는 늦지만 언젠가는 우리나라에서 안 먹는 시대가 올 것이라고 생각합니다. 그런데 프랑스인이 좋아하는 거위간 푸아그라는 모르겠습니다. 말이 잠깐 옆으로 샜네요. 브리지트 바르도는 한술 더 떠 미투 선언을 하는 여배우들을 위선적이고 우스꽝스럽다고 하며 많은 여배우들이 배역을 따기 위해 프로듀서들과 불장난을 한다고 하였습니다. 저는 사회적 영향력이 있는 공인인 이들이 여성임에도 굳이 페미니즘에 반하는 주장을 연이어 한 이 뉴스를 보고 그전에 터진 할리우드의 미투 뉴스보다 더 큰 놀라움으로 받아들였습니다. 그리고 이내 속으로 "아, 그렇지 프랑스⋯." 이렇게 되뇌었습니다.

세상은 넓고 사람은 다양하다고 하지만 제가 살면서 밖에서 엿본 프랑스 사람들은 다른 국가의 사람들과는 확연히 다른 면들을 많이 보여주었습니다. 그래서 위에 소개한 2021년 프랑스 지식 사회의 선도층 가족의 얽히고설킨 막장 사건과 5년 전 톱 원로 여배우들의 안티 미투 회견이 어차피 발생할 사건들이었다면 프랑스에서 발생한 것이 제 눈엔 가장 당연스럽고 자연스러워 보였습니다. 예를 들어 만약 저런 사건들이 지구상 다른 수많은 나라들 중 하나인 우리나라에서 일어났다고 상상해보십시오. 미투 고발이 일어나는 가운데 우리나라의 국대급 여배우가 카트린 드뇌브나 브리지트 바르도와 같은 인터뷰를 자발적으로 하는 것입니다. 상상이 안 될 것입니다.

그들은 우리와는 다른 세계의 사람들 같습니다. 제가 이런 사건들에 대해 "프랑스니까…."라고 치부하는 것은 그간 제가 엿본 관찰과 경험에 기초합니다. 그중에서도 다른 사람도 아닌 프랑스 국민을 대표하는 대통령들의 결혼과 사생활만 보더라도 저는 저의 이런 추론이 나름 근거가 있다고 생각합니다. 물론 이것이 대단하고 무슨 의미 있는 분석은 절대 아닙니다. 가십성 영역이니까요. 아무튼 최고 공인이라 할 수 있는 대통령의 가정사이기에 우리완 다른 그들의 모습이 사실 놀랍고 흥미롭기까지 합니다. 하지만 그들을 바라보는 프랑스 국민들은 그렇게 생각하지 않는 듯합니다. 아마 그들은 대신 우리에게서 그들과 다른 어떤 요소들을 발견하고 매우 흥미로워할 것입니다.

프랑스 대통령과 배우자

역사상 프랑스의 가장 젊은 대통령인 능력자 마크롱의 배우자 영부인 브리지트가 연상이라는 사실은 잘 알려진 사실입니다. 24년 연상으로 16세 고교 시절 때 은사였던 그녀와 마크롱은 14년 연애하여 결혼에 골인하였습니다. 30세의 한창 잘 나가던 젊은 마크롱이 54세의 브리지트와 결혼한 것입니다. 한때의 불장난이 아니라는 것이지요. 그녀는 전남편과의 사이에 애 셋을 두었는데 그중 한 명이 마크롱과 동갑내기 고교 친구였습니다. 친구의 엄마인 선생님과 결혼한 것이지요. 마크롱의 엄마는 그가 결혼한다고 했을 때 브리지트 선생님의 딸과 결혼한다는 것으로 알아들었다고 합니다. 마크롱은 동기 여친의 새아빠가 되었고 그녀는 그를 대디라고 부른다고 합니다. 마크롱은 브리지트와 결혼하며 3명의 의붓 자녀와 그들에게서 나온 7명의 손주를 얻었습니다.

마크롱의 전전 대통령인 사르코지는 재임 시 이혼한 최초의 대통령이라는 타이틀을 가지고 있습니다. 그가 대통령에 당선되어 영부인이 된 세실리아와 엘리제궁에 입성했을 땐 둘 다 재혼한 신분이었습니다. 그리고 5개월 후 그들은 이혼을 하였습니다. 대통령 취임 시 5명의 자녀들이 함께 가족사진을 찍었는데 사르코지와 전부인

사이의 아이 2명, 세실리아와 전남편 사이의 아이 2명, 그리고 재혼해서 둘 사이에 낳은 아이 1명 이렇게 5명이 함께 했습니다. 이어서 사르코지는 엘리제궁에서 재혼한 최초의 대통령이라는 타이틀도 얻게 됩니다. 동시에 영부인은 세실리아에서 12년 연하 유명 모델 겸 가수인 카를라 부르니로 바뀌었습니다. 사르코지와 결혼 전 화려한 남성 편력으로 많은 옐로 페이퍼를 장식했던 그녀가 프랑스를 대표하는 퍼스트레이디가 된 것입니다.

마크롱과 사르코지 사이의 전직 올랑드 대통령도 역시 또 기록을 가지고 있습니다. 그는 프랑스 역사상 공식적으로 결혼한 적이 없는 최초의 대통령입니다. 하지만 그에게도 영부인, 아니 퍼스트레이디는 있었습니다. 기자 출신의 트리에르바일레가 그녀로 그녀는 동거녀 신분으로 엘리제궁에 입성하였습니다. 보시듯 프랑스는 동거녀도 법적인 신분을 보장받는 국가입니다. 과거 출산율 최저 국가였던 프랑스가 오늘날 다산 국가가 된 것은 이런 유연한 제도도 한몫을 하였을 것입니다. 한마디로 동거녀가 아이를 낳아도 친부 호적에 올라가고 상속도 보장된다는 것입니다. 극 저출산 국가인 우리나라도 검토하고 있는 것으로 알고 있지만 뿌리 깊은 유교 전통이 살아있기에 법안 통과가 쉽지는 않을 것입니다.

올랑드는 대통령이 되기 전 동료 정치인인 세골렌 루아얄과 27년 동거하며 아이 넷을 두었습니다. 그녀는 2011년 대선에 나가 정적 사르코지에 패해 그 후유증으로 올랑드와 기나긴 동거를 청산하였습니다. 프랑스의 첫 여성 대통령이 될 뻔한 그녀였습니다. 결별 후 그녀는 올랑드가 차기 대선에 뛰어들 때 그와 다시 만나, 이번엔 같은 당의 정적으로 경선을 치르게 됩니다. 부부와 다름없던 과거 남편과 부인이 같은 당에서 부부싸움을 하듯 대선 경선을 치른 것입니다. 그들의 네 아이는 편이 나뉘어 엄마와 아빠를 응원했을 것입니다. 그 사이 올랑드는 새 애인 트리에르바일레와 동거 중이었습니다.

하지만 그의 여성 편력은 거기에서 그치지 않았습니다. 대통령이 되어서도 엘리제궁에서 또 새로운 연애를 시작한 것입니다. 그는 밤마다 경호원이 모는 오토바이를 타고 엘리제궁을 몰래 빠져나가 쥘리 가예라는 여배우와 밀애를 즐겼습니다. 애 둘이 있는 이혼녀였습니다. 이것이 파파라치에게 딱 걸려 또 전 세계 지면을 장식했습니다. 주야로 공사가 다망하여 국민들에게 전달할 것이 많은 프랑스 대통령들입니다.

저는 당시 뉴스를 선명히 기억합니다. 우리나라 공중파 저녁 메인 뉴스 인터뷰에 등장한 올랑드의 경쟁자인 야당의 대표는 이 사건에 대해 이렇게 태연하게 얘기했습니다. "상관없다. 그의 일탈에 세금만 들어가지 않았다면⋯." 한마디로 업무 시간이 아니니 그가 무엇을 해도 상관없다는 것입니다. 일반인도 아니고 야당 대표가 이런 말을 했다는 것에 대해 당시 저는 매우 혼란스러웠습니다. "아무리 그래도 그렇지. 이건 뭐 쿨한 것도 아니고⋯." 우리나라 대통령이 영부인을 놔두고 밤에 경호원이 모는 오토바이를 타고 청와대를 빠져나가 유명 여배우를 만나고 아침에 들어온다? 역지사지해보면 분명해진다고 바로 이런 생각이 들었습니다.

당시 프랑스 국민들을 대상으로 여론 조사를 하였는데 이런 올랑드의 연애에 대해 70% 이상이 상관없다고 응답했습니다. 오히려 동거녀인 트리에르바일레가 대통령이 새 애인이 생겼으니 엘리제궁에서 나가야 한다는 것에 찬성표가 더 많았습니다. 법적 구속력이 강한 결혼을 하지 않은 신분이라 그랬을 것입니다. 제가 6천 5백만 프랑스 국민의 정확한 성비는 모르나 그래도 당시 여론 조사자의 절반은 여성이었을 것입니다. 70%라는 것은 그렇게 생각하는 여성들도 많았다는 것입니다. 당시 올랑드가 바람피운 쥘리 가예를 동거녀로 공표했더라면 엘리제궁의 안주인은 또 바뀌었을 것입니다.

그런데 이 사건에 국민들의 분노가 없던 것은 아니었습니다. 엉뚱하게도 그들은 당시 올랑드가 밤에 몰래 타고 나간 오토바이를 가지고 문제를 삼았습니다. 이탈리아제였습니다. 일국의 대통령이면 당연히 국산품을 애용해야지 왜 외제를 타냐고 비난한 것입니다. 말도 많고 탈도 많았던 올랑드와 쥘리 가예는 마침내 2022년 6월 결혼을 하였습니다. 올랑드의 첫 결혼입니다.

이런 프랑스의 대통령들과 국민을 봐왔기에 미투 운동을 대하는 프랑스인의 태도가 그렇게 생경하게 느껴지지 않았다는 것입니다. 물론 카트린 드뇌브와 브리지트 바르도도 남자들의 성폭행과 성추행을 옹호한 것은 절대 아닙니다. 그것을 옹호한다는 것은 프랑스인이 아니라 외계인이라도 말이 안 되지요. 그 이면에 깔려있는 여성들의 심리와 태도, 행동과 사후 평가에 잘못된 것이 있다면 그것을 비난한 것이겠지요. 그리고 미투로 인해 남녀 간의 자연스러운 스킨십에서 잃는 것이 있다면 그것을 경계함일 것입니다. 하지만 그 분위기에서 대놓고 미투 운동을 반대하는 그런 발언을 한다는 것은 쉽지 않을 것입니다. 그것을 수용하는 사회이기에 그것이 가능했습니다.

자유 평등 박애, 프랑스혁명

각 나라마다 오랜 시간을 거치며 면면히 흘러 내려온 고유의 역사와 문화가 있기에 우리는 어느 나라 국민은 어떻다는 추론이나 단정을 하곤 합니다. 그들 국민의 DNA에 알게 모르게 공통적인 어떤 것들이 유전적으로 녹아있다는 것이지요. 그렇지 않고서야 근본적으로 인간의 본능과 욕망은 다 같은데 국가마다 국민성이라고 불리는 동질적인 요소들이 다 다를 리가 없습니다. 같은 인간의 본성에 다른 자연환경, 정치, 종교, 관습, 교육, 법규 등이 더해지며 특정 국가나 민족의 공통성이나 동질성이 규정되는 것이겠지요. 저는 역사학도도 아니고 사회학도도 아니지만 위와 같은 다름을 보이는 프랑스인들의 특이성은 1789년에 시작된 프랑스혁명에서부터 비롯됐다고 생각합니다.

혁명때 등장한 삼색기는 이듬해인 1790년 프랑스의 국기로 제정되었습니다. 삼색의 파랑은 자유, 하양은 평등, 빨강은 박애를 상징합니다. 이 기는 왕정이 이어지며 사라졌다가 1830년 7월혁명 때 다시 출현해 1848년 2월혁명 시 공화제가 들어서며 오늘날과 같이 완전하게 프랑스를 상징하는 국기가 되었습니다. 패션을 선도하는 프랑스답게 이탈리아와 아일랜드를 비롯한 과거 프랑스 식민지 국가들이 이 삼색기를 따라 모방하여 월드컵이나 올림픽을 볼 때면 유사품이 넘쳐나 혼란스럽지만 오리지널인 프랑스 국기의 컬러와 상징 키워드만은 대부분 정확히 기억하고 있습니다. 우리나라 태극기의 빨강, 파랑 태극과 건이감곤의 검은 4괘의 의미는 잘 기억하지 못하면서도 말입니다. 프랑스 국기 마케팅의 승리입니다.

저는 어렸을 때 자유, 평등, 박애를 달달 외우며 딱 떨어지는 좋은 말을 다 갖다 썼다고 생각하였습니다. 하지만 성장해서 이 단어들의 의미가 그렇게 단순하지 않다는 것을 알게 되었습니다. 한 자리에 함께 놓여있기 힘들다는 것을 알게 된 것입니다. 자유는 보수의 가치이고 평등은 진보의 가치인데 프랑스인들은 230여 년 전부터 함께 가자고 국가의 모토로 설정해 국기에 담은 것입니다. 지금 우리 사회의 보수와 진보의 편가르기 갈등에서 보듯이 자유와 평등 이 두 가치가 함께하기란 참으로 힘들어 보입니다. 그리고 서로가 반대 진영의 이 단어를 사용하는 것조차도 인색하게 굽니다. 당시 프랑스인들도 알았을 것입니다. 그래서 그들은 자유와 평등이 함께 가게 하기 위해 한 가지를 더 추가했을지도 모릅니다.

이렇게 박애가 세 번째로 등장하고 자유와 평등을 상징하는 파란색과 하얀색 다음에 러브 마크와 같은 빨간색 박애를 넣어 삼색기가 완성되었습니다. 양립하기 힘든 자유와 평등을 박애로 포용하자는 것이겠지요. We are the world, 모두 다 사랑하리입니다. 사실 이 박애라는 표현은 번역상 사랑보다는 연대 solidarity 와 형제애 brotherhood 에 더 가깝습니다. 자유도 평등도 하나라는 것이지요.

페미니즘과 똘레랑스

혁명기에 다양한 목소리가 분출하는 가운데 양성평등을 주장하는 페미니즘도 출현합니다. 프랑스혁명에 여성 혁명까지 올리고자 했던 페미니스트의 선구자 메리 울스턴크래프트가 바로 그녀입니다. 영국인인 그녀는 프랑스에서 혁명이 터지자마자 희망을 안고 도버해협을 건넙니다. 영국에서는 이룰 수 없는 그녀의 이상을 혁명의 불길이 치솟는 프랑스에서는 이룰 수 있다고 생각한 것이겠지요. 그녀는 공적 영역과 사적 영역에서 여성의 권리를 옹호하고 주장하였습니다. 《여성의 권리 옹호》는 페미니즘을 주창한 그녀의 대표작입니다.

하지만 공적 영역인 정치 참여와 사회 진출에서 여성이 남성과 동등해지는 것은 급진적인 혁명기라도 한계가 있었습니다. 혁명 안에 여성을 위한 요소는 거의 없었으니까요. 그래서 사적 영역인 결혼

프랑스혁명에 뛰어든 페미니즘의 선구자 메리 울스턴크래프트(1759~1797)

과 가정에서의 그녀의 주장은 더욱 선명해집니다. 전통적인 결혼은
합법적인 매춘이다라고 주장하며 기존의 성 관념에 도전한 것입니
다. 그녀는 여성이 남성의 욕정의 대상인 감각적 존재에서 벗어나

독립적 존재가 되어야 한다라고 주장했습니다. 즉 자유, 평등의 혁명 정신이 여성의 결혼, 가족, 일에도 적용되어야 한다는 것입니다.

혁명기를 배경으로 쓴 빅토르 위고의 대표작 《레미제라블》에서 장발장은 고작 빵 하나를 훔치고도 그것으로 인해 19년 동안 옥살이를 하게 됩니다. 7명의 굶주리는 조카들을 위해 저지른 경미한 범죄가 그렇게 큰 형벌로 바뀐 것입니다. 탈옥도 남겨진 가족들의 생계를 위해서 저지른 일이었습니다. 이것에 관용은 없었습니다. 법대로 한 것이지요. 그러나 그가 출감 후 만난 미리엘 신부는 은접시를 훔쳐간 장발장을 옹호하며 그의 절도를 부인하고 오히려 은촛대를 두고 갔다며 그것까지 쥐어 보내줬습니다. 이것은 관용입니다. 전과자인 그의 상황을 알기에 그것을 포용하고 너그러움을 베푼 것이지요. 이러한 미리엘 신부 덕에 장발장은 참회하고 많은 돈을 벌어 다른 사람을 도우며 사는 사람이 됩니다. 관용의 힘이 발휘된 것입니다. 이러한 관용은 똘레랑스tolerance로 불리며 오늘날 프랑스를 규정하는 또 하나의 키워드가 되었습니다.

사생활에 관한한 가장 진보적인 국가 프랑스

자유, 평등, 박애, 페미니즘, 똘레랑스⋯⋯. 위에서 열거한 프랑스 여

배우들의 거침없는 미투 운동 반대 성명이나, 대통령까지도 개의치 않고 누리는 자유분방한 사생활, 그리고 그것을 바라보는 국민들의 흔들리지 않는 시선엔 공통점이 있습니다. 그것은 인간은 누구든지 본성에 기초한 개인의 의지대로 자유롭게 행동할 수 있어야 한다는 것이고 여기에 타인이 가타부타 개입할 이유도, 따질 권리도 없다는 것입니다. 사생활은 사적 영역의 자유이니 개인 사유지처럼 외부인이 들어가선 안 된다는 것이지요. 거기엔 그만한 이유들도 있다는 것을 인정하기에 그럴 것입니다. 물론 어떤 경우이든 위법은 문제가 됩니다.

그래서 어떤 이슈성 높은 사안이 발생했을 때 그 정오와 시비를 냉정하고 신중하게 가려야 혹여 생길지도 모를 개인이나 소수의 손해를 방지할 수 있다는 것이겠지요. 그리고 설사 잘못이 드러나더라도 때론 똘레랑스를 베푸는 것이 개인은 물론 사회 총량적으로 봤을 때 이익이라면 그쪽을 선택하는 편이 더 효율적이라고 생각하는 듯합니다. 이런 측면에서 저는 프랑스가 지구상에서 가장 진보적인 국가라고 생각합니다. 그것이 꼭 좋거나 옳다는 것을 떠나서 말입니다.

2019년 프랑스에서 열린 LPGA의 메이저 대회인 에비앙 클래식의 우승자인 우리나라 고진영 선수는 난데없는 우승 축하를 받았습니다. 대회 관계자인 고위급 두 남자에게 동시에 양 볼 키스 세례를 받은 것입니다. 어찌할 바 모르는 고진영 선수는 깜짝 놀라 찡그리며 그 순간을 넘겼습니다. 우리나라에서의 대회라면 상상할 수 없는 정경이고 난리가 났을 것입니다. 적어도 21세기가 끝나기 전엔 볼 수 없는 장면일 것입니다. 그리고 같은 서구 사회라도 미국이나 영국에서도 이런 세레모니는 보기 힘든 장면입니다. 하지만 그 키스는 프랑스에선 비쥬bisou라 불리는 남녀 간에 애정을 표현하는 일상의 인사법입니다. 카메라 앞이라서 이벤트성으로 의도적인 쇼를 연출한 것일 수도 있을 것입니다. 이렇듯 역사와 사회문화적 관점을 떠나 남녀의 일상적 신체 접촉의 출발점도 우리나라보다 한참 앞에 있는 프랑스이기에 그 나라에선 미투의 영역도 우리보다는 한정되고 좁을 수밖에 없을 것입니다.

TAKEOUT 4

Let's tour

상상여행의 기술

흥흥에진, 그리고 큐블러나

사랑의 나라 포르투칼

사유의 나라, 포르투갈

사유의 나라는 네 가지가 있는 나라입니다. 심각한 글 아니고 가벼운 글입니다. 유럽 대륙의 서쪽 끝 포르투갈은 오래된 역사만큼이나 즐길거리도 많은 나라입니다. 그 나라의 풍속인 먹거리, 마실거리, 간식거리, 들을거리 등 네 가지에 대해 알아봅니다. 즐거운 여행 되시기 바랍니다.

오! 포르투

강을 타고 내려온 나룻배엔 으깨진 포도가 잔뜩,
여인네들이 풍작의 계절을 발로 힘차게 밟았으리라.

바다를 헤치고 올라온 돛단배엔 펄떡한 정어리가 가득,
남정네들이 풍어의 시간을 팔로 힘차게 걷어 올렸으리라.

대지도 바다도 풍년이로다⋯.
도루강 상류 대지에서 온 농부
도루강 하류 바다에서 온 어부
항구에서 그들은 하나로 만났다.

집집마다 아이들에겐 갓 구운 타르트 안기고
그 미래의 농부와 어부가 잠든 밤,
포르투의 선술집엔 애달픈 파두가 새벽까지 이어진다.
먼저 와 익은 항구의 와인과 함께⋯.

대서양 쪽에서 바라본 포르투를 가로지르는 도루강

이베리아반도 스페인의 북부에서 발원하여 카스티야레온 지방을
가로질러 흐르는 도루강은 포르투갈과 국경선이 되어 두 나라가
112km를 함께 달리다가, 이윽고 포르투갈로 넘어와 그 나라의 북
부를 관통하여 광활한 대서양으로 뚫고 나갑니다. 897km의 장구
한 여정입니다. 그 강물이 그 바닷물을 만나는 그 강 하구에 예로부
터 항구가 하나 있었습니다. 항구 아래 바다에서 나오는 수산물과
항구 위 강가에서 나오는 농산물이 모여들고 가공되던 곳입니다.

어느 순간 그 항구port는 그곳을 가리키는 지명이 되어버렸습니다. 그리고 그 나라에 그의 이름까지 빌려줄 정도로 자랐습니다. 포르투갈의 2대 도시 포르투Porto입니다.

정어리의 나라, 포르투갈

전 국토 중 서부와 남부 2면이 대서양과 접한 포르투갈은 그 바다에서 많은 싱싱한 어종들이 포획되는데 그중 대표적인 것이 정어리입니다. 그 나라에서 출하되는 물고기의 37%에 이르니까요. 그래서 포르투갈 어디를 가든 그 생선은 쉽게 발견이 됩니다. 그런데 이방인인 제 눈에 그 정어리는 수산 시장이나 어물전에서 펄떡 뛰는 생물의 모습이 아닌 가공된 무생물의 모습으로 더 많이 보였습니다. 그것도 가는 도시마다 다운타운 중심가에 명품숍과도 같은 화려한 인테리어로 치장된 곳에 그 정어리들이 잔뜩 모여 있었습니다. 형형색색으로 아름답게 쌓여있는 캔 속에 고이 갇혀있는 것이었습니다. 우리나라에서 흔히 볼 수 있는 참치나 꽁치와도 같은 통조림 정어리입니다.

그런데 캔 속엔 정어리가 들어가 있지만 캔 밖엔 도무지 정어리를 상상할 수 없는 매직이 걸려 있어 저와 같은 관광객의 손이 아니 갈

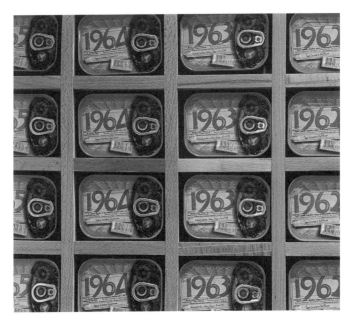

손님의 출생연도에 착안하여 연도별 패키지를 구성한 정어리 통조림

수 없게 만들었습니다. 크리스마스트리 용품과도 같이 각양각색의 컬러도 컬러지만 통조림 표면에 네 자리 숫자로 20세기 이후의 모든 연도가 빠짐없이 각각 표기되어 있기 때문입니다. 저도 그랬었지만 상점에 들어온 손님들은 그 정어리를 사가기 위해 가족이나 지인의 출생연도 숫자를 열심히 따지며 손가락을 꼽고 있었습니다. 흡사 매대 위의 정어리는 제게 "너 몇 년도 생이니?"라고 물어보는 것만 같았습니다. 자세히 보니 그 캔 표면의 큼직한 연도 숫자 아래

엔 그해에 탄생한 역사적 인물과, 그해에 발생한 역사적 사건까지 조그맣게 일일이 인쇄를 해놓았습니다. 안에 들어가 있는 정어리보다도 캔 패키지 제작에 더 돈이 많이 들어갔을 것만 같았습니다.

이렇듯 포르투갈의 바다 특산물인 정어리는 죽어서 멋진 선물용품으로 부활했습니다. 어떤 통조림 표면은 연도가 아닌 아름다운 포르투갈 도시들의 정경이 세트로 프린트되어 있기도 합니다. 금을 좋아하는 중국인 관광객을 위해서는 골드바로 변신한 정어리도 있습니다. 정어리에 마케팅이 결합되어 전 세계에 포르투갈을 알리는 훌륭한 상품이 탄생한 것입니다. 사는 순간 구매자는 비릿한 정어리를 산다는 느낌이 아닌 포르투갈을 대표하는 산뜻한 기념품을 산다고 느낄 것입니다. 귀국해서 뜯을까 말까, 아까워하며 뜯어서 먹어본 그 맛은 올리브유에 정어리를 담가서인지 비릿함은 덜하고 매우 고소하고 담백한 포르투갈의 맛으로 기억되었습니다.

와인의 나라, 포르투갈

포르투를 관통하는 도루강 상류에서 강물 따라 도시로 들어오는 배에 실린 농산품들 중에 포도가 있었습니다. 정확히는 와인이고, 더 정확히는 와인이 되기 전의 와인입니다. 포르투에서 만들어졌다고 해서 포르투 와인Porto wine으로, 영어로는 포트 와인Port wine으로 불리는 포르투갈의 대표 와인입니다. 포르투의 양조업자들은 포트 와인으로 불리는 것을 싫어할 것입니다. 프랑스의 부르고뉴 와인을 아무도 그렇게 부르지 않는 버건디 와인이라고 영어로 부르는 것과 같은 것이니까요. 이렇듯 이베리아반도의 젖줄인 도루강은 주변의 땅을 비옥하게 만들어 포르투갈도 그 나라를 대표하는 와인이 있는 국가로 만들었습니다.

그런데 제가 이상하게 생각한 점이 있었습니다. 이번 저의 포르투갈 여행 일정 중에 포르투 와이너리 투어가 있어서 전 응당 포르투 도시 근교의 포도밭vineyard을 가는 것으로 생각했었는데 그렇지가 않은 것이었습니다. 대신 포르투 다운타운에 있는 양조장winery을 방문한다는 것이었습니다. 프랑스도 그렇고, 미국도 그렇고 통상 와이너리 투어라면 각 브랜드마다 농지에 고유한 포도밭이 있고 그 안에 양조장까지 있기에 포르투갈 와이너리도 당연히 그런 구조라고 생각했는데 그것이 아니었습니다. 포르투 와인을 모르는 저의 무지의 소치였습니다. 팩트는 포르투 와인은 포도밭과 와이너리가 분리되어 있습니다.

빈티지의 끝판왕 포르투 시내 도루강 남쪽 강변에는 창고 모양의

포르투의 도루강변에 있는 칼렘 와이너리의 포르투 와인 저장고

오래된 양조장들이 줄지어 들어서 있습니다. 그 고색창연한 창고 하나하나가 전통적인 포르투 와인 메이커이고 브랜드입니다. 포르투 도시 안에 있지만 이 지역은 정확히 행정적으로는 빌라 노바 드 가이아라고 불리는 곳입니다. 포도밭은 도루강 상류 강변의 농지에 위치해 있습니다. 그곳에서 가을에 수확된 포도는 으깨어져 초기 와인이 되지만 그해 겨울이 되면 강을 따라 배로 이곳 포르투로 옮겨져 이들 양조장에서 숙성이 되고 완성품이 되는 것입니다.

이유는 도루강 상류는 포도가 자라기에 적합한 기온이지만 숙성에 적합한 기온과 환경은 강 하구 포르투이기에 그렇게 해온 것입니다. 다른 곳과는 다른 포르투 와인만의 전통과 유산이 만들어진 것입니다. 과연 모든 와인이 그렇지만 포르투 와인도 꽤나 민감한 와인이라 하겠습니다. 그 숙성마저도 같은 포르투 지역 중에서 강 북쪽은 안되고 강 남쪽만 되어서 그곳 빌라 노바 드 가이아 지역에만 양조장들이 옹기종기 모여 있으니 말입니다.

그 민감함 때문에 포르투 와인엔 또 한 가지 차별되는 특성이 있습니다. 발효 시 브랜디를 첨가해 알코올 도수와 당도를 높인 주정 강화 와인이라는 것입니다. 그래서 그 와인의 알코올 도수는 다른 와인들보다 높은 18도에서 20도 사이입니다.

그 이유는 영국에 기인합니다. 영국은 프랑스와의 지난했던 백년전쟁이 1453년에 패배로 끝나면서 그들의 프랑스 내 영토이면서 와인 주산지인 보르도를 빼앗겨 와인 수급이 원활하지 않게 되었습니다. 전쟁도 전쟁이지만 와인 애호가인 영국 술꾼들에게 큰일이 생긴 것입니다. 그래서 대체 지역을 부랴부랴 찾았는데 그때 영국에서 가깝기도 한 포르투갈의 도루강 주변의 와인이 대체재로 부상했습니다. 영국인들은 매우 다행으로 생각했을 것입니다. 그런데 이 와인을 포르투에서 수입하면서 문제가 발생했습니다. 냉장이 안 되던 시절이라 무더운 여름엔 운송 시 바다에서 와인이 변질되는 것이었습니다. 식초로 변하기 일쑤였습니다. 그래서 와인의 알코올 도수를 높여봤더니 일시적으로 발효가 중지되면서 와인이 오래간다는 것을 알게 되었습니다. 역사적인 포르투 와인이 탄생한 것입니다.

이것은 마치 영국이 맥주를 그들의 식민지였던 인도까지 상하지 않고 운송하기 위해 알코올 도수와 홉의 함량을 높인 IPA_{India Pale Ale} 맥주를 개발한 것과 같은 사례입니다. 하지만 이런 유래는 역시 또 포르투 양조업자들이 들으면 기분 나빠할 소지가 있습니다. 그들은 처음부터 그렇게 만들었다고 하니까요. 아무튼 보듯이 인간은 술을 제 맛에 즐기기 위해서 역사적으로 많은 노력을 기울여 왔습니다. 뜻대로 안 될 경우는 하늘에 계신 주신인 하느님을 잠시 곁으로 밀어 놓고 올림포스산 위에 사는 주신인 디오니소스에게 기도를 드리며 해결책을 강구했을 것입니다.

도루강변에 줄지어 선 양조장들 앞 강물 위엔 지금도 과거 숙성 전 포도를 실어 나르던 검은 배들이 몇 척 떠있습니다. 포르투시에선 그것도 역사적인 유산이라 그렇게 전시를 하고 있을 것입니다. 기

도루강 왼편의 와이너리들이 있는 빌라 노바 드 가이아 지역과 상류에서 포도를 나르던 배들

발한 사실은 그 배들이 강 위에 떠있는 광고판이란 사실입니다. 그
앞에 모여 있는 와이너리들이 배마다 자사 브랜드를 새기고 광고를
하고 있는 것입니다.

각 양조장들은 방문객들에게 와이너리 투어 시 프레젠테이션과 시
음 행사를 하고 그곳 숍에서 자사의 와인을 판매합니다. 저도 시음
에 참가했지만 포르투 와인은 역시나 높은 알코올 도수만큼이나 독
하고 달콤한 맛이 올라왔습니다. 그래서 그 와인은 식후에 마시는
디저트 와인으로 분류되고 있습니다. 서양인의 미각과 취향은 그런
가 봅니다. 포르투갈은 와인 원산지 표기법을 1756년 전 세계에서

최초로 실시한 나라입니다. 와인 최고 선진국인 프랑스는 1935년
에야 와인에 그 법인 AOC_{Appellation d'Origine Controlee}가 확립되었습니다.

도루강의 포르투, 아르노강의 포트

유럽엔 포르투갈의 포르투처럼 항구가 그대로 그 지역을 가리키는
고유한 지명이 되는 곳이 많았나 봅니다. 포르투가 자주 나오다 보니
그런 유사한 어떤 항구가 떠올라서 잠깐 그곳을 들렀다가 본론인 포
르투갈의 사유四有 중 나머지 이유二有 기행으로 돌아오겠습니다.
제가 이 책에 쓴 〈잉글리시맨 인 이태리〉 글에 나오는 일화입니다.

영국의 대문호 셰익스피어는 이탈리아를 소재로 한 작품을 무려
10편이나 썼는데 놀랍게도 그는 이탈리아를 단 한 번도 간 적이 없
습니다. 이에 후대의 많은 사람들이 의문을 품었는데 그들 중 리처
드 폴 로라는 미국 변호사는 일생을 바쳐 이탈리아 내 셰익스피어
를 추적하고 그것을 《셰익스피어의 이탈리아 기행》이란 책으로 펴
냈습니다. 그의 결론은 셰익스피어가 이탈리아에 갔다는 것인데 그
이유로는 그가 직접 방문하지 않고 누군가에게 듣거나 문서만을 보
고서는 작품의 배경이 되는 그 많은 도시들과 당시 이탈리아의 상
황을 그렇게 정확히 묘사할 수 없다는 것이었습니다.

예를 들면 널리 알려진 〈로미오와 줄리엣〉의 경우 배경이 되는 베로나의 작품 속 중세의 도시 모습은 현재 베로나의 도시 곳곳에 그대로 그 흔적이 남아있다는 것입니다. 셰익스피어가 나무 하나, 건물 하나를 상상해서 허투루 쓴 것이 아니라는 것입니다. 그는 나머지 9개 작품들도 그런 식으로 셰익스피어가 생존했던 시기의 지명, 풍습, 의상, 건축, 법률 등을 각각 작품의 배경이 되는 도시에서 추적하고 고증했는데 모두가 작품 속 묘사와 정확히 일치한다고 주장했습니다.

포르투와 유사한 항구 일화는 17세기 초에 쓰인 희극인 〈끝이 좋으면 다 좋아〉에서 나옵니다. 피렌체가 배경인 그 작품에는 포트라는 항구가 등장하는데 비평가들은 셰익스피어가 피렌체를 가보지 않아 항구 도시로 착각해서 그렇게 쓴 것이라고 했습니다. 그런데 리처드 폴 로는 피렌체를 관통하는 아르노 강가 근처의 옛 지명이 포트라는 사실을 고증을 통해 밝혀냈습니다. 그리고 고유 지명이기에 그곳 포트를 셰익스피어는 작품에서 본래 대문자로 썼었는데 후대의 출판업자들이 그것이 오자인 줄 알고 소문자로 변경했다고 질책까지 했습니다. 만약 그의 말이 사실로 입증된다면 피렌체의 아르노강 주변 항구 도시 포트는 포르투갈의 도루강 하류 항구 도시인 포르투와 같은 지명 표기 사례일 것입니다.

1886년 에펠의 제자 세이리그가 건축한 빌라 노바 드 가이아와 포르투를 연결하는 동 루이스 철교

타르트의 나라, 포르투갈

원조 맛집이 있습니다. 춘천엔 닭갈비집이 있고 장충동엔 족발집이 있습니다. 그리고 새벽길엔 어딜 달려가도 길가에 원조라고 써붙인 양평해장국집이 보입니다. 그 집에 가서 먹으면 더 맛있을까요? 사실 원조보다 더 맛있는 집이 있을 수도 있습니다. 이론적으로는 드러난 그 원조를 보고 맛을 업그레이드시키면 되니까요. 하지만 대부분의 경우 그 싸움에서의 승자는 원조집입니다. 실제로 더 맛있기도 하겠지만, 거기에 더 맛있게 느껴지는 심리적 요인이 더해져서 그럴 것입니다. 그 맛 때문에 시간을 들여 먼 길을 돌아왔고, 줄

까지 서서 기다렸으니, 그 보상으로 무조건 더 맛있어야 하는 당위성까지도 포함될 것입니다. 원조의 힘입니다. 세상의 모든 상품은 돈을 주고 살 수 있지만 전통과 유산은 아무리 많은 돈을 줘도 살 수 없는 것이니까요.

과거 회사 재직 시 연말에 성과를 달성해 직원들에게 약속한 홍콩과 마카오로 해외 워크숍을 갔습니다. 마카오에 갔을 때 여직원들이 이구동성으로 거길 가야 한다며 들른 집이 있었습니다. 에그 타르트 가게였습니다. 마카오의 랜드마크인 성 바울 성당 아래에 있는 집이었습니다. 그곳에서 줄을 서서 산 에그 타르트를 맛있게 먹었던 기억이 납니다. 그때까지만 해도 전 그 집이 에그 타르트의 원조인 줄 알았습니다. 하지만 에그 타르트의 원조는 포르투갈입니다. 마카오가 오랫동안 포르투갈의 식민지였으니 원조의 맛이 먼바다를 지나 마카오로 전해진 것입니다. 이렇게 원조와 연결되어 있으니 마카오의 에그 타르트가 서울의 그것보다 맛있게 느껴지는 것은 당연하다 할 것입니다.

드디어 에그 타르트의 진짜 원조를 찾아갔고 그 원조의 맛도 보고 왔습니다. 그 집은 수도 리스본의 타구스강을 끼고 있는 벨렘 지구에 있습니다. 근처에 대항해 시대의 역사적 유적지인 벨렘탑과 발견의 탑,

파스테이스 드 벨렝 홈페이지

그리고 제로니모스 수도원이 있는 곳으로 그 수도원 길 건너 파스테이스 드 벨렝 Pastéis de Belém since 1837이 바로 그 원조 에그 타르트집입니다. 과거 제로니모스 수도원의 수녀들이 옷을 빳빳하게 하기 위해 풀을 먹이듯 사용했던 계란의 흰자를 쓰고서 남은 노른자를 가지고 디저트를 만들어 먹었는데 그것이 오늘날 우리나라에까지 퍼진 에그 타르트의 기원입니다.

제로니모스 수도원 근처 그 빵집의 선조는 수녀들에게 그 비법을 전수받아 1837년 에그 타르트 원조가 되었습니다. 위치 설정을 잘한 결과입니다. 그 집은 늘 그렇다고 하는데 제가 간 날도 역시 발 디딜 틈이 없었고, 앉아서 먹을 테이블도 없어 그것을 사다 준 가이드의 안내에 따라 수도원과 타르트 집 사이 작은 공원 나무 아래 벤치에 앉아서 호젓하게 그 맛을 즐겼습니다. 그 맛이 다른 집보다 더 맛있는지 제 혀는 잘 못 느낄 수도 있지만 186년의 시간이 더해진 원조의 힘으로, 원조와 더 진짜 원조의 사이의 공간에서 제 생애 가장 맛있는 에그 타르트를 먹은 것만 같았습니다.

산타 카타리나 거리에 있는 아르누보 양식의 클래식한 카페 마제스틱

포르투에선 다른 타르트를 맛보았습니다. 바삭하게 부서지는 패스
츄리 생지는 같지만 그 위에 에그가 아닌 애플이 올라간 타르트입
니다. 역시 그 애플 타르트도 거의 포르투의 원조 격인 카페에 앉아
오래된 맛을 음미하였습니다. 포르투 중심가인 산타 카타리나 거리
에 100년 전인 1922년 오픈한 마제스틱 카페Majestic Café입니다. 그곳
도 역시 리스본의 원조 에그 타르트집처럼 줄 서서 기다리다 입장
하는 곳이었습니다. 다른 점은 문 안에 있는 격식을 갖춘 웨이터가
자리가 비면 문을 열고 대기자를 들여보내 주었습니다.

마제스틱 카페는 벨 에포크 시대의 아르누보 양식의 노블하고 클래

포르투 마제스틱 카페의 애플 타르트와 아메리카노

식한 장식으로 세계에서 가장 아름다운 카페 중의 하나로 꼽히는 핫 플레이스입니다. 그런 인테리어에 그런 평판까지 더해져서인가 그곳은 왠지 복장도 왕궁의 음악회를 갈 때처럼 갖춰 입고 들어가 야만 될 것 같았습니다. 전 사실 애플 타르트를 먹고 싶어서 들어간 것이 아닌, 마치 유적지를 답사하듯이 그곳은 들러야 될 것만 같아 서 들어갔습니다. 그간 다녔던 포르투갈의 다른 카페에선 아메리카 노 한 잔에 1~2유로를 받았는데 마제스틱 카페는 6유로를 받았습 니다. 원조와 평판의 힘이고 자신감일 것입니다.

《해리포터》의 작가 조앤 롤링은 무명 시절인 1991년 포르투에 거주하며 영어 교사를 했습니다. 그때 그녀는 이 카페에 앉아 그 소설의 초고를 썼다고 하는데 제가 앉았던 자리에서 그녀가 그 작업을 했을지도 모를 일입니다. 하지만 그런 심리적인 맛과는 상관없이 마제스틱 카페의 아메리카노와 애플 타르트 맛은 매우 훌륭했습니다. 이렇듯 저는 포르투갈에 가서 원조 타르트를 모두 섭렵하고 왔습니다. 리스본에선 에그 타르트를 먹었고, 포르투에선 애플 타르트를 먹었습니다.

파두의 나라, 포르투갈

2천년대 초반 음반 매장에서 파두 CD를 한 장 샀습니다. 이탈리아의 칸초네, 프랑스의 샹송 등의 월드 뮤직이 지금보다 많이 들리던 시절이었습니다. 그런데 포르투갈의 민요 같기도 하고, 대중가요 같기도 한 파두Fado가 어느 날부터 제 귀에 들리기 시작하더니 꽂히기까지 하여 그 CD를 구입한 것입니다. 파두가 오묘하게 우리의 한이 서린 정서와 꽤나 닮게 느껴져 저의 심정적인 동요를 일으킨 것이었습니다. 베빈다라고 하는 파두 가수의 곡을 샀는데 그녀의 노래를 차에서 들으며 전 깜짝 놀랐습니다. 어떤 노래로 넘어갔는데 그 노래의 가사는 당연히 못 듣지만 그녀 특유의 흐느끼는 듯한 멜로디는 너무나도 제 귀에 익숙했기 때문이었습니다.

베빈다 〈이젠 됐어요〉

그래서 이상하다 생각하며 찾아보니 그 노래는 우리나라 가수인 양희은의 노래 〈사랑 그 쓸쓸함에 대하여〉와 멜로디가 똑같은 파두였습니다. 그래서 처음엔 양희은의 곡이 번안곡인 줄 알았습니다. 그런데 알고 보니 그 반대였습니다. 베빈다는 2002년에 내한 공연을 왔는데 우리나라에 머무는 동안 파두의 정서와 너무나도 비슷한 양희은의 그 노래를 듣고 반해서 그 곡을 취입해 파두 창법으로 리메이크해 부른 것이었습니다. 포르투갈의 프로페셔널한 파두 가수가 듣기에도 우리의 슬픈 가요는 그 나라의 파두와 비슷하게 느껴졌나 봅니다. 그녀는 그 곡에 〈이젠 됐어요Ja Esta〉란 제목을 붙였습니다.

파두는 이후 2018년 방영된 JTBC TV의 음악 방송인 〈비긴어게인 2〉에서 김윤아 팀에 이어 박정현 팀까지 두 번이나 연속으로 포르투갈 현지에서 파두 공연을 보여줌으로써 우리나라에 더욱 알려지게 되었습니다. 파두의 전설인 아말리아 로드리게스의 여동생이 직접 출연하여 파두를 부르기도 했습니다.

파두는 리스본 항구 구시가지의 노래로 시작되었습니다. 그리고 포르투갈 전역으로 퍼져 나갔습니다. 유럽 대륙의 서쪽 끝인 그 나라는 남쪽으로는 아프리카의 무어인에게 치이고, 동쪽으로는 대국 스페인에 치이고, 그렇게 역사적으로 억압을 받아와 그들이 나갈 곳은 바다밖에 없었습니다. 하지만 바다는 돌아오는 것을 기약할 수 없기에 그 땅에 사는 떠나간 자와 남긴 자는 모두 고단하고 고달픈 인생을 살 수밖에 없었습니다. 물론 민초들의 이야기입니다. 포르투기스는 그들의 많고도 깊은 그리움과 슬픔, 사랑과 이별, 그리고 고향을 그리는 향수를 애절한 노래로 표현했습니다. 파두라는 이름도 라틴어인 숙명과 운명Fatum에서 유래했다고 하니 그 노래엔 한이 서려있을 수밖에 없습니다.

그 파두의 원조 국가에서 파두 공연을 보았습니다. 성모 발현지인 파티마 근처의 레스토랑에서 본 공연이었습니다. 2대의 파두 연주 전용 기타에 맞춰 남녀 가수가 나와 돌아가며 파두를 불렀는데 역시나 저에겐 그 노래가 이질감 없는 우리 노래처럼 들렸습니다. 그리고 막상 가까이서 라이브로 들으니 파두의 힘까지 느껴졌는데 길게 소리를 빼며 힘 있게 소리를 끌어올릴 땐 남녀 가수 모두 온몸을 쓰는 독특한 창법이 인상적이었습니다. 특히 멜로디 반주를 맡은 잘생긴 포르투갈 청년 기타리스트의 화려하고 현란한 솔로 연주는 파두가 보컬뿐만이 아닌 연주곡으로서도 월드 뮤직이 되기에 손색이 없음을 느끼게 했습니다.

그다음으로 들른 고도 코임브라도 파두를 가지고 있습니다. 코임브라는 과거 포르투갈의 수도로 도시보다 더 유명한 대학을 가지고 있습니다. 1290년에 세워져 세계에서 가장 오랜 대학 중의 하나로 꼽히며 유네스코 문화유산으로 등재될 정도로 역사성 있는 캠퍼스를 가진 코임브라 대학입니다. 당시는 귀족의 남자 자제만 입교가 허용된 시대였기에 그 남학생들은 도시에 사는 여자들에게 사랑을 구애하며 달빛 아래 그녀의 집 창문 아래에서 노래를 부르곤 했습니다. 그들이 불렀던 그 노래를 코임브라 파두라고 부릅니다. 그래서 코임브라 파두는 슬픈 리스본 파두와는 달리 세레나데처럼 낭만적이면서 남자 가수만 부른다고 합니다. 하지만 그 남학생들이 졸업하고 코임브라를 떠나고 나면 슬픔으로 가득 찬 많은 코임브라 레이디들만이 남아있었을 것입니다.

코임브라 대학생들은 전통에 따라 주요 행사일엔 지금도 교복인 망토를 입는데, 그 망토는 역시 또 《해리포터》에 등장하는 호그와트 마법학교 교복의 모델이 되었다고 합니다. 위에 등장한 포르투의 마제스틱 카페를 비롯하여, 또 마법학교 기숙사의 모델이 되었다고

코임브라 파두가 탄생한 코임브라 대학교와 설립자 디니스 1세 동상

하는 포르투의 렐루 서점까지 포함하여 《해리포터》의 흔적이 참으로 많은 포르투갈입니다. 《해리포터》까지 넣어서 사유四有의 나라가 아닌 오유五有의 나라 포르투갈이라고 해도 될 정도입니다.

작가 조앤 롤링은 이렇게 오래된 포르투갈에 살며 그녀의 인생을 바꾼 출세작인 《해리포터》의 많은 영감을 얻었습니다. 조앤 롤링은 포르투갈을 떠나 고국인 영국으로 돌아가 1997년 《해리포터》를 출간했지만 마치 그 소설의 프리퀄과도 같은 포르투갈 스토리로 인하여 많은 관광객들이 그 나라에 줄서서 몰려드니 포르투갈 정부는

양희은 〈사랑 그 쓸쓸함에 대하여〉

그녀에게 감사를 표해야 할 것입니다. 그녀에겐 악연이었지만 그녀를 머물게 한 첫 남편인 포르투기스에게도….

같은 멜로디의 가요이고 파두이지만 양희은이 부른 〈사랑 그 쓸쓸함에 대하여〉와 베빈다의 〈이젠 됐어요〉의 가사는 사뭇 다릅니다. 마치 같은 타르트이지만 맛은 사뭇 다른 에그 타르트와 애플 타르트처럼 말입니다. 두 나라의 사랑과 이별에 대한 해석이 달라서일까요? 두 곡의 인트로 가사입니다.

사랑 그 쓸쓸함에 대하여

다시 또 누군가를 만나서 사랑을 하게 될 수 있을까 / 그럴 수는 없을 것 같아 / 도무지 알 수 없는 한 가지 사람을 사랑하게 되는 일 참 쓸쓸한 일인 것 같아 / 사랑이 끝나고 난 뒤에는 이 세상도 끝나고 날 위해 빛나던 모든 것도 그 빛을 잃어버려

이젠 됐어요

어느 햇빛 쏟아지던 날, 당신은 내 곁을 떠났어요 / 텅 빈 침대를 남겨두고 매정하게 떠났죠 / 나는 몹시 울었어요 / 하지만 이제 됐어요 / 더 이상은 아프고 싶지 않아요 / 당신은 더 이상 존재하지 않아 / 사랑은 당신과 함께 떠났어요

* 저의 포르투갈 기행의 길라잡이 역할을 해준 참좋은여행사의 김현주 가이드와 이혜정 인솔자께 감사를 드립니다. *

용용대전, 그리고 류블랴나

같은 용이지만 동양과 서양의 용은 다릅니다. 상상 속 동물이기에 동양인과 서양인의 상상력이 달랐을까요? 아니면 혹시 번역을 잘 못해 다른 동물을 용이라 부르는 건 아닌지요. 서양엔 아직도 그 용이 살고 있는 도시들이 있습니다. 발칸반도 북쪽 슬로베니아의 수도 류블랴나도 그런 용의 도시들 중 하나입니다. 사랑 이야기는 보너스입니다.

프로야구의 용

1982년 3월 27일, 지금은 동대문디자인플라자DDP가 들어선 동대문 야구장에서 역사적인 야구 경기가 열렸습니다. 국내 최초의 프로야구 개막전으로 서울을 연고로 한 MBC 청룡과 삼성 라이온즈의 경기였습니다. 프로야구는 5공화국 정부 들어서 실시한 3S 정책의 대표 주자였습니다. 사실 국내에 프로스포츠를 가장 먼저 연 종목을 대부분은 프로야구라고 알고 있지만 이보다 훨씬 이른 1968년에 출범한 한국프로골프협회KPGA가 그것의 효시입니다. 물론 극소수의 프로 골퍼와 아마 골퍼만 있던 시대였습니다. 갤러리라 불린 관중은 글쎄요…. 얼마나 있었을까요? 하지만 80년대에 들어서자마자 프로야구를 필두로 프로스포츠 대중화 시대를 연 우리나라는 프로야구 출범 다음 해인 1983년 프로축구인 K리그도 출범시켰습니다. 우리 안마당에서 열리는 굵직한 국제 스포츠 이벤트인 86아시게임과 88올림픽을 흥분하며 기다리던 시대였습니다.

당시 프로야구의 개막전은 MBC 청룡이 이겼습니다. 상상의 동물인 용이 백수의 왕인 사자를 이긴 것입니다. 그 경기는 과연 개막전답게 MBC 청룡 이종도 선수의 끝내기 만루 홈런이 터져 프로야구를 처음 보는 팬들을 열광시켰습니다. 용 중에서도 비늘에 푸른빛

MBC 청룡 프로야구단(1982~1989)의 마스코트인 동양의 용

이 감도는 청룡을 브랜드로 택한 구단에서 그가 미스터 청룡으로 우뚝 선 첫날이었습니다. 그렇게 우리는 열화 속에 프로야구의 첫 발을 떼고 흥행을 이어갔는데 이것엔 직전인 1981년 전 방송 컬러 송출이 시작된 컬러 TV도 크게 일조하였습니다.

동양에서 고래로 용은 상상의 동물을 대표했습니다. 우리나라에서 용은 곧 임금이었으니까요. 대통령제인 지금은 동양에서 용에 버금가는 상상의 동물인 봉황이 유사한 역할을 하고 있다고 봐야 할 것입니다. 대통령실에서 문장으로 봉황을 사용하지만 그것은 대통령을 상징할 뿐이지 대통령 본인을 가리키는 것은 아니니까요. 하지만 용은 그 자체로 일인지상이 없는 왕이나 황제와 동격이었습니다. 이씨 조선의 세종은 그의 아버지 태종을 비롯하여 왕이 아니었던 6대의 선조까지 하늘을 나는 용에 비유하며 그들을 기리는 용비어천가龍飛御天歌를 지었습니다. 한글 창제 후 첫 작품으로 용의 노래를 선택한 것입니다.

하지만 노래 속이 아닌 평소에도 임금의 얼굴은 용안龍顏이 되고 그가 앉는 높은 의자는 용상龍床이라 불렸습니다. 왕의 뜻을 거스르는 역린逆鱗은 용의 턱 아래에 난 거꾸로 난 비늘로 그것을 건드리면 용이 크게 분노한다는 것에 비할 정도로 용은 곧 왕이었습니다. 용의 후손이라고까지 하는 중국인의 역사에선 우리가 보듯이 그들의 명절이나 국가적인 이벤트엔 꼭 용춤이 단골로 등장합니다. 청나라의 국기인 황룡기엔 용의 모습이 선명하게 그려져 있을 정도로 그들은 용을 받들고 숭배했습니다.

이렇듯 용은 동양에서 최고지존의 동물이었습니다. 그런데 우리의 프로야구에서 그렇게 첫 경기부터 하늘을 날았던 MBC 청룡은 1990년 해체되어 LG 트윈스가 되었습니다. 영생불사하는 용이 8년 만에 사라진 것입니다. 그리고 2000년에 그 용은 부활했습니다. 이번엔 서울이 아니라 그 서쪽 인천에서 출몰한 것인데 SK그룹의 와이번스가 바로 그 용이었습니다. 그런데 그 용은 우리가 알고 있던 과거 MBC 청룡의 그 용이 아니었습니다. 용Dragon이지만 이름도 와

SK 와이번스 프로야구단(2000~2005)의 마스코트인 서양의 용

이번스Wyverns로 달랐고 외모도 우리가 알고 있는 용과는 전혀 달랐
습니다. 등에는 2개의 날개가 달렸고 발은 땅을 딛고 서 있어서 종
자가 전혀 다른 용으로 보였습니다.

동양의 용 vs 서양의 용

이렇듯 우리말과 한자로는 같은 용이지만 위의 두 용은 다릅니다.
그래서 사실 서양의 용은 동양의 용과 원천적으로 다른데 최초에
용으로 잘못 번역된 것일 수도 있습니다. 동양의 용은 뿔과 수염이
달린 근엄한 면상에 뱀처럼 긴 몸통에 네 다리는 있지만 짧아서 서
있지 못해 물속에 있거나, 또는 날개가 없음에도 떠있거나 하늘을

날아다니는 모습으로 주로 묘사되었습니다. 반면에 와이번이라는 이름으로 우리에게 나타난 서양의 용은 외모가 뱀보다는 공룡에 가깝고, 등에 두 개의 날개가 있는 비룡이지만 나는 모습보다는 주로 두 발로 땅에 서있는 전투적인 모습으로 묘사되었습니다. 신화를 소재로 한 영화나 판타지물에 우리가 주로 봐온 그 용처럼 말입니다. 그래서 프로야구단 SK 와이번스의 용은 MBC 청룡의 용보다는 NC 다이노스의 공룡을 더 닮아 보였습니다.

동양의 용은 위에서 보듯이 상서로운 동물로 인간을 지키고 다스리는 영웅과 일체화되었지만, 서양의 용은 인간을 괴롭히는 동물로 누군가 그 용을 죽임으로써 그가 영웅이 되었습니다. 영웅은 선이요, 용은 악으로 등장했던 것입니다. 한가지 공통점은 구사하는 주력 무기인데 그 둘은 입에서 화염방사기와도 같은 무서운 불을 뿜어내어 상대방을 제압했습니다.

그러나 SK 와이번스의 브랜드이자 귀여운 마스코트였던 용은 국내에선 21년만 생존하고 2021년 사라졌습니다. 신세계그룹에 매각되어 랜더스Landers로 문패가 바뀐 것입니다. 그 이전 MBC 청룡을 이어받은 LG 트윈스Twins에서 보듯이 용은 이렇게 모두 사람으로 환생했습니다. 이렇듯 우리나라 프로야구판을 흔들던 동서양의 용은 상상과 신화 속 동물답게 한 시대를 풍미하고 어느 날 모두 홀연히 자취를 감추었습니다. 아, 동양의 봉황에 비견되는 서양의 동물로는 불사조로 번역되는 피닉스Phoenix로 봐야겠네요.

고대 영문학의 최고봉인 〈베오울프〉 서사시엔 영웅 베오울프가 마지막 전투에서 용과 싸우다 치명상을 입어 죽게 됩니다. 바그너의 가극에 영향을 준 중세 독문학의 최고봉인 〈니벨룽겐의 노래〉 서사시에서 영웅 지그프리드는 용을 물리치고 영물인 그의 핏물에 몸을 담가 그의 몸을 천하무적으로 만듭니다. 바람에 날아온 나뭇잎이 그의 몸에 붙어 용의 핏물이 묻지 않은 그곳이 급소가 된 것을 빼곤 말입니다. 흡사 그리스 신화의 영웅 아킬레우스의 급소인 뒷발꿈치를 연상케 하는 지그프리드의 신화입니다. 남부 그리스나, 북부 게르만이나 비슷한 스토리를 가진 유럽의 신화입니다. 사람들이 오가며 말을 전하고 퍼뜨리니 그랬을 것입니다.

또한 동화가 원작인 디즈니의 애니메이션 영화인 〈잠자는 숲 속의 공주〉에서도 용은 등장합니다. 역시나 비슷한 롤 플레이로 왕자가 공주를 구할 때 나쁜 용과 한판 승부를 벌인 것입니다. 공주에게 저주를 건 마녀 말레피센트가 용으로 변신하여 왕자와 대적했습니다. 결국 백마 탄 왕자가 아닌 용을 물리친 왕자는 오로라만큼이나 아름다운 오로라 공주를 죽음보다도 깊은 잠에서 깨어나게 해 그녀와 눈맞춤을 합니다. 아, 그사이 입맞춤이 먼저였습니다.

용의 도시 류블랴나

이렇듯 서양의 고대 신화와 중세 문학엔 용이 심심찮게 등장했습니다. 그때마다 그 용의 역할은 악역으로 비슷했고 외모 또한 공룡과 비슷했습니다. 포유류가 출현하기 전 지구를 지배하고 인간을 괴롭혔던 공룡과의 나쁜 기억이 진화 과정을 거치며 사피엔스가 되고 만물의 영장까지 된 인간의 뇌 속에 잠재적으로 남아있어서 그런 것일까요? 그렇게 인간에게 해를 끼쳤던 용은 지금도 유럽의 곳곳에 살고 있습니다. 2천 년대 초반 제가 방문했던 폴란드의 고도 크라쿠프에도 용이 살고 있었고, 최근인 지난 2022년 9월 아드리아해와 발칸반도 여행 시 갔던 슬로베니아의 수도 류블랴나Ljubljana에도 용이 살고 있었습니다.

그 용들은 과거 어느 상상의 시기엔 왕성하게 활동했으나 지금은 굳이 그럴 필요가 없어져 도시 어딘가에 깊숙이 숨어 있는 것 같았습니다. 아직도 영웅이 찾지 못한 도시의 보물을 지키면서 말입니다. 아니 그를 죽여야 진정한 영웅으로 올라서는데 이젠 그런 영웅

용의 도시 류블랴나를 대표하는 용

이 필요 없는 시대가 되었는지도 모르겠습니다. 만약 누군가 지하에서 잠자는 그의 코털을 건드리면 그 용은 분노하여 다시 깨어날 것입니다. 움츠린 날개를 퍼덕이고 입에서 불을 뿜으며 기지개를 켜겠지요. 아, 파충류와 가까워 보이니 그 용에 털은 없겠네요

류블랴나의 거리는 온통 용 천지였습니다. 상점, 주점, 식당, 어디를 가도 용을 보거나 살 수 있었고 심지어 도시의 바닥인 맨홀 뚜껑에도 크고 작은 용들이 그려져 있었습니다. 용 마케팅을 하며 관광객들을 불러 모으는 류블랴나입니다. 그러고 보니 그 도시의 용은 이제 인간을 괴롭히고 해치는 게 아니라 인간에게 유익하고 도움을

류블랴나 시내 바닥 맨홀 뚜껑 위에 새겨진 용

주는 선한 용으로 거듭난 듯합니다. 과거 도시에서 지진이 일어날 때면 사람들은 땅속의 그 용이 움직여서 일어난 현상으로 생각했다고 합니다. 오늘날 도시를 대표하는 용은 이름도 드래곤 브릿지라 불리는 다리 입구에 늠름하게 자리를 잡고 있습니다. 마치 이젠 도시의 수호신이 되어 도시를 지키는 기사처럼 용맹스럽게 앉아있습니다.

하지만 류블랴나는 용 말고도 볼 것이 많은 도시입니다. 사실 이 글은 2022년 9월에 제가 방문했던 구 유고슬라비아 여행기의 마지막인 류블랴나를 소재로 쓰는 글인데 용의 출현으로 본의 아니게 서두가 길어졌습니다. 마치 두 편의 글처럼 말입니다. 부디 용두사미가 아니라 용두류미 龍頭 류블랴나 尾가 되기를 바랍니다.

프레셰렌과 프리믹

류블랴나는 용의 도시이지만 사랑의 도시이기도 합니다. 도시 이름에 대놓고 그 사랑이 나와 있습니다. 슬로베니아어로 영어의 love는 ljubezen인데 류블랴나는 보듯이 그 어근을 가지고 있습니다. '사랑의 지대'라고나 할까요? 그래서인가 이 도시엔 가슴 아픈 사랑의 스토리가 내려오고 있습니다. 프란체 프레셰렌 France Prešeren이라는 변호사이자 낭만주의 시인의 러브 스토리입니다. 그는 1844년 오늘날 슬로베니아의 국가가 된 시를 쓴 인물입니다. 프랑스 혁명에 영향을 받은 그가 〈축배 A Toast〉라는 8절의 연시를 썼는데 그중 7절이 오늘날 슬로베니아 국가의 가사가 되었습니다. 당시 그의 조국 슬로베니아가 오스트리아-헝가리 제국의 지배를 받아서 그런 시가 나올 수 있었습니다. 〈축배〉는 함께 손잡고 나아가 싸워 평화를 이루고 모두 축배를 들자는 내용입니다.

이 시인이 류블랴나에 사는 한 여인을 사랑했습니다. 상대는 부유한 상인의 딸이었던 율리아 프리믹 Julija Primic이란 여인이었습니다.

그리고 예상되듯이 그녀와의 사랑은 이루어지지 못했습니다. 그녀를 향해 열렬히 시는 썼지만 그의 마음을 직접 드러낼 용기가 없던 프레셰렌이었습니다. 결국 그의 사랑은 짝사랑으로 끝났고 그녀는 다른 남자와 결혼을 하였습니다.

이런 시인의 사랑을 가슴 아파한 후대의 시민들은 시내 중앙 광장을 프레셰렌 광장이라 이름 짓고 그곳에 그의 동상까지 세워주었습니다. 그리고 세심하게도 프레셰렌 동상의 시선을 실제 프리믹의 생가였던 광장의 끝 2층집 창문에 맞춰놓았습니다. 압권인 것은 그녀 집 창문 바로 옆엔 마치 그녀가 생존 시 창밖을 내다보듯이 그녀의 흉상 부조를 부착해 놓았습니다. 생전에 그토록 사랑하던 여인이었으니 죽어서라도 하루종일 밤낮없이 그녀만을 바라보라고 그렇게 설계하고 제작한 것입니다. 그렇게 그들은 죽어서는 불멸의 연인이 되었습니다. 프레셰렌은 1849년 침상에서 죽어가며 평생 단 한순간도 프리믹을 잊은 적이 없다고 고백하였습니다.

여기에 반전이 있습니다. 정작 프레셰렌의 아이를 세 명이나 낳은 배우자는 아무도 기억을 못 하는데 그가 짝사랑한 프리믹은 이렇게 훗날 호사를 누리고 있다는 것입니다. 과연 사랑의 도시답게 사랑을 제대로 이해하는(?) 류블랴나 시민들입니다. 그 광장에 서서 눈

류블랴나 시내 프레셰렌 광장에 세워진 프란체 프레셰렌(1800~1849)

프레셰렌 동상의 시선 끝에 위치한 그의 필생의 여인 율리아 프리믹

길로만 멀리 연결되어 있는 프레셰렌과 프리믹을 번갈아 보며 문학사에 등장한 비련의 커플들이 생각났습니다. 피렌체에서 한 동네에 살며 마주치기만 한 베아트리체에게 끝내 속마음을 드러내지 않았던 단테와, 평생 모드 곤 한 여자만을 사랑하고 노골적으로 사랑시를 써댄 아일랜드의 시인 예이츠가 그들입니다. 베로나의 한 동네에 살았던 로미오와 줄리엣은 비극으로 끝났지만 그래도 원하던 사랑은 이루었으니 이들 셋보다는 낫다고 해야 할까요?

류블랴나, 슬로베니아

류블랴나가 속한 이 땅은 로마 시대 일리리아라 불리던 속주의 한 지역이었습니다. 기원전 15년 로마인이 일리리아에 개척한 에모나가 오늘날 류블랴나가 되었으니 꽤나 역사가 깊은 도시입니다. 긴 역사만큼이나 유서 깊은 이 도시는 고대와 중세의 아름다움을 그대로 간직하고 있습니다. 도시의 중앙엔 시민의 젖줄인 류블랴나 강이 관통하여 여러 예쁜 다리로 이어져 있고, 로마 시대 에모나 군사기지가 있던 고지대엔 근사한 류블랴나 성이 세워져 도시를 내려다보고 있습니다. 과거 공산권 국가의 도시였지만 그러한 느낌을 조금도 받기 힘든 도시입니다.

슬로베니아 최고의 관광지인 블레드 호수와 블레드 성

이것은 류블랴나가 속한 국가인 슬로베니아가 구 유고 연방의 6개 국가들 중 유일하게 서방 국가인 이탈리아, 오스트리아와 국경을 맞대고 있어 그들 중 가장 먼저 서방 카톨릭과 서구 문명을 받아들인 결과이기도 합니다. 그래서 슬로베니아는 유럽연합도 일찍이 2004년 가입하고 유로가 공용 화폐인 국가가 되었습니다. 인접한 크로아티아는 2013년 유럽연합에 가입했으나 제가 여행했던 2022년에도 유로화는 통용되지 않았습니다. 뉴스를 보니 아주 최근인 2023년인 올해 1월 유로존 가입이 승인되었네요.

이런 선진 행보에서 보듯이 슬로베니아는 오늘날 구 유고 연방 중 가장 잘 사는 국가일 뿐만 아니라, 현재 공산주의 국가 포함 과거 공산주의권 국가들 중에서도 가장 잘 사는 1등 국가입니다. 1인당 연간 국민소득이 3만 불에 육박하는데 이것은 다른 구 유고 연방 국가들과는 확연히 차이가 납니다. 크로아티아는 그 절반 수준인 1만 7천 불이고, 나머지 국가들은 1만 불도 되지 않으니까요. 1990년대 구 유고 연방 해체 시 내전의 피해가 거의 없었던 것도 이 나라가 경제 발전에 주력할 수 있었던 이유가 될 것입니다.

프로야구가 개막하고 올림픽이 열렸던 1980년대 우리나라를 비롯한 대만, 홍콩, 싱가포르를 서구에서 아시아의 4마리 용으로 부르

류블랴나 강이 관통하는 아름다운 류블랴나 시내

던 시절이 있었습니다. 4개 국가 모두 아시아에서 경제적으로 고도성장을 이루던 시절이라 그렇게 불린 것입니다. 지난 여행 시 류블랴나 거리의 용을 보며, 그리고 슬로베니아라는 나라가 작지만 그정도로 큰 경제력을 지닌 국가라는 사실을 알고서 새삼 떠올렸던우리의 과거였습니다. 지금은 성장률이 둔화되어 두 국가 모두 과거만큼의 고도성장은 어렵겠지만 계속해서 모두 다 더 잘 사는 세상으로 나아가길 기원합니다. 끝으로 슬로베니아의 민족 시인 프레셰렌이 쓴 시인 그 국가의 가사를 올립니다.

모든 국민에게 축복이 있으리라

그날을 기다리는 모든 이들에게

태양이 비추는 모든 곳에서

전쟁도, 갈등도 사라지는 그날

모든 동포가 자유롭게 되어

더 이상 적이 아닌 이웃만이 있으리라

상상여행의 기술

알랭 드 보통의 《여행의 기술The Art of Travel》을 읽다보면 Art는 기술보다는 예술에 가깝습니다. 그다운 예술적인 필치와 실제 예술 작품들도 많이 등장하니까요. 그런데 기술이라 하면 모름지기 이런 것 아닐까요? 여행을 안 가도 마치 간 것과 같은 기분을 느끼게 하는 것⋯. 저는 그런 상상여행의 기술을 일찍부터 터득하고 있었습니다.

상상여행의 기술 개발

어린 시절 지도 보는 것을 좋아했습니다. 종이 위에 펼쳐진 세상을 보며 각 대륙과 대양, 산과 강, 국가와 도시 등의 위치를 파악하는 것이 흥미로워서 그랬습니다. 제가 본 지도 위 주요 목록엔 세계 각국의 수도를 비롯하여 당시 배우고 독서했던 역사적 유적지와 위인들의 행적이 있는 곳들도 포함되었습니다. 어린 마음에 세상에 대한 호기심이 컸지만 당장 갈 수 없는 곳들이기에 지도로나마 그 가고픈 마음을 해소했나 봅니다. 그때 지도를 보고 있노라면 다른 책에서 본 그 지역의 실제 모습이 마치 영화 〈해리포터〉에 나오는 신문 속 사진 영상처럼 스르르 생성되곤 했습니다. 화려한 빌딩 숲의 도시가 보이고, 고색창연한 유적지가 모래바람 속에 나타나곤 했습니다. 그리고 이내 저는 그곳을 여행하고 있는 듯한 착각에 빠져들곤 했습니다. 지도 위 행복한 여행자가 된 것입니다.

이렇게 전 지도로 상상여행의 기술을 개발하고 실행하였습니다. 그리고 그러다가 어느 순간 퍼뜩 깬 저는 현실로 돌아오게 됩니다. 부엌에 계신 엄마가 밥 먹으라고 방 안 책상에 앉아 상상여행 중인 저를 불렀을지도 모릅니다. 그렇게 깨면서 그때 전 결심을 하곤 했습니다. 이다음에 커서 어른이 되면 지도 위 제 눈에 밟힌 그곳들을 꼭 가보겠노라고 말입니다.

그때 제가 보던 지도는 지리부도라 불리며 처음부터 끝까지 지도만 있는 교과서였습니다. 그 책은 다른 교과서들과는 달리 책의 사이즈도 크고 전 페이지가 다 총천연색이었던 것으로 기억됩니다. 그래서 값으로 치면 교과서 중에 가장 비쌌을 것입니다. 지금 생각해 보면 위치의 정교함도 떨어지고 그래픽도 촌스러웠는데 이상하게도 그땐 그 책 속의 지도가 벽에 붙은 커다란 세계 전도보다도, 그리고 한 단계 진화하여 둥근 지구본 위에 떠있는 지도보다 더 손에 잘 맞고 눈에 익숙하게 들어왔습니다. 각 페이지마다 한눈에 보기 쉽게 지역별로 다양한 지도가 놓여 있어서 그랬을 것입니다. 그래서 지리부도는 상상여행의 기술을 발휘하기에도 편리했습니다. 책을 펴면 누워 있던 상상여행의 도시가 벌떡 일어나는 팝업북처럼 되곤 했으니 말입니다.

어른이 되어서도 지도 보는 것을 여전히 좋아하기는 하지만 그와 같은 목적으로 보는 것이 한 가지가 더 생겼습니다. 바로 신문이나 각종 인쇄물에 나오는 여행사 광고입니다. 여행사 광고는 어느 여행사이든 일정한 포맷과 레이아웃으로 광고를 내서 사실 광고적으로는 별 시선을 끌지 못하는 정보 전달형 광고가 주류를 이룹니다.

상상여행의 도구로 사용된 중학교 교과서 《지리부도》 유럽편

명색이 광고를 하는 사람이라 크리에이티브한 인쇄 광고에 눈이 가야 하는데 천편일률적으로 똑같은 여행사 광고에도 시선을 빼앗기고 있는 것입니다. 그래서 그런 여행사 광고 중 제가 가고 싶은 지역의 상품이 보이면 그 아래 간략 일정표에 적힌 도시들을 따라 저도 함께 따라가곤 합니다. 그러면 제 머릿속엔 가보진 않았지만 과거 어린 시절 접한 지도부터 내공을 쌓아 업그레이드된 그 도시들의 모습이 살아나 마치 제가 그곳을 여행하고 있는 듯한 착각에 빠지게 됩니다. 지도와는 다른 상상여행을 하게 되는 것입니다.

상상여행을 가능하게 하는 여행사 신문광고

이렇듯 제겐 두 가지 상상여행의 기술이 있습니다. 하나는 어린 시절 지도 위에서 발휘했던 기술이고, 또 하나는 어른 시절 여행사 광고에서 발휘하고 있는 기술입니다. 어른 시절이 지속되고 있는 최근 2년간은 코로나로 인해 그런 여행사 광고들이 사라져 상상여행의 기술을 발휘할 기회가 별로 없었습니다. 또한 그간 정기적으로 저의 집에 배달되던 저의 최애 여행 정보지도 끊겨 이런저런 상상여행의 소스가 많이 사라진 상태였습니다. 일상의 가벼운 즐거움이 그간 사라졌던 것입니다.

최근 들어 코로나의 터널이 끝나가서인가 신문이나 TV에 여행사 광고들이 다시 보이기 시작하여 반갑습니다. 저의 개인적인 반가움도 그렇지만 그간 심하게 어려움을 겪었던 여행업계와 관광업계가 다시 기지개를 켜는 것 같아 그 반가움이 더욱 큽니다. 코로나로 인해 얼마나 많은 여행사와 인력들이 사라지고 이탈을 하였을까요? 부디 모두 정상으로 회복되어 과거처럼 다시 돌아오기를 기원합니다. 우리나라 국가적으로도 중요한 여행 산업이고 관광 산업입니다. 이렇게 겨우 빠져나오고 있는데 부디 우리 앞에 길고 어두운 코로나 터널이 또 나오지 않게 되길 바랍니다. 가나 했더니 다시 또 오는 듯해서 매우 염려스럽습니다.

해외여행의 자유화

우리나라는 1989년이 돼서야 해외여행이 자유화되었습니다. 물론 그전에도 해외여행이 안 되는 것은 아니었지만 여행을 가려면 자유스럽지 않은 복잡한 절차를 거쳐야만 했습니다. 개인이 하는 여행에도 요즘으로 치면 국정원이 개입했으니까요. 그랬던 나라가 여행의 빗장이 한 번에 풀린 것입니다. 1988년 치뤘던 서울올림픽의 힘입니다. 그리고 1993년 문민정부가 들어서며 우리 국민의 해외여행은 가히 폭발적으로 증가했습니다. 그 정부가 내세운 기치의 No. 1이 '세계화Globalization'였으니까요. 세계적인 경쟁력을 갖추기 위해서는 세계로 나가야 한다는 것이었습니다. 그래서 일반인의 여행은 물론 기업의 해외 연수가 붐을 이루던 시절이었습니다.

이렇게 외화를 써대어서 외환 부족으로 1997년 IMF라는 초유의 국가 부도 사태를 맞이했지만 당시 이루어졌던 젊은 세대의 기업 연수와 배낭여행, 그리고 일반인의 해외여행으로 우물 안에만 살던 우리는 세계 속의 일원이 되었습니다. 글로벌한 세계시민Cosmopolitan 으로 탈바꿈한 것입니다. 그간 우린 외화를 써댄 당시의 연수와 여행을 IMF를 오게 한 원인 중의 하나라고 비난했지만 그것에 긍정적인 측면도 있었다는 것을 부정하기 힘들 것입니다. 당장 이 글을 쓰고 있는 저부터도 그것의 수혜자라고 생각을 합니다. 물론 우리가 IMF를 신속하게 잘 극복하였기에 오늘에 와서 이렇게 긍정적인 측면도 이야기할 수 있을 것입니다. 이렇듯 그땐 절대적으로 맞았지만 지금은 틀린, 또는 그땐 절대적으로 틀렸지만 지금은 맞는, 그러한 절대적 단정에서 비롯되는 역사의 오류나 아이러니를 우린 종종 목도하곤 합니다.

그런데 상상여행을 통해 제가 눈으로 밟은 도시들 중 전 지금 얼마나 많은 곳들을 실제로 여행했을까요? 글쎄요⋯. 세어보지는 않았지만 제 또래로 볼 때 그렇게 많지도 적지도 않은 곳들을 다녀온 듯합니다. 물론 아직도 안 가본 곳들이 훨씬 많기에 기회가 되는 대로 더 많은 곳들을 가게 되길 희망합니다. 물론 이것은 비단 저뿐만 아니라 여행을 좋아하는 모든 사람들의 희망일 것입니다. 문명화된 지역이라면 전 세계 어디든 구석구석 다 가고픈 것이 저의 바람입니다. 그런데 오지여행은 모험심이 부족해서인가 저의 흥미와는 거리가 좀 있습니다. 비위가 약한 것도 이유가 되려나요? 물론 그 사이사이 저의 상상여행도 계속될 것입니다. 오늘 아침에도 전 신문의 여행사 광고를 보며 그런 여행의 기술을 발휘했으니까요. 일본 홋카이도였습니다. 무더운 여름 날씨의 영향을 받은 듯합니다.

알랭 드 보통의 여행의 기술

국내에도 많은 팬을 보유한 알랭 드 보통의 《여행의 기술》이라는 책엔 제가 이 글에서 이야기하고 있는 상상여행과도 같은 에피소드가 등장합니다. 이 책은 그가 여행에 관한 전반적인 이야기를 여행 단계별로 그다운 난해함과 현학적인 스타일로 풀어간 수필집입니다. 이 글의 제목 〈상상여행의 기술〉은 그의 《여행의 기술》을 패러디했음이 눈에 보일 것입니다. 사실 전 알랭 드 보통의 《여행의 기술》에서 Art의 번역을 기술이 아닌 예술로 하는 것이 더 맞지 않나라고 생각합니다. 제가 이 글에서 발휘하는 여행의 기술과는 전적으로 다른 여행의 예술을 그는 그 책에서 보여주고 있으니까요.

《여행의 기술》에서 알랭 드 보통은 1884년에 출간된 J. K. 위스망스의 소설 《거꾸로》에 등장하는 데제생트 공작의 이야기를 인용합니다. 파리 근교에 사는 그 공작은 일전에 네덜란드 여행 시 대단한 실망을 하고 돌아온 염세적인 인물입니다. 그는 여행 간 네덜란드가 테니르스, 얀 스텐, 렘브란트, 오스타데 등 17세기 네덜란드와 플랑드르의 화가들이 묘사한 모습과 같을 줄 알았는데 그렇지 않아서 실망을 한 것입니다. 그런 그가 어느 날 아침 찰스 디킨스의 소설을 읽다가 갑자기 런던을 여행하고 싶어 하인들과 짐을 바리바리

꾸려 파리로 갔습니다. 공작의 외유니 꽤나 많은 짐이 그와 함께 따라갔습니다. 파리 역에 도착한 그는 런던 방향의 기차 시간이 남아 시내에서 런던 분위기가 물씬 나는 와인바와 선술집을 차례로 들르게 되었습니다. 그런데 그곳에서 본 런던스러운 여러 가지를 목격하며 그는 여행을 가기도 전에 권태에 빠지게 됩니다. 이렇게 안락하게 의자에 앉아서 런던을 경험할 수 있는데 실제로 여행을 하면 얼마나 피곤할까라는 생각이 그를 엄습한 것입니다.

그래서 그는 그 많은 런던 여행 보따리를 다시 챙겨 뒤도 안 돌아보고 반대편 선로의 기차를 타고 그의 별장으로 돌아갔습니다. 그리곤 이후 두 번 다시 집을 떠나지 않았다고 합니다. 내용은 다르지만 네덜란드에 이어 연타로 여행 실패를 경험한 그였습니다. 대신 그는 그의 방에 여행에 대한 기대감을 최대한 주는 물건과 소품으로 실내를 장식했습니다. 그 안엔 주요 선박회사의 항해 일정표도 포함되어 있어 그는 그것을 액자에 넣어 침실에 한 줄로 걸어놨습니다. 그리고 그는 "상상력은 실제 경험이라는 천박한 현실보다 훨씬 나은 대체물을 제공할 수 있다"라고 결론을 내렸습니다. 데제생트 공작은 이런 방법과 신념으로 안락한 방 안에서 실제 여행보다 효용성이 더 큰 그만의 상상여행을 즐긴 것이었습니다.

데제생트 공작의 상상여행 룸에 늘 세팅되어 있을 것만 같은 여행 도구들

Let's tour the world

아, 상상여행이라는 말은 알랭 드 보통이 사용한 용어는 아닙니다. 제가 그저 이 글에서 상상해서 쓰고 있는 용어입니다. 사실 그럴 수도 있습니다. 데제생트 공작처럼 우리도 기대감을 잔뜩 품고 간 여행지에서 때론 실망감을 느끼곤 하니까요. 어렵게 시간을 내고 비용을 들여서 기껏 간 여행지가 출발 전 상상여행에서 보이던 것보다 못해서 그랬을 것입니다. 그래도, 그렇다 하더라도 백문이 불여일견이라고 여행은 직접 가서 보고 체험해야 제맛일 것입니다. 상

상여행 기술이 아무리 뛰어나도 실제 여행과는 비교가 될 수 없을 테니까요. 그래서 우린 여행을 떠나곤 합니다. 늘 설렘과 즐거운 마음을 갖고 말입니다.

《여행의 기술》 책에서도 알랭 드 보통은 그가 호출한 데제생트 공작의 경고에도 불구하고 여행을 떠납니다. 그를 인용은 했지만 그의 생각과 행동에 동의까지 한 것은 아니었으니까요. 런던의 12월 어느 날 오후 그에게 날아온 광고 전단지 속 사진 한 장을 보고 그는 여행을 결심합니다. 사진 속 바람에 살짝 기울어진 야자나무가 그의 마음을 움직일 수 있다는 것에 신기해하며 말입니다. 그렇게 해서 그가 간 여행지는 겨울 태양이 빛나는 카리브해의 아름다운 섬 바베이도스였습니다.

"세계는 한 권의 책이다. 여행하지 않는 사람은 그 책의 한 페이지만 읽는 것과 같다" 이 격언은 초대 교회의 철학자인 성 아우구스티누스354-430가 한 말로 알려져 있습니다. 세계를 책에 비유했으니 세계를 여행하는 것은 공부를 하는 것과 같다는 말일 것입니다. 그러니 아우구스티누스 가라사대 부지런히 여행을 하라는 것입니다. 그런데 그가 살았던 4, 5세기의 세계는 오늘날보다 훨씬 협소했습니다. 그 시대엔 아메리카 대륙은 존재조차 몰랐고 아시아나 아프리

알랭 드 보통에게 날아온 광고 전단지 속에 있을 것만 같은 야자수 나무

카도 지금과는 달리 지엽적으로 알고 있었을 테니까요. 그러니 세
계가 훨씬 더 넓어진 현대에 살며 여행하지 않는 사람은 그와 같은
셈법으로 계산하면 그나마 그 책을 한 페이지도 다 안 읽게 되는 것
입니다. 그 옛날보다 더 시대에 뒤처지는 무지한 사람이 되는 것입
니다.

아, 그런데 세계가 그때보다 넓어는 졌지만 지금은 여러 소스와 미
디어를 통해 여행을 안 가도 상상여행이 가능하니 꼭 그런 것만도
아니겠네요. 성 아우구스티누스가 살던 시대엔 안 가본 곳의 모습

이나 풍경은 거의 상상이 안 되었을 테니까요. 즉, 세계가 넓어진
만큼 상상여행의 기술로 가보지 못한 곳도 어느 정도는 커버가 된
다는 것입니다. 그렇다면 그의 말은 그때나 지금이나 여전히 등가
적으로 유효하다 할 것입니다. 세계는 한 권의 책이고 여행하지 않
는 사람은 여전히 그 책의 한 페이지만 읽고 사는 것입니다. 그러
니, let's tour the world!

남편권인 것과 남편주의

백과전서에 웬 꽈?

을크러사멘 이태리

체인 페어 vs 버스 페어슨

낭만적인 것과 낭만주의

로맨틱한 당신이라면 당신은 낭만주의자일 것입니다. 그러나 낭만주의자라 해서 반드시 로맨틱하지는 않습니다. 특히 낭만주의 작가들의 문학이나 예술 등의 작품 속에서 묘사되는 낭만의 모습은 현실의 낭만과는 확연히 다르기까지 합니다. 그곳에서 장미와 와인은 찾아보기 힘드니까요.

낭만에 대하여

굳은비 내리는 날 그야말로 옛날식 다방에 앉아 도라지 위스키 한
잔에다 짙은 색소폰 소리···. 첫사랑 그 소녀는 어디에서 나처럼 늙
어갈까 가버린 세월이 서글퍼지는 슬픈 뱃고동 소리···. 왠지 한 곳
이 비어 있는 내 가슴에 다시 못 올 것에 대하여 낭만에 대하여···.

무엇에 대하여 이야기하고 있는 것일까요? 정답은 끝에 나오는 '낭
만에 대하여'입니다. 낭만가객 최백호 씨의 연약하고 힘겹되, 그래
도 절대 끊어질 것 같진 않은 그의 목소리가 누에에서 명주실이 이
어지듯 낭랑하게 들리는, 어떨 때 들으면 마치 그가 시를 읊조리는
것처럼 들리기도 하는 그의 대표곡 〈낭만에 대하여〉 가사의 일부입
니다. 그는 마치 "낭만은 이런 것이다"라고 결론을 내리듯 마지막
가사에서 그렇게 종지부를 찍습니다.

최백호씨는 1995년 이 노래를 발표했는데 당시 40대의 그는 주방
에서 설거지를 하고 있는 부인의 뒷모습을 보고 "내 첫사랑도 어디
에선가 지금 저렇게 설거지를 하고 있겠지"라고 생각하며 이 시(가
사)를 썼다고 합니다. 다소 덜 낭만적인 〈낭만에 대하여〉의 배경이
긴 합니다. 하지만 낭만은 그런 것인지도 모르겠습니다. 앞으로 전

개될 낭만에 대한 이야기엔 전혀 낭만스럽지 않은 낭만들도 등장하니까요. 아무튼 이렇게 세상에 나온 이 노래는 원작자의 심경을 너무나도 잘 이해한 우리 대한의 40대 이상의 남자들에게 선풍적인 인기를 끌어 그때부터 노래방에서 마이크를 잡으면 너도나도 이 노래를 불러대기 시작했습니다. 모두가 지나간 첫사랑을 떠올리며 낭만가객이 된 것입니다. 물론 그들은 그들의 첫사랑인 그녀가 지

최백호 〈낭만에 대하여〉

금 설거지하고 있는 모습을 연상하며 부르진 않았을 것입니다. 그들이 회상하는 낭만은 그녀와 함께 했던 과거에 머물러 있었을 테니까요.

낭만적이다

우리가 "낭만적이다" 또는 "로맨틱하다"라고 하는 아름답고 행복한 순간이 있습니다. 남녀가 사랑하는 순간에 일어나는 일로 이때 그들은 그 오묘한 분위기에 빠져 행복감을 느끼며 상대방에 대한 경계심을 풀게 됩니다. 그리고 이어 주변이 아무리 복잡해도 그것

〈로미오와 줄리엣〉 | 프랭크 버나드 딕시 | 1884

이 의식되지 않는 그들 둘만이 있는 세상으로 들어가게 됩니다. 그래서 광장이든, 식당이든, 지하철역 등에서 평소에는 할 수 없는 행동인 뽀뽀와 포옹을 영화 카메라 돌아가듯 할 수 있게 됩니다. 적어도 그 순간만큼은 그 둘은 에덴동산에 있는 아담과 이브가 되어 둘만의 세계에 갇히게 되는 것입니다. 낭만의 힘입니다.

그렇고 보니 낭만적인 분위기는 주로 남성 쪽에서 연출하는 경우가 많네요. 그것의 절정은 결혼을 허락받는 프러포즈의 순간일 것입니다. 최대한 로맨틱한 분위기를 연출하여 그가 얻고자 하는 그녀의 오케이 대답을 얻어내야 하니까요. 야생 동물의 왕국에서도 숱한 종種의 수컷들이 암컷과의 성공적인 짝짓기를 위해 그것에 앞서 암컷 앞에서 그의 기교와 재주를 발산하곤 합니다. 암컷의 경계를 풀고 로맨틱한 분위기를 만드는 것이지요. 물론 여성도 남성의 환심을 얻기 위해 낭만적인 분위기를 연출하기도 합니다.

그런데 낭만적이게 하는 것이 말처럼 쉬운 것은 아닙니다. 모자라도 안 되고 남아도 안 되는, 그 선에 도달하지 못하면 무미건조한 분위기가 이어지고, 그 선을 넘어가면 남녀상열지사가 되어 로맨틱하게 느껴지지 않으니까요. 그리고 다 된 것 같아도, 괜한 말 한마디에, 또는 서투른 행동 하나로 그것은 실패의 영역으로 들어가곤 합니다. 흔한 말로 기분이 잡치고, 산통이 깨지고 해서 그간 공들인 작업이 수포로 돌아가기도 하는 것입니다. 낭만적이라 하는 것은 고도로 민감한 감정의 영역에 놓여 있기에 그렇습니다. 드라이즘(?)과 에로티시즘 사이 어딘가 좁은 곳에 말입니다.

낭만주의자는 인문학자?

언어 예술을 하는 문학가든, 공간 예술을 하는 미술가든, 그리고 시간 예술을 하는 음악가에게 있어 그들의 위대함이라 하는 것은 기능적인 아트 능력에만 기인하지 않습니다. 그들이 움직여야 할 대상이 동물이나 식물이 아닌 감정을 지닌 인간이기에 그렇습니다. 그래서 문학이나 예술 이전에 인간부터 알아야 할 것입니다. 르네상스의 대가 미켈란젤로의 경우 그는 소년 시절 그의 천재성을 발견한 메디치의 손에 이끌리어 그의 집에서 3년간 교육을 받았는데 그때 그가 배운 것은 회화나 조각이 아니었습니다. 메디치는 그 가문 산하의 인문학자들에게 라틴어, 그리스와 로마의 철학, 그리고 역사, 신학 등을 가르치게 하였습니다. 미켈란젤로는 이런 인문학적 배경에서 탄생한 것입니다. 그리고 그렇게 한 메디치, 과연 위대한 자라 불리는 로렌초 메디치입니다.

〈장미의 영혼〉 | 존 윌리엄 워터하우스 | 1903

미켈란젤로가 그러했듯 우리가 알고 있는 역사상 위대한 작가는 역시 또 위대한 인문학자라고 보아도 무방할 것입니다. 그들은 인간의 사고와 행동 영역 중 우측에 위치한 우뇌의 감성적인 영역을 움직이는 사람들입니다. 그래서 까다롭고 변화무쌍한 인간의 감정을 때론 순하고 말랑하게, 때론 격정적으로 끌어올리곤 합니다. 그들 중에 낭만주의浪漫主儀, Romanticism 라 불리는 그룹은 더욱 그러할 것입니다. 그들의 작품이 주는 감동이 위에서 설명했듯 미묘한 인간의 짧은 감정선에 딱 걸쳐야 하니 말입니다.

고전주의의 반동 낭만주의

그런데 낭만적인 것과 낭만주의는 같은 의미인 것 같지만 좀 다르게 해석이 되고 이해가 됩니다. 우리가 일상에서 느끼는 '낭만적이다'의 낭만과 낭만주의 작가들이 만든 문학작품이나 예술작품에서의 낭만은 다르다는 것입니다. 일단 낭만적romantic이다는 것은 대개 위에서 설명한 것과 같은 우리 일상의 남녀의 직접적이든, 간접적인 감정을 가리킵니다. 그러나 문학이나 예술에서의 낭만주의는 고전주의의 반동으로 일어난 사조로 억눌려 있던 인간 본연의 진실을 자유롭고 거침없이, 그리고 폭넓게 드러내는 것을 의미합니다.

17세기경 시작된 고전주의古典主義, Classicism의 키워드는 형식, 조화, 규칙, 균형, 절제, 완성미, 도회적, 귀족적 등입니다. 여기에서 고전은 고대 그리스와 로마를 일컫습니다. 과거 그 시대의 아름다운 문학이나 예술성을 따르자는 사조입니다. 반면에 이어서 18세기경 일어난 낭만주의는 위의 고전주의에서 열거한 단어들을 모두 정확히 반대로 하자는 사조입니다. 정형화되어 숨 막힐 것만 같은 통제에서 벗어난 인간 본연의 자유로운 감정을 표출하자는 것이지요. 그리고 상상력을 발휘하자는 것입니다. 고전주의 시대에 정치 사회쪽에서 함께 유행했던 계몽주의 사상도 낭만주의를 일어나게 하는데 한몫하였을 것입니다. 계몽주의는 이성과 합리성을 최고의 가치로 생각하니까요.

문학에서의 낭만주의

"시골 가난한 사람들의 자발적인 감정의 발로만이 진실된 것이며, 그들이 사용하는 소박하고 친근한 언어야말로 시에 알맞은 언어이다"(출처 두산백과). 이 글은 1798년에 발간된 낭만주의의 대가 워즈워스가 쓴 《서정시집 Lyrical Ballads》 서문에 나오는 문장입니다. 이 서문은 낭만주의의 문학 선언이라 불릴 정도로 낭만주의 시의 텍스트가 되었는데 워즈워스는 콜리지와 함께 이 책을 공동으로 집필하였

영국 낭만주의 문학 선언문《서정시집》의 1798년 초판본 표지

습니다. 이 선언 안에 "인간의 가장 진실되고 원초적인 감정인 남녀 간의 사랑이 어쩌고 저쩌고⋯." 하는 내용은 요만큼도 찾아볼 수 없습니다. 저보고 낭만주의 시집 서문을 쓰라고 하면 이렇게 쓸 것 같은데 말입니다. 워즈워스는 그의 작품 〈무지개〉에선 "하늘의 무지개를 보면 내 마음은 뛰노니⋯."라 했지만, 저라면 "그녀를 보기 100미터 전부터 내 마음은 뛰노니⋯."라고 썼을 것입니다. 그래야 낭만주의 아닌가요?

또 다른 영국의 유명 낭만주의 시인인 바이런은 그리스 독립전쟁에 참전해 1823년 그곳에서 말라리아로 사망하였습니다. 어느 날 아침 눈을 떴더니 유명인이 되었다는 그입니다. 바이런은 낭만적인 사랑을 펼친 로미오처럼 그의 연인 줄리엣을 위해 목숨을 바친 것이 아니라 전쟁을 일으킨 인간의 불의함을 참지 못해 그 열정으로 전쟁에 나가 죽은 것이었습니다. 생전엔 수려한 외모로 수많은 여인들과 염문을 뿌렸던 그였습니다. 퇴고가 필요 없는 천재 시인이었던 그였기에 그의 사랑은 매우 낭만적이었을 것입니다. 그의 입에서 나오는 말이 곧 시가 되었을 테니까요.

우리나라에선 20세기 초 문예지 《백조》의 동인이었던 박종화, 홍사용, 이상화, 나도향 등을 낭만주의 작가로 분류합니다. 이들 역시 낭만적인 사랑을 다룬 작가들은 아니었습니다. 우리가 잘 아는 이상화의 〈빼앗긴 들에도 봄은 오는가〉, 나도향의 〈벙어리 삼룡이〉와 〈뽕〉, 그리고 홍사용의 〈나는 왕이로소이다〉 등에서 우리가 생각하는 낭만적인 정취는 느끼기 힘듭니다. 박종화의 시 〈사의 찬미〉에서도 마찬가지입니다. 하지만 낭만주의가 정의하는 인간의 원초적이고 토속적인 감정을 토해낸 작품들임에는 틀림이 없습니다.

미술에서의 낭만주의

미술의 들라크루와와 제리코로 대표되는 낭만주의 회화에서는 더

극단적인 인간의 감정이 표출됩니다. 그들이 다루었던 소재는 혁명, 고통, 광기, 폭력, 소외, 죽음 등으로 인간의 격정이 폭발하는 장면을 주로 표현하였으니까요. 낭만주의 문학에서 그나마 보여준 서정성이 미술에선 아예 사라진 것입니다. 그 대신 그 자리에 격정적인 문학적 상상력이 채워졌습니다.

낭만주의 회화의 선구자인 프랑스 화가 제리코의 〈메두사호의 뗏목〉에서는 문학적인 서사적 연출이 돋보입니다. 1816년 난파한 메두사호에서 생존자들은 뗏목에 의존하여 바다에서 필사적으로 사투를 벌였는데 이 실화를 제리코는 사실적으로 묘사하였습니다. 실제 뗏목을 만들어 오랜 시간 모의실험을 거쳐 이 그림을 완성하였으니까요. 당시 생존자들은 죽은 자들의 사체를 먹기까지 했다고 합니다. 이렇듯 이 그림은 생존 욕구에 대한 인간의 끝단을 보여주고 있는 작품입니다. 이런 낭만주의 작품에서 우리가 통상 알고 있는 낭만을 기대하기는 불가능할 것입니다.

프랑스 7월혁명을 소재로 한 〈민중을 이끄는 자유의 여신〉으로 유명한 들라크루와는 위의 바이런이 참전했던 그리스 독립전쟁을 소재로 한 아래 〈키오스섬의 학살〉에서 다양한 인간의 모습을 보여주고 있습니다. 당시 에게해의 키오스섬 주민은 투르크에게 침략을

〈메두사호의 뗏목〉 | 제리코(1791~1824) | 1818~1819

당해 90프로가 죽거나 끌려갔었습니다. 전쟁 중인 1824년, 들라크루와는 위의 제리코와는 달리 그 학살을 상상하여 그림으로 완성하였습니다. 그런데 작품에선 딱히 학살하는 장면이 보이지 않습니다. 그리고 그의 작품 〈민중을 이끄는 자유의 여신〉과 같은 주인공의 모습도 보이지 않습니다. 포인트라 할 수 있는 피해자인 인간의 고통 역시 보이지 않습니다. 그리고 가해자도 폭력적이기보다는 화려하고 멋지게 그려 넣었습니다. 사실과는 다른 문학적 상상력이 가득한 낭만주의자의 작품입니다.

〈키오스섬의 학살〉 | 들라크루아(1798~1863) | 1824

음악에서의 낭만주의

음악에서의 낭만주의는 서술하기 힘든 면이 있습니다. 앞서 설명한 미술이나 문학은 눈에 보이거나 줄거리가 있어 학계에서 정의하는 낭만주의를 대입하고, 이 글에서 제가 얘기하는 낭만적인 것의 잣대를 말이 되든 안 되든 들이댈 수 있으나, 소리에만 의존해 주관성이 강한 음악은 그렇게 하기가 쉽지 않아서입니다. 그리고 음악의 낭만주의는 문학과 미술보다 훨씬 광범위하고 복잡하기도 합니다. 그전에 출현했던 음악가들은 간단명료(?)했습니다. 바로크는 비발디, 바흐, 헨델, 이후 출현한 고전주의는 하이든 모차르트, 베토벤, 이렇게 말입니다. 물론 그들 이외에도 훨씬 많은 음악의 대가들이 있지만 음악을 모르는 문외한에게도 잘 알려진 음악가는 이들 정도일 것입니다. 하지만 고전주의에 이은 낭만주의는 잘 알려진 음악가만 해도 그 수에 있어서 이전 시대와는 비교가 되지 않게 많습니다. 19세기에 활동했던 거의 모든 음악가를 낭만주의로 봐도 무리가 없을 것입니다.

슈베르트, 슈만, 리스트, 베버, 멘델스존, 비제, 파가니니, 오펜바흐, 베를리오즈, 브람스, 쇼팽, 요한 슈트라우스, 바그너…. 등이 그들입니다. 스펙트럼이 넓은 모든 작곡가들이 낭만주의 안에 다 모여 있습니다. 낭만주의의 정의대로 인간의 자유로운 감정을 음악으로 만든 음악가들입니다. 이들이 만든 음악 중엔 위의 최백호 씨의 〈낭만에 대하여〉와 같은 낭만적인 분위기의 음악도 당연히 있습니다. 슈베르트의 아름다운 가곡이나 쇼팽의 피아노 독주곡 등은 듣는 것만으로도 로맨틱한 감정이 생기니까요. 앞에 이성이 없어도 말입니다. 다행스레 이성이 있다면 와인과 함께 이런 류의 음악이 은은하게 흘러나오면 그 자리는 더욱 로맨틱해질 것입니다. 그러고 보니 속세의 낭만적인 것과 일치하는 것이 문학과 미술보다 많은 낭만주의 음악입니다.

소재적인 측면에서도 위의 작곡가들의 음악인 〈아름다운 물방앗간 아가씨〉, 〈오르페오와 에우리디체〉, 〈트리스탄과 이졸데〉, 〈진주 조개잡이〉 등은 낭만적인 사랑을 기초로 하는 스토리를 가지고 있습니다. 비극으로 끝나 더 아름답게 느껴지는 사랑입니다. 그리고 결혼식에서 들을 수 있는 멘델스존의 〈한여름밤의 꿈〉과 바그너의 〈로엔그린〉의 곡들 또한 즐겁고 낭만적인 배경의 음악이라 하겠습니다. 물론 요한 슈트라우스의 왈츠 시리즈는 설명 안 해도 충분히 낭만적인 음악입니다.

하지만 이들 낭만주의 음악 안에도 낭만적인 것과 거리가 먼 인간

바그너의 〈니벨룽겐의 반지〉에 등장하는 북구 신화 속 '발퀴레' | 한스 마그르트(1840~1884)

의 격정과 투쟁, 전쟁, 죽음, 신화, 민족 등이 등장하곤 합니다. 위에 열거한 낭만적인 곡들에도 낭만적인 사랑에 수반되는 배신과 음모 등이 거의 다 들어가니까요. 또한 파가니니와 그를 오마주한 리스트의 음악은 그 빠른 속도감만으로도 낭만적이기 힘들 것입니다.

그리고 3박 4일에 걸쳐 16시간이나 연주되는 바그너의 〈니벨룽겐의 반지〉는 그 긴 연주 시간만으로도 역시 또 낭만적이기 힘들 것입니다. 북구 신화를 소재로 한 바그너의 독창적인 음악극입니다.

영화 〈지옥의 묵시록〉에선 헬기들이 평화로운 베트콩 마을에 폭격을 가할 때 이 음악 2부 〈발퀴레〉의 전주곡인 〈발퀴레의 기행〉이 폭음과 함께 크게 터져 나옵니다. 헬기에 탄 미군 지휘관이 베트콩을 위해 준비했다며 심리전의 일환으로 헬기 안에서 그 음악을 크게 튼 것입니다. 영화 속 베트남인들은 바그너의 음악을 들으며 죽어갑니다. 낭만주의 음악의 대가 바그너를 좋아했던 히틀러가 특히나 좋아했던 음악이었습니다. 이런 경우에 이 음악은 감히 낭만적임을 논할 수조차 없는 낭만주의의 음악이 됩니다.

낭만적인 것과 낭만주의

지금까지 평소 제가 그간 가져왔던 의문 중 하나인 "언어상으론 같은 낭만적인 것과 낭만주의는 왜 다르게 사용되고 이해되고 있을까?"에 대해 정리해보았습니다. 일단 지극히 주관적인 글임을 밝힙니다. 사실 낭만주의에 대해선 문학과 음악, 미술 등에 걸쳐 워낙 방대한 예술의 영역인지라 저의 짧은 지식으론 원천적으로 해석과 해결이 불가능할 것입니다. 그 많은 작품들을 제가 다 볼 능력도, 분석할 지력도 안 되고요. 그런 부족함으로 제가 아는 아주 단편적인 부분만을 논하였습니다. 물론 학술적인 글은 더더욱 아닙니다.

정리해보니 로맨티시즘romanticism과 로맨틱romantic의 차이는 낭만이라 하는 인간의 감정 전체와 낭만적이라 하는 그 감정의 일부분이라 할 수 있겠네요. 그리고 낭만주의는 학술적인 영역에서, '낭만적'은 일상의 영역인 남녀 관계에서 더 많이 사용되고 있고요. 그런데 왜 그렇게 같게 쓰고, 다르게 해석되는지는 여전히 명확하지가 않습니다. 그리고 이처럼 언어적으로 그렇게 어긋나게 대입되는 경우가 또 있는지도 모르겠습니다. 고전적인classic 것과 고전주의classicism의 의미가 일치하듯 사실적인realistic 것과 사실주의realism는 일치하는데 말입니다.

낭만주의자가 아닐지라도 언제까지나 낭만적인 그대를 위해 이 글을 씁니다.

백과전서에 웬 파?

책을 만드는 사람들은 대개 인쇄 출판업자들입니다. 그런데 이런
사람들에게 시대의 새로운 물결을 일으킨 사람들에게나 붙이는
'○○파'라 불리는 사람들이 있습니다. 대단히 영예스러운 일일 것
입니다. 그들은 백과사전을 만든 사람들이었습니다.

어린 시절 우리 집에서 가장 크고 두꺼운 책은 백과사전이었습니
다. 제 기억으론 초등학교 저학년 시절 서가에서 빼기도, 들기도,

그리고 펼치기도 만만치 않을 정도로 큰 책이었던 것으로 기억됩니다. 백과사전이었지만 정확히 그 책의 이름은 《가정 대백과사전》이었습니다. 어린 제 눈엔 세상의 모든 궁금한 내용들이 들어있던 책으로 보였습니다. 그렇지만 그 책을 제가 읽을 일은 거의 없었습니다. 제 눈높이에 맞게 쓰인 책이 아니었으니까요. 그 책 다음으로 기억되는 큰 책은 저의 성씨姓氏 가계의 역사가 들어있던 족보였습니다. 역시 이 책도 볼 일은 거의 없었지만 결혼해 분가한 지금 제가 보관하고 있습니다. 하지만 그때의 백과사전은 어느 순간 자취를 감추어 어느 집에서도 보이지 않게 되었습니다.

나중에 알게 된 사실이지만 당시 이 두 책은 우리 가족이 반드시 필요해서 구매했다기보다는 다소 연고에 의한 강매성으로 집안에 들어온 책이었습니다. 서적 유통이 외판원에 의한 인적 판매가 성행했던 시절이라 친지나 지인의 부탁을 외면하기 어려워 생긴 책이었으니까요. 물론 그런 책들이라 해서 효용성이 떨어지거나 없다는 것은 아닙니다.

당시 그 백과사전은 다른 전집류를 사면서 보너스로 받은 책이었습니다. 대개 그 책은 그렇게 취급되었습니다. 단독으로 한 권만 팔기엔 애매하지만 보너스 가치는 있다고 판단해서 그랬었겠지요. 아무튼 그렇게 우리집엔 세계문학전집과 한국문학전집에 끼어서 커다 란 백과사전이 들어왔습니다. 백과사전과는 달리 그 국내외 문학전 집은 제가 자라면서 읽게 될 책이었습니다.

영국에서 만들어진 브리태니커 백과사전

성장해서 《브리태니커 백과사전Encyclopedia Britannica》을 알게 되었습니 다. 우리말로 하면 《대영 백과사전》 정도로 해석될 것입니다. 이 백 과사전은 어린 시절 제 기억 속에 있는 우리 집의 백과사전과는 달 랐습니다. 일단 질적으로나 양적으로 비교가 되지 않았습니다. 고급 스러운 양장제본으로 외관을 뽐낸 그 책은 무려 30여 권에 달했으니 까요. 그 백과사전은 소유자의 독서 여부와 상관없이 부잣집의 근사 한 서재나 응접실 서가에 장식용으로 꽂혀있는 것만으로도 그 값을 다 한다고 할 정도로 우리나라에서 한 시대를 풍미했었습니다.

《브리태니커 백과사전》하면 한 기업인이 떠오릅니다. 웅진그룹을 세운 윤석금 회장입니다. 그분은 1971년 대학 졸업 후 그의 첫 사 회생활을 한국브리태니커에서 외판사원으로 시작하였는데 1년 만 에 전 세계의 판매왕으로 올랐습니다. 그분과 함께 신화처럼 따라 다니는 이야기입니다. 이것은 그분의 뛰어난 능력에도 기인했겠지

250여 년간 백과사전의 지존이었던 《브리태니커 백과사전》의 1930년대 신문 광고

만 그만큼 《브리태니커 백과사전》의 인기도가 우리나라에서 높았기 때문이기도 했을 것입니다. 윤석금 회장은 이때의 경험을 바탕으로 지식 출판을 전문으로 하는 웅진씽크빅과, 외판에 혁신을 일으킨 방문판매 정수기 회사인 웅진코웨이를 세워 그룹을 일구었습

니다. 《브리태니커 백과사전》을 판매하던 그분의 사회 첫 경험이 그의 인생과 사업 방향을 결정한 것입니다.

《브리태니커 백과사전》은 18세기 말인 1771년 스코틀랜드 에든 버러에서 3명의 출판 인쇄업자에 의해 3권의 백과사전으로 세상에 처음 나왔습니다. 그 후 주인이 바뀌어 가며 지식과 정보의 업데이트로 권 수를 32권까지 늘려가며 250여 년 가까이 전 세계의 영어 백과사전 중 최고의 사전으로 군림해왔습니다. 《브리태니커 백과사전》이 정의하는 백과사전百科事典은 그 단어에 나타나 있듯 "지식 전반에 관한 정보를 담고 있거나 특정 분야의 지식을 포괄적으로 다루고 있는 참고서"입니다. 보듯이 백과사전의 키워드는 지식인데 그 지식의 객관성과 주관성을 다 담고 있는 책이라 하겠습니다.

프랑스에서 백과전서파의 출현

사실 백과사전 편찬은 철학을 비롯한 여러 학문이 성행했던 고대 그리스 시대부터 시도한 작업이었습니다. 이어서 종이가 발명되고 활자와 인쇄술이 발달하면서 인류는 백과사전의 필요성을 더 크게 느끼게 되었을 것입니다. 시간이 흐를수록 역사적 사실은 늘어나고 인간이 습득한 지식과 정보는 많아지는데 그것을 한곳에 모아

백과전서파에 의해 만들어진 《백과전서》의 표지 | 1772(추정)

서 기록하지 않으면 먼지처럼 흩어지고 날아갈 테니 말입니다. 인간은 이성적 동물이고 공부하는 동물인 호모 아카데미쿠스라 어느 시대든 그런 생각을 하는 지식인은 있기 마련입니다. 그러면서 백과사전은 점점 근대적 의미의 백과사전으로서의 틀을 갖춰가게 되었습니다. 이제 그 식자, 또는 현자들은 그 사실과 지식, 그리고 정보를 끌어모아 기록하는 것에 그치지 않고 그것들을 통해 보다 많은 사람들이 깨우치게 되기를 희망하게 됩니다. 소수에게만 허용되었던 닫힌 지식의 시대에서 열린 지식의 시대로 나아가는 데에 앞장선 것입니다. 우리는 서구 역사에서 이 시기를 계몽주의의 시대라 부릅니다. 그리고 그때 그들이 주도하는 백과전서파百科全書派가 출현하게 됩니다. 인류 역사의 시계가 그렇게 절묘하게 맞아떨어졌습니다.

백과전서파, 과거 이들의 존재를 처음 알았을 때 가장 먼저 든 저의 생각은 "아니, 백과전서에 웬 파派?"라는 것이었습니다. 위의《브리태니커 백과사전》에서 보았듯, 그리고 요즘에도 그렇듯 이런 일은 출판과 인쇄에 종사하는 사람들이 만드는 것인데 거기에 무슨 문예사조나 예술집단처럼 '파'가 붙어있기에 들었던 생각이었습니다. 무슨 고전파, 낭만파처럼 말입니다. 제가 그 파를 더 들여다볼 수밖에 없던 이유였습니다.

백과전서파는 말 그대로 18세기인 1751년에서 1772년까지 20여 년에 걸쳐《백과전서》를 만든 프랑스의 지식인 그룹을 말합니다. 이 지식인 그룹은 당시 지식 사회를 주도했던 계몽사상가들을 지칭합니다. 역사상 모든 것에 쌍벽인 영국의《브리태니커 백과사전》은 이 프랑스인들보다 17년 늦은 1768년 그 작업에 착수해서 3년 후에 3권의 분량으로 출간되었는데 이 백과전서파의 영향을 받아서 작업이 이루어진 것입니다. 다른 점은 영국의 그 백과사전은 학자나 사상가 등 지식인 그룹이 주도한 것이 아닌 위에서 설명했듯 출판과 인쇄업자들이 주도해서 만들었다는 사실입니다. 프랑스의 백과전서파만큼의 역사적인 의미가 없는 이유입니다.

그래도 브리태니커 백과사전은 역사적인 유물로 남은 프랑스의 백

이성이 진리를 상징하는 뮤즈들의 베일을 벗기고 있는 것을 묘사한 《백과전서》권두화

과전서파가 만든 《백과전서》와는 달리 이후 현대까지 롱런 브랜드
가 되어 지구촌 곳곳의 서가를 장악하였습니다. 보다 많은 사람들
을 깨우치자는 계몽사상가들의 철학이 들어간 백과전서파의 그 역할

을 실제에서는 《브리태니커 백과사전》이 한 것입니다. 프랑스의 《백과전서》를 모방해서 만든 후발주자지만 영어를 세계 공통어로 만든 해가 지지 않는 나라 대영제국의 힘이라 할 것입니다. 물론 계몽주의의 성경으로 불린 프랑스의 《백과전서》도 당대인 18세기엔 그 지명도로 인해 유럽에서 성경 다음으로 많이 팔린 베스트셀러가 되었습니다. 해적판을 포함해서 약 4만 질이 판매되었다고 하니까요.

백과전서파의 백과전서

백과전서파가 만든 《백과전서》의 풀 네임은 《백과전서, 또는 과학. 예술. 직업의 합리적 사전 Encyclopédie, ou Dictionnaire raisonné des sciences, des arts et des métiers》입니다. 디드로와 달랑베르, 이 두 사람이 주축이 되어 루소, 볼테르, 몽테스키외, 콩디악, 케네 등 당대 프랑스의 저명한 학자와 사상가 150여 명을 동원하여 《백과전서》라는 방대한 지식 사업을 펼친 것입니다. 루소는 400여 편, 볼테르는 40여 편에 달하는 글을 무보수로 썼다고 합니다. 이들 계몽주의 사상가들은 본인의 주종목인 지식과 학문 영역의 내용을 분담해서 작성해 디드로와 달랑베르에게 원고를 넘겼을 것입니다. 이름값을 하는 많은 사람들이 참여하다 보니 중도에 잡음이 생겨 이탈자도 많았지만 그래도 이들은 본문 17권, 도표 11권 등 28권의 방대한 백과전서를 1772년에 완

평생 《백과전서》 편찬에 매달린 계몽주의 사상가 드니 디드로(1713~1784)

성하게 됩니다. 인류의 역사에 새로운 이정표를 세운 순간이었을 것입니다.

이들이 편찬한 《백과전서》는 단순히 지식을 나열한 것만은 아니었습니다. 이성과 합리성을 중시하는 계몽주의자들답게 당시 부조리한 권력인 왕정과 비과학적인 신학과 기독교에 대한 비판적 시각으로 내용을 채워갔습니다. 그래서 중도에 정부로부터 발행금지 처분을 받기도 했습니다. 시대에 맞서서 시대를 앞서가는 사람들이 모여 이렇게 지난한 과정을 거쳤기에 역사는 이 저술자 그룹을 백과전서 파라 부르는 것입니다. 스코틀랜드의 신사회 모임에서 출발한 영국 의 《브리태니커 백과사전》과는 근본적으로 다른 《백과전서》였습 니다. 백과전서파가 《백과전서》를 완성하고 17년 후인 1789년 구 체제 ancien régime 를 타도하자는 프랑스 혁명이 일어났습니다. 시대를 변화시킨 사람들과 그 작업물이 만든 위대한 결과였습니다.

백과사전의 몰락, 포탈의 출현

하지만 그렇게 큰 영향력을 끼친 백과전서이든, 백과사전이든 그것 의 수명이 다한 시대에 우리는 살고 있습니다. 그것들의 사전적 정 의는 '그런 그런 지식들이 담긴 책'일진대 그 정의 중 책이 사라진 것입니다. 우리의 사고 속에 책은 종이로 만들어져야 하는데 그 종 이 백과사전이 사라졌습니다. 세계를 휩쓴 백과사전의 대명사 《브 리태니커 백과사전》은 2012년 244년간 쉬지 않고 돌아가던 인쇄 기를 세웠습니다. 온라인 세상이 열리면서 수익성이 악화되어 시대 의 종말을 고한 것입니다. 지금 그 백과사전을 포탈에 검색하면 중 고 판매 시장에 쌓여있는 매물만 잔뜩 올라옵니다.

2000년대 초반 저는 당시 NHN이라 불리던 회사의 패밀리 브랜드인 네이버의 새로운 서비스, '지식인' 광고 론칭을 위해 강남구 파이낸스 빌딩에 위치한 그 회사의 회의에 참석하고 있었습니다. 제 앞엔 그 회사의 설립자인 당시 CEO가 금테 안경을 만지작거리고 눈 바로 위까지 내려온 생머리를 쓸어 올리며 '지식인' 서비스에 대해 예의 찬찬히 조용하게 설명을 하고 있었습니다. 그는 광고주의 대장이었고 저는 당시 네이버의 광고대행사인 오리콤의 책임자였습니다.

2002년 그렇게 대대적인 광고와 함께 론칭한 네이버의 '지식인' 서비스는 회사에 대박을 안겨주어 포탈 서비스의 키 팩터를 검색 서비스로 못 박아 당시 경쟁사였던 다음에 앞서 나가는 결정적인 계기가 되었습니다. '지식인ʌ'이 '지식인iN'으로 화려하게 변신하여 '검색' 하면 네이버라는 등식을 만든 것입니다. 당시 저희가 제시했던 슬로건은 '지식까지 찾아주는 검색'이었습니다. 광고의 모델은 연기자인 이윤지를 필두로 이후 한가인, 봉태규, 이완 등으로 이어가며 론칭 캠페인을 진행하였습니다. 이 서비스는 이후 저도 지금 노트북 자판을 두들기며 번갈아 검색을 하는 '지식백과'와 '지식인'으로 분화된 듯합니다. 서가에 꽂혀있던 종이 백과사전이 이렇게 온라인 세상으로 진화되어 들어온 것입니다. 그리고 그것의 키워드는 예나 지금이나 여전히 지식입니다.

방대하고 무거운 종이 백과사전은 사라졌거나, 사라져 가는 시대에 살고 있지만 우리는 여전히 백과사전 없이는 살 수 없습니다. 그래서 이렇게 우리는 컴퓨터의 인터넷 속으로 들어간 백과사전을 펼쳐보고 있습니다. 과거엔 모르는 내용을 확인하고, 특정한 자료를 찾으려면 책을 구입하거나 도서관을 가야 했습니다. 그렇게 흩어져있는 지식을 따로따로 찾는 불편함을 해소하기 위해 그것들을 한데 모은 백과사전이 만들어지고 필요도 했는데 이젠 그것에 편리함과 신속성이 크게 배가된 것입니다. 두드려라, 그러면 바로 찾아지니 말입니다. 기계와도 같은 검색 엔진이 그 작업을 해주고 있습니다.

사실 더 이상 종이 백과사전이 불가능한 또 하나의 이유는 그만큼 지식과 정보의 양이 늘어서도일 것입니다. 프랑스의 백과전서나 영국의 백과사전이 그 시대에는 가능했던 30여 권 안에 담을 수 있었던 지식과 정보를 지금은 권 수를 더 늘려도 감당할 수 없을 테니까요. 시간이 흘러갈수록 역사는 더 만들어지고, 세계는 구석구석 밝혀져 지식과 정보는 더 많이 쏟아지며, 인류의 영역은 지구를 떠나 우주와 예측 가능한 미래로까지 확장되고 있으니까요. 계속해서 내용이 늘어날 수밖에 없는 차세대의 백과사전은 어떻게 진화될지 궁금합니다. 세상의 모든 지식이 들어있다니 백과사전에 물어보면 답해주려나요?

＊ 과거엔 걸어 다니는 백과사전이라 불리는 사람들이 있었습니다. 호모 엔사이클로피디아쿠스Homo Encyclopediacus족(?)입니다. 그때 그들은 백과사전과 경쟁 관계를 유지하며 존재감을 과시하며 생존을 이어갔습니다. 사람들은 크고 무거운 백과사전을 들고 다닐 수 없으니 궁금한 사항이 발생할 경우 곁에 있는 그들에게 의존을 하곤 했습니다. 그래서 그들은 어딜 가든 나름 환영받는 존재였습니다. 물론 잘못된 지식을 제공하거나, 잘 알지 못하면서 아는 척을 할 경우 그 신뢰관계는 여지없이 깨지곤 했습니다. 그런데 그들 백과사전족이 어느 순간 우리 주변에서 사라졌습니다. 종이 백과사전과 운명을 같이 하게 된 것입니다. 사람들은 이제 더 이상 그들을 찾지 않습니다. 손에 쥔 스마트폰만 열면 그들이 얻고자 하는 지식과 정보가 깨알 같이 쏟아지니까요. 그래서 호모 엔사이클로피디아쿠스족은 침묵 속에 살고 있습니다. 존재감 제로를 향해 가고 있는 것입니다. 백과사전과의 경쟁은 나름 되었어도 네이버와 같은 검색 포탈과는 경쟁이 안 되니 말입니다. 더구나 인공지능까지 출현하니 그들의 생존은 더욱 힘들기만 한 현실입니다. 백과사전과 함께 멸족 위기에 있는 그들의 운명 또한 앞으로 어떻게 될까요? ＊

잉글리시맨 인 이태리

어떤 작가가 한 번도 안 가본 곳을 배경으로 소설(희곡)을 쓸 수 있을까요? 그것도 한 작품도 아닌 10편이나 되고 국내도 아닌 외국을 배경으로 말입니다. 이것은 상상력을 무한대로 갖춘 천재라 해도 불가능할 것입니다. 놀랍게도 그렇다고 알려진 작가가 있습니다. 그런데 그것을 이상하게 생각한 누군가가 내용을 뜯어보고 실측을 해보니 그는 분명히 그곳을 갔다 왔다고 합니다.

문제의 그는 영국인 셰익스피어이고 그가 갔어야 설명이 가능한 나라는 바로 바다 건너 이탈리아였습니다.

여행의 나라 이탈리아

독일인 멘델스존은 6개월에 걸쳐 이탈리아를 여행하고 햇살 좋은 그곳의 풍경과 예술, 그리고 사람들에게 흠뻑 빠져 회화적인 그 인상을 음악으로 남겼습니다. 그의 교향곡 중 트레이드 마크가 된 4번 〈이탈리아〉입니다. 3번 교향곡도 여행 후기인 〈스코틀랜드〉로 그는 이탈리아를 가기 1년 전 영국을 여행했습니다. 그에겐 메인 여행지였던 잉글랜드보다 북부 스코틀랜드가 음악적인 영감을 더 강하게 주었나 봅니다. 아, 그리고 그는 음악의 화가답게 여행지의 모습을 그림으로도 남겼습니다. 멘델스존은 니체가 본업인 철학으로 인해 그의 피아노 연주와 작곡 실력을 사람들이 덜 알아주듯 만만찮은 그림 실력을 가지고 있었음에도 그것은 요즘 말로 그저 부캐로 회자되던 르네상스맨이었습니다.

멘델스존 전에 그와 같은 어떤 독일인도 이탈리아를 여행하고 이번엔 그 감상을 그의 본업인 글로 남겼는데 그는 《파우스트》와 《젊은 베르테르의 슬픔》으로 잘 알려진 대문호 괴테였습니다. 그리고 그가 쓴 작품의 제목도 역시 그 여행지를 그대로 드러낸《이탈리아 기행》이었습니다. 괴테는 1786년 9월부터 1788년 4월까지 그 나라를 여행하고 그 기록을 모아 1816년 순차적으로 그 책을 출간하였는데 최종 3부인 완결본은 1829년 발간되었습니다. 여행지의 기억이 남아있는 것이 신기할 정도로 오래 걸려 완성한 책입니다. 과연 장고의 작가답게 그는 그의 대작《파우스트》완성에는 50년 이상이 걸려 죽기 1년 전인 1832년이 돼서야 탈고를 하였습니다.

멘델스존은 이탈리아 여행 전 친밀하게 지내던 노년의 이 대가를 방문하곤 하였는데 그로부터 이탈리아의 이곳저곳에 대한 설명을 충분히 들었을 것입니다. 사람은 대개 그가 직접 체험한 사실에 대해선 그것을 모르는 타인에게 열심히 전달하고픈 성향을 보이니까요. 하물며 박식한 작가는 더욱 그러할 것입니다. 그리고 이윽고 1830년 멘델스존은 이탈리아 여행을 결행하는데 당시 그의 손엔 1년 전 출간되어 따끈따끈한 그의 여행 사부 괴테의《이탈리아 기행》완결본이 들려 있었을 것입니다.

이탈리아는 이렇듯 과거 문인, 예술인 등이 꼭 여행하고픈 1순위의 나라였습니다. 과거 천년 넘게 최고의 문명국가였던 로마제국의 본토이니 충분히 그럴 만했습니다. 현대에 와서도 이탈리아는 최고의

멘델스존이 이탈리아 여행 시 그린 피렌체 정경 | 1830

여행지로 그 장화 모양의 반도 이곳저곳과 도서에 사는 제국의 후
손들은 조상을 잘 만난 덕에 앉아서 많은 관광 수입을 올리고 있습
니다. 그중에서도 제국의 심장이었던 수도 로마는 본래도 시끄러
운 데다가 사시사철 몰려드는 관광객들로 늘 인산인해를 이루고 있
습니다. 우리나라에서도 누군가 유럽 여행을 처음으로 간다고 하면
그 방문지 중 십중팔구까진 아니더라도 십중칠팔은 이탈리아의 로
마가 들어 있을 것입니다. 그래서 아마도 이번 코로나 기간이 로마
의 역사상 가장 조용한 기간이었을지도 모릅니다.

로미오와 줄리엣의 도시 베로나

그런 명성의 나라답게 저도 그간 이탈리아는 유럽의 다른 나라와는
달리 수차례 다녀왔습니다. 1990년대 중반 배낭여행으로 유럽을
처음 갔을 때에는 당연스레 그 주요 행선지에 로마가 들어 있었습
니다. 그리고 업무차 가장 최근에 갔던 2017년엔 밀라노에 머물면
서 지금 쓰고 있는 이 글의 단초를 제공한 베로나를 처음으로 가게
되었습니다. 밀라노에서 2시간이 채 안 걸리는 가까운 곳이니까요.
그때 베로나를 관광하며 그 전엔 몰랐던 로마 시대의 유적지들과
13세기에 태어난 단테의 동상이 피렌체를 벗어난 그곳에 있는 이
유도 알게 되었지만 누가 뭐래도 베로나는 〈로미오와 줄리엣〉의 도
시였습니다. 그곳엔 알려진 대로 줄리엣이 살았던 생가도 있으니까
요. 그 커플이 처음 만난 캐플릿가의 무도회가 열리고 줄리엣이 나
와있던 발코니가 달린 그 집이 베로나에 지금도 있는 것입니다. 하
긴 줄리엣 집 근처 에르베 광장엔 지은 지 2천여 년이 지난 로마 시
대의 집들도 여전히 줄지어 서있으니 중세 어디쯤 시대에 살던 사
람의 집이 아직도 멀쩡히 있다는 것이 그렇게 놀라운 일은 아닐 것
입니다.

그 줄리엣의 집엔 로미오와 줄리엣을 꿈꾸는 전 세계의 연인들이

베로나에 있는 줄리엣 생가의 발코니

몰려들고 있습니다. 물론 엔딩의 어이없고 슬픈 그들의 죽음까지 꿈꾸지는 않겠지요. 연인들은 로마 시대부터 존재해 온 유럽의 고도에 중세 로맨스의 대표 연인인 로미오와 줄리엣이 사랑했던 현장이 있는 베로나를 여행한다는 것만으로도 출발 전부터 매우 설레일 것입니다. 그것은 일반 여행객들도 마찬가지겠지요. 인간에게 있어 사랑과 낭만은 나이와 상관없이 영원한 테마니까요.

그렇게 그곳에 온 사람들 중에 저를 포함해서 그 집이 진짜 줄리엣의 생가일까를 의심하는 사람들이 많기는 하겠지만 그것이 그렇게 중요해 보이지는 않을 것입니다. 〈로미오와 줄리엣〉이 이탈리아를 방문한 적이 없는 영국의 셰익스피어가 지어낸 허구라는 것은 익히 잘 알려진 사실이기도 하니까요. 그래서 그 집 역시 관광객을 불러 모으기 위해 베로나 시가 상술로 지정한 가짜 집이라는 것도 역시 잘 알지만 아름답고 슬픈 동화 같은 원작의 위대함으로 인해 사람들은 오히려 그것이 실화이기를 바라는 마음으로 그곳을 방문할 것입니다.

줄리엣 생가의 진실

살면서 우리는 전에는 별 관심이 없던 어떤 것에 어느 순간 이상하다는 것을 느껴 그것의 진실성에 의구심을 표하곤 합니다. 이때 대다수의 사람들은 그냥 지나치는 경우가 많습니다. 그것을 확인 안 해도 사는 데 아무 문제가 없으니 귀찮아질지도 모르는 일을 안 만들거나, 그가 아니어도 누군가 그것을 파헤치겠지 하며 넘어가는 것입니다. 그런데 그런 사람들의 기대대로 그것에 의구심을 가지고 그 진실성을 끝까지 파헤치는 사람이 있습니다. 그도 처음엔 가벼운 의구심으로 시작한 일이지만 어느 순간 그 일은 그의 필생의 사업이거나 미션이 되기도 합니다. 생업까지 포기하면서 말입니다.

물론 훨씬 더 많은 사람들은 아예 그것에 의구심 자체를 갖지 않고 본인도 모르게 지나칠 것입니다.

그렇듯 베로나에 와서 줄리엣의 생가를 보는 사람들도 이렇게 크게 세 부류의 사람들로 나뉠 것입니다. 원작자인 셰익스피어는 이탈리아를 단 한 번도 안 왔다는 데 그 사실을 의심하며 진위 여부에 관심을 표하는 사람과 그 사실을 의심은 하지만 그냥 넘어가는 사람, 그리고 그 사실 자체를 모르는 사람 등으로 말입니다.

다행히(?) 그들 중에 이 문제를 진지하게 끝까지 파헤친 사람이 있었습니다. 그 결과 그는 이 세상에서 셰익스피어가 이탈리아를 여행했다고 믿는 사람들 중에 가장 강력한 확신과 근거를 가진 사람이 되었습니다. 리처드 폴 로Richard Paul Roe라 불리는 미국인으로 본업은 로스쿨을 나온 변호사였지만 어느 날부터 이 문제에 대해 관심을 갖게 된 그는 30여 년 동안 이탈리아를 여행하며 셰익스피어의 전문가가 되었습니다. 그 결과 그는 셰익스피어가 베로나에 와서

이탈리아를 여행한 적이 한 번도 없다고 알려진 윌리엄 셰익스피어(1564~1616)

실사와 고증을 통해 〈로미오와 줄리엣〉을 썼다는 확신에 도달하게 됩니다. 위에 등장한 괴테나 멘델스존과는 달리 그들보다 200여 년 전에 살았던 영국의 셰익스피어는 한 번도 이탈리아 여행을 한 적이 없다는 것이 지금까지 정설로 되어 있는데 그 역사적 정설에 그가 도전장을 내민 것입니다.

리처드 폴 로의 반론의 가장 큰 근거는 〈로미오와 줄리엣〉의 작가가 다른 사람이 아닌 셰익스피어라는 사실에서 출발합니다. 그는 셰익스피어가 그 작품을 포함해서 역시 또 같은 이탈리아를 배경으로 무려 10편의 희곡을 썼다는 것을 알고 있었으니까요. 그것이 무슨 대수냐고 할 수 있지만 그 모든 작품을 셰익스피어가 상상만으로 꾸며서 썼다면 문제는 달라집니다. 이탈리아 땅을 단 한 번도 밟은 적이 없는 작가가 이탈리아의 한 도시도 아니고 각기 다른 도시들을 배경으로 무려 10편의 희곡을 쓴다는 것이 그렇게 간단한 문제가 아니기에 그렇습니다.

아무리 그가 천재라 해도 희곡은 소설과 마찬가지로 시대적 인물들과 장소와 미장센 등이 등장하는데 그 모든 것을 자료에 의존하거나 이탈리아를 여행한 누군가에게 구전으로 듣고 쓰기엔 한계가 있기 때문입니다. 그것도 한 편도 아닌 10편을 말입니다. 더구나 요즘과는 비교할 수도 없이 자료도 빈약했던 셰익스피어의 생존1564-1616 시대에 말입니다. 인터넷만으로 실험도 없이 이공대 박사 논문도 가능하다는 요즘도 글을 쓰는 작가는 쓰기 전 작품의 정밀도를 높이기 위해 현지와 시장 조사를 한 후 작품에 돌입합니다.

셰익스피어의 이탈리아 추적

그래서 리처드 폴 로는 셰익스피어가 진짜로 이탈리아를 여행했다는 것을 밝혀내기 위하여 그 10편의 작품에 등장하는 모든 도시들을 순차적으로 방문하며 작품에 나오는 장소와 당시 제도, 사건, 지명, 호칭, 방언, 건축, 인테리어, 복식, 음식 등이 오롯이 이탈리아적이거나 그 도시적인 것들이라는 사실을 밝혀냅니다. 중세 이탈리아의 정치, 지리, 사회, 문화, 역사 등을 망라하는 방대한 작업을 한 것입니다. 그런 확인을 통해 그는 셰익스피어가 그것들을 직접 와서 보거나 체험하지 않고서는 글을 쓸 수 없다는 것을 입증하였습니다.

아래 목록은 이탈리아를 배경으로 한 셰익스피어의 10개 작품과 그 작품의 배경지로 리처드 폴 로는 이 모든 작품을 통달한 후 그 배경지에 직접 가서 사실 여부를 일일이 확인하였습니다. 셰익스피어가 이탈리아를 여행했다는 것을 밝혀내는 것이 그의 필생의 과업이 된 것입니다. 그는 그렇게 30여 년을 보내고 괴테처럼 죽기 바로 전인 2010년에 《셰익스피어의 이탈리아 기행》이란 책을 완성했습니다. 물론 "셰익스피어는 이탈리아에 갔다"라는 결론을 내리고서 눈을 감았습니다. 이 글을 쓰기 전 제가 읽고, 지금 글에서 인용하고 있는 책입니다.

〈로미오와 줄리엣〉 베로나 | 〈베로나의 두 신사〉 베로나, 밀라노 | 〈말괄량이 길들이기〉 피사, 파도바 | 〈베니스의 상인〉 베니스 | 〈오셀로〉 베니

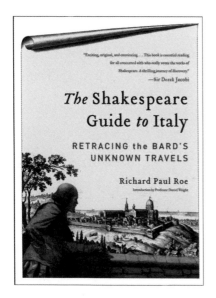

리처드 폴 로의 《셰익스피어의 이탈리아 기행》

스 | 〈한 여름밤의 꿈〉 사비오네타 | 〈끝이 좋으면 다 좋아〉 피렌체 | 〈헛
소동〉 메시나 | 〈겨울 이야기〉 시칠리아 | 〈템페스트〉 불카노

〈로미오와 줄리엣〉을 예로 들면 리처드 폴 로는 작품에 등장하는
장소에 주목했습니다. 사람들이 셰익스피어가 의미 없이 던진 장소
라고 생각한 곳을 그는 주의 깊게 보고 그곳이 실제 베로나에 있는
지 확인한 것입니다. 작품에서 로미오의 엄마가 로미오를 찾을 때
유모는 그가 단풍나무 숲에 산책 나갔다고 했는데 그는 실제로 베

로나 외곽에서 그 숲을 찾아냈습니다. 줄리엣이 아버지가 정해준 약혼남인 파리스 백작과 결혼할 교회인 성 베드로 교회도 그는 역시 어렵게 찾아냈습니다. 작품에서 그 교회는 세 번이나 언급되지만 아무도 관심이 없는 허구의 교회라 생각했는데 베로나에 있는 4개의 베드로 교회 중 실제 캐플릿 가문의 본당인 그 교회를 지도와 동선을 그려가며 찾아낸 것입니다. 마찬가지로 작품에서 베로나 영주가 재판정으로 지목한 프리타운도 그는 찾아냈습니다. 모두가 셰익스피어가 베로나를 실제로 가지 않았다면 알 수 없는 장소들입니다.

그런 식으로 위의 나머지 9개의 작품들에서도 그는 셰익스피어의 눈과 발이 되어 이탈리아를 누비며 방문하고, 찾아내고, 확인하고, 입증하였습니다. 〈베로나의 두 신사〉에선 지금은 사라진 베로나에서 밀라노까지의 운하 뱃길을 여러 고문서를 통해 끊어진 물길을 찾아내었습니다.

〈한 여름밤의 꿈〉에선 아테네가 등장해 지금까지는 배경이 그리스로 알려졌지만 그곳이 만토바 근처의 사비오넬라라는 도시임을 밝혀 냈습니다. 그 작품엔 공작이라는 직위가 등장하는데 그리스엔 그런 신분 계급이 없다는 것과 작품에 등장하는 그곳의 떡갈나무와 템플을 찾아내어 셰익스피어가 그곳에 갔었음을 확신한 것입니다.

피렌체가 배경인 〈끝이 좋으면 다 좋아〉에선 포트port라는 항구가 등장하여 사람들이 셰익스피어가 피렌체를 항구 도시로 착각해서 그런 표현을 했다고 야유한 것을 그는 피렌체를 관통하는 아르노 강가 근처의 옛 지명이 포트라는 사실을 고증을 통해 밝혀내었습니다. 고유 지명이기에 그곳 포트를 셰익스피어가 대문자Port로 쓴 것을 후대의 사람들이 오자인 줄 알고 소문자로 변경한 것을 질책하면서 말입니다.

〈템페스트〉에서도 배경이 되는 시칠리아 위 화산섬인 불카노의 지형에 대한 셰익스피어의 상세한 묘사는 가서 직접 보지 않고서는 도저히 알 수 없는 모습들입니다. 등장하는 노란 모래사장, 분기공, 온천, 유황, 흙웅덩이, 소나무, 참나무 등은 그 섬에만 있는 것들이니까요.

〈베니스의 상인〉에선 셰익스피어가 묘사한 샤일록의 펜트하우스가 달린 집을 작품을 들고 읽어가며 골목을 돌고 돌아 같은 모양의 집을 찾아내었습니다. 그런 식의 대단한 열정으로 리처드 폴 로는 그가 쓴 《셰익스피어의 이탈리아 기행》 책 후반으로 갈수록 확신을 더하며 셰익스피어가 마치 그 옆에 서 있는 것처럼 얘기하기도 합니다.

셰익스피어의 이탈리아 사랑

그런데 셰익스피어는 정작 그의 고국인 영국(잉글랜드)을 배경으로 해서 허구는 딱 한 편만 썼습니다. 〈윈저의 유쾌한 아낙네들〉이라는 작품이 그것입니다. 리처드와 헨리 등 잉글랜드의 왕들을 소재로 쓴 10편의 사극은 역사적 사실이니 허구가 아닙니다. 그리고 〈리어왕〉은 전설의 고대 브리튼 왕국이고, 〈맥베스〉는 스코틀랜드가 배경이니 그의 고국과는 상관이 없습니다. 그래서 간 적이 없다고 하는 이탈리아를 배경으로 무려 10편의 작품을 쓴 것은 매우 이례적이라 할 것입니다. 그리고 그가 〈햄릿〉 등 외국을 배경으로 쓴 작품은 나라별 한 개를 넘지 않습니다. 덴마크를 배경으로 쓴 작품은 〈햄릿〉이 유일하듯이 말입니다. 리처드 폴 로는 이렇게 외국인 이탈리아에 지나치게 치우친 작품 포트폴리오도 셰익스피어가 실제로 그곳을 여행했다고 보는 중요한 근거로 주장합니다.

연구 논문과도 같고, 추리 소설과도 같으며, 역사 다큐와도 같은 《셰익스피어의 이탈리아 기행》을 출간한 지 12년이 지났지만 아직도 그가 이탈리아를 여행했다는 사실은 정설로 받아들여지지 않고 있습니다. 그것만으론 400여 년 동안 굳어져 온 역사적 사실을 뒤집기 힘들다는 것이지요. 하지만 이 작품이 출간된 이후 더 많은 사람들이 셰익스피어가 이탈리아를 갔었다는 것을 입증하기 위해 노력을 하고 있을 것입니다. 확실한 것은 셰익스피어가 이탈리아를 갔든 안 갔든 간에 그는 역사상 그 누구보다도 이탈리아를 좋아하고 동경한 작가였습니다. 그렇지 않고서는 영국인이고, 인도와도 바꾸지 않겠다고 한 영문학의 최고봉인 그가 그의 전체 작품 중 1/3을 이탈리아에 할애할 리 없으니까요.

셰익스피어가 이탈리아를 갔다면 그것의 가장 결정적인 증거는 그의 이탈리아 기행문이 될 것입니다. 안 갔다고 주장하는 사람들의 가장 강력한 근거가 그가 이탈리아에 갔다면 글 쓰는 것을 좋아하는 작가가 기행문을 안 썼을 리 없다고 주장하고 있으니 말입니다. 괴테와 멘델스존이 남긴 작품들처럼 말입니다. 신빙성 있는 주장입니다. 그래서 역사는 기록에만 근거합니다. 아마 리처드 폴 로도 생전에 영화 인디아나 존스의 예수의 성배와도 같은 셰익스피어의 그 글을 찾기 위해 무지 노력을 기울였을 것입니다. 그리고 그것은 그의 추종자들에 의해서 지금도 계속되고 있을 것입니다. "Shakespeare, Englishman in Italy"가 진실이 되는 그날까지 말입니다. * 제가 읽은 《셰익스피어의 이탈리아 기행》은 유향란님이 번역한 오브제 출판사의 2013년 출간 서적입니다. *

제인 에어 vs 버사 메이슨

주인공 Protagonist 이 있으면 그 라이벌인 적대자 Antagonist 도 있습니다. 그렇지 않으면 인생은 매우 단순하고 순조로울 것입니다. 그러면 재미가 없어서인가 예술이나 문학에선 이러한 적대 구도를 반드시 만듭니다. 《제인 에어》도 예외는 아닌데 그 구도를 완전히 뒤집은 작품이 있습니다. 그곳에선 로체스터 백작의 미친 부인이 주인공입니다.

언제나 주인공, 제인 에어

우리가 살면서 제인 에어Jane Eyre란 여성을 단 한 번도 마주치지 않고 오늘까지 오기란 쉽지 않을 것입니다. 그만큼 그녀는 널리 알려진 여성으로 그녀의 모습이 원작인 소설은 물론 답답한 그곳 책에서 나와 영화나 연극, 뮤지컬 등 다양한 장르와 장소에서 종횡무진 보여서 그럴 것입니다. 아, 제가 어린 시절 그녀를 처음 만났던 만화도 있네요. 또한 누가 어디서 그녀를 만났든 그녀를 만난 후 받은 깊은 인상으로 그녀의 스토리를 기록한 독자들의 감상문인 독후감, 에세이, 평론까지 치면 우리가 그녀의 이름을 피하고 살아오기란 거의 불가능했습니다.

그리고 제가 기억하는 한 그녀는 위의 어떤 장르에서 등장해도 그것의 제목은 원작 소설의 제목이자 그녀의 이름인 《제인 에어》였습니다. 혹여 기획자의 의도에 따라 다른 제목을 달 법도 한데 《제인 에어》는 언제나 그녀 제인 에어였습니다. 그만큼 세대를 이어져 내려오며 눈덩이 구르듯 커진 그녀의 존재감이 흥행에 가장 유리한 이름인 '제인 에어' 그녀로 불변 고정되었을 것입니다. 이 정도면 그녀는 그녀를 낳아준 여성인 샬럿 브론테에게 엄마에게 하듯 크게 감사해야 할 것입니다.

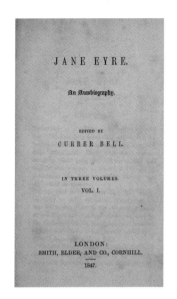

커러 벨이란 남자 필명으로 출간한 샬럿 브론테의 《제인 에어》 초판 | 1847

샬럿 브론테와 한 피를 나눈 자매임에도 동생 에밀리 브론테는 그
녀의 대표작 제목을 캐서린으로 하지 않았습니다. 그로 인해 《제인
에어》보다 어쩌면 우리에겐 더 익숙한 그녀의 소설 《폭풍의 언덕》
제목은 우리가 다 기억해도 주인공 캐서린은 때론 긴가민가할 때가
있습니다. 만약 에밀리 브론테가 그 소설의 제목을 캐서린으로 지었
더라면 캐서린 그녀도 제인 에어처럼 우리에게 절대로 잊히지 않는
이름이 되었을 것입니다. 물론 그렇게 작명 안 했다고 해서 폭풍의 언
덕 그 작품의 가치나 평판이 감소되었다는 것은 절대 아닙니다.

숨겨진 조연 버사 메이슨

버사 메이슨Bertha Mason은 누구일까요? 바로 떠올리시는 분도 계실 겁니다. 확실한 것은 제인 에어만큼은 기억되지 않는 인물입니다. 설사 《제인 에어》의 스토리를 꿰고 계신 분이라 하더라도 버사 메이슨 그녀의 존재감은 주인공 제인 에어의 그것과는 비교할 수 없습니다. 그렇습니다. 그녀 버사 메이슨은 《제인 에어》의 남자 주인공인 로체스터 백작의 부인입니다.

물론 독자 모두가 바라고 예상하며 기대하던 해피엔딩으로 이어져 제인 에어는 로체스터와 결혼하게 되니 버사 메이슨 그녀는 방화로 집을 태우고 죽은 그의 전 부인이자 첫 번째 부인으로 남게 됩니다. 그녀로 인해 제인 에어는 기록상 로체스터의 두 번째 부인이 됩니다. 버사 메이슨 그녀가 죽기 전 로체스터의 현 부인으로 불렸을 때엔 그녀는 정신병자, 미친 여자로 불리고 숨어 살아야 했습니다. 아니 갇혀 살았습니다. 소설 어디에도 그녀에게서 아름다운 손필드 대저택의 안주인이란 이미지는 찾아보기 힘듭니다. 왜냐하면 창조주인 작가 샬럿 브론테가 그녀의 역할과 운명을 그렇게 규정하고 펼쳐 나갔으니까요.

소설 《제인 에어》에서 제인 에어는 주인공 프로타고니스트이고, 버사 메이슨은 제인 에어의 반대편에 위치한 적대자 안타고니스트입니다. 그 둘은 손필드 대저택 한 공간에 있으면서 또 한 명의 중요 캐릭터인 로체스터와 관계되어 있습니다. 사실 딱히 버사 메이슨이 제인 에어에게 적극적인 적대 행위를 한 것이 없음에도 그녀가 안타고니스트인 것은 그녀가 프로타고니스트 제인 에어가 사랑하는 남자 로체스터를 괴롭혀온 존재이고, 그녀가 죽고 나서야 그와의 결혼이 가능했기에 그렇게 정의될 수밖에 없습니다.

만약 그녀가 그렇게 광기 어린 불에 타 죽지 않았다면 제인 에어와 로체스터 두 남녀의 관계도 이정쩡했을 것이고 소설의 결말은 꽤나 난감했을 것입니다. 하지만 이 소설은 주인공 제인 에어의 시점과 시각에서 전개될 수밖에 없는 스토리이니 우리가 알고 있듯 그러한 해피엔딩은 당연한 것일 겁니다. 제인 에어의 주인공은 제인 에어니까요.

버사 메이슨의 재발견

그런데 버사 메이슨의 시점과 시각에서 제인 에어를 바라보면 어떨까요? 그녀는 과연 태어나면서부터 정신병자였고 미쳐 있었을까요? 아쉽게도 우린 그녀의 과거에 대해 아는 정보가 없습니다. 어쩌면 작가 샬럿 브론테는 알고 있었을지도 모르겠지만 독자에겐 제대로 알려주지 않았습니다. 왜냐하면 그녀는 버사 메이슨을 그녀의 분신일지도 모르는 제인 에어의 적대자로 설정해놨으니까요.

10년도 더 지난 어느 날 무심코 TV 채널을 돌리다 보게 된 영화가 있었습니다. 처음엔 별생각 없이 봤는데 볼수록, 갈수록 요상하다 싶더니 결말은 제인 에어와 딱 맞닿았습니다. 세상에 이럴 수가⋯. 당시로선 꽤나 신선한 충격이었습니다. 버사 메이슨의 이야기, 그녀가 어디서 어떻게 자라고 남편인 로체스터를 만났으며 미쳐가고 죽어가는지를 보여주는 영화이니 당연히 흥미로울 수밖에 없었습니다.

신기해서 찾아봤더니 원작은 《광막한 사르가소 바다Wide Sargasso Sea》로 국내에서도 출간된 도미니카 출신의 진 리스라는 작가의 작품이었습니다. 놀라운 것은 문학적 평판도 꽤나 높아 버사 메이슨의 일대기를 다룬 이 소설은 타임지가 선정한 1923년부터 2010년까지의 세계 100대 베스트 영어 소설에 뽑히기도 하였습니다. 그만한 평판이 있었기에 원 제목 그대로 영화로도 제작된 것인데 이런 명작이 국내에선 〈카리브해의 정사〉란 선정적인 제목으로 번역되어 상영

되었습니다. 당시 저는 중간 정도부터 봤기에 제목은 나중에 알았습니다. 버사 메이슨 역을 맡은 배우는 카리나 롬바드로 명화 〈가을의 전설〉에서 브래드 피트의 부인으로 출연해 우리에게도 잘 알려진 배우입니다.

주인공으로 우뚝 선 버사 메이슨

버사 메이슨은 이 소설에선 주인공 프로타고니스트입니다. 모든 스토리가 그녀를 중심으로 펼쳐집니다. 반면에 제인 에어는 적대자 안타고니스트일 수밖에 없습니다. 소설 제인 에어와는 그녀들의 입장이 완전히 뒤바뀌었습니다. 《광막한 사르가소 바다》에서 제인 에어는 버사 메이슨의 바람둥이 남편인 로체스터가 어느 날 집에 데려온 젊은 여자에 불과합니다. 그녀의 출현으로 인해 그녀를 다락방에 가뒀던 로체스터에 대한 분노와 배신감이 가중되어 버사 메이슨은 결국 운명의 최종 도착지인 죽음을 택하게 됩니다.

그녀가 미친 것은 그녀의 가족력과 로체스터와의 결혼 생활에 기인합니다. 그런 그녀의 병은 로체스터와 결혼 후 고향을 떠나 생면부지인 영국에 온 그녀를 보듬지 않고 방치한 로체스터로 인해 더욱 악화되었을 것입니다. 아니면 로체스터에 의해 다락방에 갇힌 후

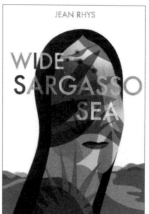

진 리스와 〈광막한 사르가소 바다〉

그녀의 병이 더 악화되었을지도 모릅니다. 소설은 손필드 대저택에서 그녀의 죽음을 암시하며 끝나므로 버사 메이슨은 제인 에어와 로체스터의 결혼까지는 알지 못합니다. 하지만 죽음 전 그녀는 본능적으로 그것을 예상했을 것입니다.

사실 원제의 sargasso가 해초류의 일종이라 해서 원제를 사르가소 해초가 많은 광막한 바다로 해석하는 건 오류일 수도 있습니다. 왜냐하면 찾아보니 Sargasso Sea라는 고유 지명이 있기에 그렇습니다. 카리브해 동쪽 옆 대서양 방향에 위치한 바다입니다. 특징적인 것은 그곳 그 넓은 바다엔 섬이 없다고 합니다. 이것들이 암시하는 것은 버사 메이슨 그녀의 운명이 어디에도 정착할 곳이 없이 질긴 해초들 사이에 얽혀 있는 배와 같다는 것일 겁니다. 더구나 사르가소 해는 버사 메이슨이 태어나고 자란 서인도 제도의 자메이카와 그녀가 결혼해서 살고 죽게 되는 영국과의 사이에 놓여 있습니다. 그녀의 혼미한 아이덴티티를 상징하는 다분히 철학적인 제목이라 하겠습니다. 번역 소설 제목은 그렇다쳐도 아무리 생각해봐도 영화 〈카리브해의 정사〉는 나와서는 안 될 제목이었습니다.

제인 에어의 반동, 광막한 사르가소 바다

작가 진 리스는 1847년에 줄간된 《제인 에어》를 읽고 1966년 이 책을 발표했습니다. 아마도 추측건대 발끈해서 이 책을 썼을 것입니다. 백인 영국 사람인 작가 샬럿 브론테, 주인공 제인 에어와 로체스터에 대한 반감이 그녀로 하여금 펜을 들게 했을 것입니다. 작가 진 리스와 주인공 버사 메이슨은 둘 다 카리브해 서인도 제도 출신입니다. 빅토리아 여왕 재임 시기 대영제국의 깃발이 전 세계를 밟아 나간 그 시기에 로체스터는 식민지인 자메이카의 대농장주의 딸인 버사 메이슨의 재산을 노리고 그곳에 와 그녀와 결혼하게 됩니다. 하지만 결혼 후 로체스터가 그녀를 그렇게 부당하게 대우하는 것에 대해 분노를 느껴 같은 여자로서 그 땅의 후손인 진 리스가 이 책을 출간했을 것입니다. 물론 당시 제국주의 영국의 식민 정책에 대한 반감도 작용했을 것입니다.

진 리스 그녀가 그녀의 소설에서 가장 먼저 한 일은 잊혀진 버사 메이슨의 본명을 찾아주는 것이었습니다. 로체스터에 의해 바뀌었지만 그녀의 본래 이름은 프랑스 왕비와도 같은 앙투아네트였습니다. 책에서 그녀는 줄곧 이 이름으로 불립니다. 물론 로체스터도 처음엔 카리브해에서 백인 아버지를 둔 혼혈로 태어나고 자란 이국적인 그녀를 매우 사랑했을 것입니다. 하지만 그녀의 파국 위기까지는 관리하지도 막지도 못했습니다. 그럴 의지가 있었는지도 모르겠습니다. 이렇듯 《광막한 사르가소 바다》는 《제인 에어》에 대한 제3세계의 반란성 소설이라 할 것입니다.

하지만 두 작품 모두 소설 속에서만 존재하는 허구의 세계입니다. 다큐멘터리같은 논픽션이 아니라는 것입니다. 흔히 말하듯이 말 그대로 소설을 쓴 것이지요. 창조주인 소설가의 상상력에 기반하여 만들어진 인물들과 그가 설정한 그들의 엮인 관계로 스토리가 펼쳐지는 픽션이기에 이 두 작품을 연계하여 심하게 감정을 이입할 필요는 없을 것입니다. 누가 뭐라해도 《제인 에어》는 시공을 초월한 인류의 보편적인 불멸의 문학 작품입니다. 저의 경우는 어느 날 갑자기 알게 된 흥미로운 비교 포인트가 아직까지 살아있어 이렇게 시간을 할애해서 글을 쓰는 것이겠지요.

두 작품 모두 공통적으로 여성 작가, 여성 주인공에 기반한 페미니즘적인 요소가 크지만 다른 시점과 시각에 따라 완전히 반대로 묘사되고 평가된다는 점이 매우 흥미롭습니다. 그러므로《제인 에어》에선 천덕꾸러기인 버사 메이슨이 이렇게 다른 시각과 시점에선 주목받는 주인공이 되듯이 누구든지 그렇게 시점을 달리하면 주인공이 될 수도 있지 않을까요?

TAKEOUT **6**

사계절 음악회

19세기 유럽 개화기의 여성 작곡가

온라인 비엔나

마드리드의 밤거리

파리, 생명의 양식

19세기 유럽 개화기의 여성 작곡가

이름 없는 자여, 그대 이름은 여자…. 그렇습니다. 물질과 인간을 혁명한 산업혁명과 프랑스 혁명이 끝난 19세기에 들어서도 그 안에 여자는 없었습니다. 정확히 여성은 그녀의 이름으로 사회 활동을 하기 힘들었습니다. 이때 일련의 여성들이 그간 남성의 전유물이었던 금단의 영역인 작곡에 손을 대기 시작합니다.

벨, 벨, 벨⋯.

혹시 이 이름을 들어 보셨나요? 커러 벨, 엘리스 벨, 액턴 벨⋯.
벨, 벨, 벨 하니 한 가족인 듯합니다. 맞습니다. 그들은 한 형제입니
다. 우리에게 너무나도 잘 알려진 소설을 쓴 유명 작가들입니다. 그
3형제는 서로 의기투합하여 1847년 같은 해에 그 작품들을 출간하
였습니다. 《제인 에어》, 《폭풍의 언덕》, 《아그네스 그레이》가 바로
그 작품들입니다. 어⋯. 그 작품들의 작가가 남자? 그렇습니다. 영
국에서 초판 출간 시 그 작가들은 남자였습니다. 남자 필명을 사용
한 것이지요.

그런데 샬럿 브론테와 에밀리 브론테, 그리고 앤 브론테 이 세 자매
는 왜 남자 이름으로 책을 내었을까요? 로맹 가리란 이름이 있음에
도 '에밀 아자르'란 필명으로도 활동한 20세기 프랑스의 유명 소설
가처럼 그들도 그렇게 한 것일까요? 그처럼 전략적으로 일부러 필
명을 사용하는 작가들도 많으니까요. 글쎄요. 이유는 간단합니다.
그녀들이 여성이고, 또 시대가 19세기였기에 그렇게 할 수밖에 없
었습니다.

그 이전에 맏언니 샬럿 브론테는 자매들이 쓴 시를 모아 당대의 유

〈시대의 얼굴〉 서울 전시회(2021)에 온 브론테 자매 초상화. 좌로부터 앤, 에밀리, 샬럿

명 작가에게 보내 평가를 부탁합니다. 그런데 그로부터 돌아온 응답은 "문학은 여자의 일이 아니며, 여자는 작가가 되고파도 될 수 없는 일"이라는 황당한 평가였습니다. 작품의 질質을 평가한 것이 아니라 작가의 성性을 평가한 응답이었습니다. 그래서 그녀들은 고육지책으로 필명을 남자로 바꾸는 도발을 감행하며 이후 각자의 소설을 세상에 내놓은 것이었습니다. 브론테 시스터스Brontë sisters가 벨

브라더스Bell brothers로 둔갑한 것입니다. 물론 진실은 나중에 밝혀졌지요.

그런데 별개로 세 자매가 같은 해에 출간한 이 소설들이 모두 오늘날 전 세계인이 읽는 특급 고전이 되었다는 이 사실은 어떻게 설명이 돼야 하나요? 그렇게 많은 남자 작가들이 있었지만 문학 역사상 그녀들과 같은 그런 3형제는 없었습니다. 남자의 전유물인 전쟁사에서도 찾아보기 힘든 놀라운 사실입니다. 과연 남자보다 위대한 여자입니다. 그녀들이 이런 기지를 발휘하지 않았다면 우린 인류의 위대한 문학 유산을 잃을 뻔했습니다. 이 사실은 브론테 자매들 이전에도 수많은 명작들이 작가가 여성이라는 이유 하나만으로 햇빛을 못 본 경우가 많았음을 유추하게 합니다. 그리고 이러한 사실은 꼭 문학에만 국한되지 않았을 것입니다.

시대를 앞서간 여인들

20세기를 현대 문명의 시대라 한다면 19세기는 근대 격동의 시대입니다. 바로 전 18세기 말 영국의 산업혁명과 프랑스의 시민혁명 등이 구체제라 불린 기존의 사회를 물질적으로나 정신적으로 전면 변화시켜 19세기는 새로운 가치와 질서가 만들어지는 시대였습니다. 그러다 보니 혼란은 당연하였습니다. 이럴 경우 기득권을 지키려는 기존 세력과 주류 사회에 새로 진입하려는 신규 세력과의 갈등은 눈에 보이듯 뻔한 것이었습니다.

남녀 문제도 그중 하나였습니다. 남성은 기득권을 상징하며, 여성은 남성에 맞서는 도전 세력이었습니다. 하지만 혁명을 해도, 근대화가 되어도 그 안에 여성들은 없었습니다. "손님이 찾아오면 여성들은 지식인 티가 나지 않도록 주의하면서 응접실에 앉아 바느질을 해야 했다." 이 말은 해리엇 마티노라는 19세기 영국의 여성 작가이자 사회학자가 당시 유럽 지식인 여성의 현주소를 가리켜 한 말입니다. 그 나라를 통치하는 사람은 여왕이었는데 말입니다.

프랑스 혁명의 성공엔 여성들의 적극적인 참여도 크게 기여하였는데 혁명 세력은 권력을 잡자마자 그녀들을 집으로 돌려보냈습니다. 이에 참여한 여성 중 올랭프 드 구주가 가장 크게 분개하여 여성의 권리를 주장합니다. 그녀가 싸워야 할 적이 베르사유 왕궁의 왕족과 귀족에서 혁명 정부의 남자들로 바뀐 것입니다. 그녀가 궁극적으로 얻고자 했던 권리는 여성의 정치 참여가 가능한 참정권이었습니다. 그래서 그녀는 1791년 〈여성과 여성시민의 권리 선언〉을 발표합니다. 혁명 초기 국민 의회에서 발표한 〈인간과 시민의 권리 선

〈여성과 여성 시민의 권리 선언〉을 주상하다 시형당한 옴랭프 드 구주 (1748~1793)

언〉의 인간 자리에 여성을 대입한 선언문입니다. 여성도 인간이라
는 것이겠지요. 그 결과 그녀는 1793년 단두대에 올라 처형을 당하
였습니다.

비슷한 시기 영국에서 건너온 또 한 명의 여전사인 메리 울스턴크
래프트는 양성 평등을 주장하며 혁명의 전선에 뛰어들었습니다. 그
녀는 1792년 최초의 페미니즘 저서라 불리는 《여성의 권리 옹호》
란 책을 펴내었습니다. 하지만 18세기가 끝나가도록 프랑스 혁명

엔 여성 혁명은 없었습니다. 공포정치를 휘두른 자코뱅파가 선고한 올랭프 드 구주의 사형 죄목은 "여성임에도 가정을 안 지키고 정치를 하려 해 여성의 미덕을 망각했다"는 것이었습니다. 여성은 그때까지는 집안에 있어야 했습니다.

하지만 19세기가 밝으면서 여성들의 사회 참여와 활동은 대세까지는 아니더라도 거스를 수 없는 흐름으로 진행되었습니다. 여성의 권리와 양성 평등을 위해 목숨까지 잃은 혁명기 선배들의 희생도 분위기 전환에 역할을 하였을 것입니다. 더디지만 여성이 앞으로 나아가는 시대였습니다. 영국의 브론테 자매들의 경우 남자 필명을 쓰면서까지 돌아서는 갔지만 그렇게라도 여성의 특별한 재능을 사회에 어필할 수 있는 시대가 되었습니다. 서구에서 개화기라 불린 시대가 도래한 것입니다.

영국의 브론테 자매보다 먼저인 1832년 프랑스에도 남자 필명으로 책을 낸 한 여성이 있었습니다. 그녀는 바로 19세기 자유와 진보의 여성 아이콘이었던 조르주 상드입니다. 그녀의 본명은 오로르 뒤팽으로 그녀가 사용한 이 남자 필명은 평생 그녀의 이름이 됩니다. 그녀는 남성과 동격이 되고파서인가 담배를 입에 물고 남장 차림으로 다니기도 했습니다. 왕성한 작품 활동을 하면서 결혼 제도를 반

19세기 최고의 진보 여성 조르주 상드(1804~1876)

대하고 연애를 즐긴 자유인이었습니다. 우리에겐 피아노의 시인 쇼
팽의 연인으로도 잘 알려져 있지요. 그녀에게 쇼팽을 소개해 준 사
람은 리스트의 연인이었는데 그녀도 다니엘 스턴이라는 남자 이름
으로 사회 활동을 하였습니다. 19세기의 맨 앞에 있던 이 두 여성이
이러할진대 그때까지 여성은 본인의 이름을 드러내며 사회에 진출
하기 어려운 시대였습니다.

19세기의 여성 작곡가

그런데 이런 19세기였음에도 음악은 좀 달랐나 봅니다. 남성의 전
유물인 정치와 지적 요소가 투입되는 문학과는 다르게 여성의 영역
으로 본 것입니다. 집에 손님이 왔을 때 남성들의 눈에 긴 드레스를
입고 응접실 소파에 앉아 바느질을 하는 여식의 모습과 피아노 의

자에 앉아 연주를 하는 모습은 동일하게 간주된 것으로 보입니다. 그 이전 세기이지만 영화 〈아마데우스〉에서 어린 모차르트 곁에서 함께 연주하는 누나 마리안네의 모습이 그러했듯 말입니다. 19세기 멘델스존의 누나도 마찬가지였겠지요. 어찌 보면 당시 피아노로 대표되는 음악은 귀족 가문의 교양 있는 여성의 혼수품으로 간주되었을 것입니다.

하지만 전업 연주자까지는 여전히 힘든 시기였습니다. 그래서 모차르트의 누나도 성인이 되어서는 음악 교사로 생계를 이어갔습니다. 여성은 거기까지였습니다. 그런데 그 와중에 전업 연주는 물론 작곡에까지 손을 대는 여성들이 나오기 시작합니다. 특히 작곡은 악기 연주와는 달리 남성 고유의 지적 영역인데 그 영토에 일단의 여성들이 들어가기 시작한 것입니다. 물론 훨씬 전인 1625년 피렌체에서 오페라를 작곡한 프란체스카 카치니라는 여성도 있었지만 그것은 지극히 예외적이고 단발적인 사건이라 하겠습니다. 메디치 가문 산하에서 있던 일이었습니다.

하지만 19세기의 그녀들이 작곡을 한다 해도, 그리고 그것이 아무리 뛰어난 곡이라 하더라도 그것을 연주하고 공연할 연주자나, 악단, 그리고 극장이 섭외되지 않는다면 그 곡은 햇빛을 볼 수 없었습

파니와 펠릭스, 멘델스존 남매의 피아노 투 샷

니다. 당시엔 어느 분야이든 마찬가지였지만 기득권을 가진 남성 주류 사회를 뚫지 못한다면 그것까지는 불가능했기에 그렇습니다. 어쩌다 발표에 성공한 곡도 혹평을 받기 일쑤였습니다. 물론 평론가는 남성입니다. 그래서 여성 작곡가의 곡은 난이도가 낮고 저급한 살롱 음악이라 칭해지고 주로 가정에 머무른 음악이 되었습니다.

하지만 남성들이 아무리 견고하게 방해해도 이렇게 음악적인 재능과 흥미로 분출되는 여성들의 창작 욕구까지 막을 방법은 없었습니다. 이제 그녀들은 문학계의 여성들이 사용한 것과 유사한 방법으

로버트와 클라라, 슈만 부부의 피아노 투 샷

로 그녀들이 작곡한 작품을 세상에 선보이기도 했습니다. 파니 멘델스존은 초기에 동생인 펠릭스 멘델스존의 이름으로 그녀의 곡들을 발표했습니다. 클라라 슈만은 남편인 로버트 슈만과 공동 명의로 작품을 발표해 어느 작품이 그녀의 작품인지 알 수 없게 하였습니다. 이렇게 그녀들의 별난 노력까지 더해졌기에 오늘날 우리는 19세기 여성 작곡가들의 명곡을 감상할 수 있게 된 것입니다. 하지만 더 많은 여성들이 작곡한 악보들은 햇빛을 보지 못하고 일찌감치 버려졌거나, 아니면 어딘가에 먼지가 수북이 쌓인 채로 지금도 잠자고 있을 것입니다.

19세기가 끝나고 20세기에 들어서야 여성들은 완전한 그녀들의 이름을 찾았습니다. 작품 발표 시 사용했던 남자의 필명은 사라져 잊히고, 남편이나 남동생의 이름에 함께 묻어 있던 그녀들의 이름도 그곳에서 나와 오롯이 그녀들의 이름으로 알려지고 평가받는 시대가 된 것입니다. 그리고 프랑스 혁명 시 양성 평등을 주장하며 애타게 부르짖던 여성의 참정권도 행사하는 시대가 되었습니다. 〈여성과 여성시민의 권리 선언〉을 주장하다 단두대에 희생된 올랭프 드 구주의 프랑스는 1948년에, 《여성의 권리 옹호》를 주장한 최초의 페미니스트 메리 울스턴크래프트의 영국은 1928년에 완전한 여성 참정권이 주어졌습니다. 그렇게 되기까지 150년이나 가까이 걸린 일입니다. 우리나라의 경우 프랑스와 같은 1948년 첫 선거부터 여성에게 투표권이 부여되었습니다.

아래 19세기 유럽 개화기를 빛낸 4명의 여성 작곡가들을 소개합니다. 앞에 나온 파니 멘델스존과 클라라 슈만을 비롯하여 루이즈 파렝과 폴린 비아드로가 그녀들입니다. 그녀들은 남성 작곡가들만 즐비하던 그 시대에 이전 18세기 혁명기의 여성들처럼 격렬하게 반기를 들었다기보다는 뛰어난 재능만큼이나 아름다운 음악으로 부드럽게 19세기를 빛낸 여성들입니다. 남녀를 물론하고 인간의 심성에서 우러나오는 예술의 영역은 행동하는 정치와는 좀 다르니까요. 꽃으로 그 시대와 사회를 때렸다고나 할까요? 그럼에도 불구하고 사실 그녀들은 21세기가 된 오늘날에도 우리에게 그렇게 익숙한 이름들은 아닙니다. 그녀들의 음악이 더 많이 들리기를 기원합니다.

루이즈 파렝

루이즈 파렝 Louise Farrenc 하면 파리음악원이 항상 따라다닙니다. 어릴 때부터 음악적 재능이 뛰어났던 그녀는 그곳에서 피아노를 공부하고, 또 성인이 되어서도 그곳에 또 가 공부를 계속해 결국 1842년 그 음악원의 교수까지 되었으니까요. 그녀를 음악 외적으로 유명하게 만든 것은 바로 그곳에서의 임금 투쟁이었습니다. 여자라는 이유만으로 실력과 재능에 비해 낮은 임금을 받았던 그녀는 지속적으로 음악적 실력으로 맞서서 결국 음악원의 남성 교수들과 동등한 임금을 받게 됩니다. 그녀는 죽기 3년 전까지 그곳에서 제자들을 가르쳐 파리의 음악과 파리음악원을 빛나게 하였습니다.

루이즈 파렝의 음악적 성공의 후원자는 그녀의 남편인 파리의 유명 플루티스트인 아리스티드였습니다. 부인의 피아노 연주 재능을 안타까워했던 그는 여성 홀로 연주회를 여는 것이 거의 불가능했

루이즈 파렝(1804~1875)

던 19세기에 그와의 협연 형태로 신혼여행 때부터 공연 여행을 함께 다녔습니다. 그리고 함께 파리에서 음악만 전문으로 다루는 파렝 출판사를 차려 음악 비즈니스에서도 성공한 여성이 되게 하였습니다.

그녀는 피아노 솔로곡과 실내악은 물론 서곡과 교향곡 등 대곡도 거뜬히 작곡하여 슈만과 베를리오즈의 찬사를 이끌어냈습니다. 이렇게 연주와 작곡, 교육과 사업 등 생전에 많은 명성을 얻은 그녀였습니다. 하지만 당시 여성 작곡가들의 곡, 특히 대곡은 남성 비평가들의 경시에 의해 연주되기 힘든 시대였습니다. 어딘가에 잠자고 있을지도 모를 그녀의 오페라가 아직 발견되지 않는 이유입니다.

파니 멘델스존

음악만큼이나 그림에도 뛰어나 음악의 화가로도 불리는 멘델스존에겐 그만큼이나 음악에 뛰어났던 누나가 있었는데 그녀는 당시 프로이센의 궁정 화가였던 빌헬름과 결혼하였습니다. 파니 Fanny Mendelssohn 를 이야기하자면 우리가 알고 있는 멘델스존은 펠릭스라 불려야 합니다. 동생인 펠릭스가 자기보다 누나인 파니가 더 뛰어나다고 했을 정도로 위대한 여자 멘델스존이었으니까요. 동생 펠릭스는 남편 빌헬름과 함께 그녀의 평생 후원자였습니다.

4년 터울의 멘델스존 남매는 어린 시절 함께 음악을 공부했고 같은 해에 죽었을 정도로 기묘하게 사이가 좋았습니다. 젊은 나이에 누나가 죽고 6개월 후 동생도 죽었는데 병명은 둘 다 같은 뇌졸중이었습니다. 펠릭스 멘델스존은 누나 파니가 작곡한 곡이 당시 여성의 작곡을 허용하지 않는 사회 여건상 본인의 작품으로 세상에 내

파니 멘델스존(1805~1847)

놓기도 했습니다. 1827년 발표한 〈Twelve Songs〉가 그것인데 그중 절반인 6곡이 파니의 곡이었습니다.

동생 멘델스존과는 달리 아버지 멘델스존은 파니에겐 19세기의 장벽이었습니다. 그는 아들에게 음악적 길을 열어주기 위해 딸의 음악을 희생하게 하였습니다. 같은 선생에게 피아노를 배우며 자라게 했지만 15살부터는 배우는 내용이 달라졌습니다. 아들 펠릭스

는 음악적 소양을 강화하기 위해 인문학
을 배우게 했지만 딸 파니는 좋은 주부
가 되기 위한 살림에 필요한 것을 배우
게 했습니다. 하지만 파니는 결혼 후에
도 강한 음악적 열정으로 살롱 음악회를
통해 연주 활동을 이어갔고 작곡도 계속
병행하였습니다.

파니 멘델스존,
서곡 C장조, ROCO

그녀는 평생 500여 곡을 작곡했는데 피
아노 소품이 주종을 이루고 그 이외에
가곡, 실내악곡, 오라트리오, 칸타타 등이 있습니다. 그중 현대에
들어와서 멘델스존의 곡으로 알려진 곡 중에서 파니의 것으로 밝혀
지는 곡들이 나오기 시작합니다. 같은 멘델스존인 데다 유독 같은
성향을 보인 남매인지라 향후 파니 멘델스존의 곡이 더 나올지도
모르겠습니다.

클라라 슈만

파니 멘델스존에게 가족으로 동생 멘델스존이 있었다면 클라라 슈
만Clara Schumann에겐 남편 슈만이 있었습니다. 둘 다 동시대에 유명 음

클라라 슈만(1819~1896)

악인을 가족으로 둔 덕에 이 두 여인은 항상 그들의 이름에 가려져 있습니다. 우리도 헷갈리지 않기 위해 다른 음악가들과는 달리 그들 4인은 성과 이름을 다 따로 외어야 합니다. 하지만 다르게 생각하면 그래도 동생이든 남편이든 그들 남자가 있었기에 오늘날까지 계속되는 그들의 유명세로 그녀들의 이름이 후대에라도 이렇게 빛을 보고 있을 것입니다. 19세기 당대에 활동했던 여성 음악가 중 오늘날까지 못 오고 중간에 끊어진 여성 음악가들도 꽤 있을 테니까요.

하지만 파니의 동생 멘델스존과는 달리 남편 슈만은 부인인 클라라에게 고통을 주는 존재였습니다. 일단 지나치게 먼저 죽은 것부터가 그랬습니다. 1856년 로버트 슈만이 죽은 후 클라라는 40년 동안 홀로 과부로 살았습니다. 그래서 슈만이 남긴 7남매의 생계를 클라라가 책임져야 했습니다. 사실 그녀는 남편 로버트에겐 평강 공주와 같은 존재였습니다. 결혼 당시 그녀는 19세기 당시로는 드물게 전업 여성 피아노 연주자로 커다란 명성을 얻고 있었는 데 반

**클라라 슈만, 피아노 협주곡 A단조,
게반트하우스 관현악단**

하여 슈만은 그렇지 못했기 때문입니다. 그래서 클라라 집에서는 법정까지 갈 정도로 반대했던 결혼이었습니다. 하지만 이렇게 어려움을 극복하고 클라라와 결혼함으로써 남편 슈만의 명성도 커졌습니다. 그리고 그녀의 남편 곡 연주를 통해서도 슈만은 작곡가로서 더욱 유명해졌을 것입니다.

그녀는 유명 피아니스트답게 작곡가로도 많은 피아노곡을 남겼는데 그 곡들은 슈만 생존 시 남편과의 공동 작업물로 발표되었습니다. 여성의 작곡이 허용되지 않던 시대라 비평가들이 어느 곡이 클라라의 것인지 모르게 하기 위함이었습니다. 그런 슈만이 죽음으로

써 생긴 음악적 손실은 그녀가 그런 작곡을 중지했다는 것입니다. 생계를 돌보느라 그럴 여유까지는 없었는지 그녀는 그때부터 작곡은 끊고 연주 활동만 매진하게 됩니다. 그녀가 평생 한 연주회가 1300여 회나 된다니 그저 놀랍기만 합니다. 19세기엔 여성의 전업 연주가 거의 불가했던 점을 고려하면 그녀의 연주가 그 이상으로 뛰어났기에 이런 기록이 가능했을 것입니다.

슈만이 죽은 후 그녀에겐 14세 연하의 한 남자가 나타납니다. 아니 죽기 전부터 그들 부부와 가깝게 지냈던 브람스라는 청년입니다. 클라라는 그의 사랑을 받아주지 않고 평생 친구로만 그를 대했습니다. 요즈음 말로 남사친으로만 지낸 것입니다. 하지만 그렇지 못한 브람스는 평생 그녀를 연모하며 독신으로 살다가 그녀가 죽고 1년 후에 그도 죽었습니다. 그녀가 죽을 때까지 그녀의 사랑을 기다렸다가 바로 죽었는지도 모릅니다. 긴 수염이 멋진 남자 브람스의 사랑을 웬만하면 클라라가 좀 받아주지 하는 마음이 듭니다. 둘 다 외로운 홀몸이었으니 말입니다.

폴린 비아르도

19세기 여성 작곡가로는 독특한 이력을 가진 뮤지션입니다. 당시

폴린 비아르도(1821~1910)

여성 작곡가들이 연주자로는 대부분 피아니스트였는데 반하여 그
녀는 그보다는 오페라의 소프라노 가수로 주로 활동했기 때문입니
다. 그녀의 성악적 재능은 성악가인 부모로부터 물려받은 것이었습
니다. 게다가 음악 집안답게 어렸을 때부터 피아노와 작곡 교육까

지 받은 그녀였기에 그녀는 음악가로 살 수밖에 없는 인생의 소유
자였습니다.

그녀는 수백 편의 곡을 작곡하였는데 리스트는 그녀를 가리켜 '최
초의 천재 여류 작곡가'라고 칭송을 하였습니다. 그런 그녀였기에
쇼팽은 그의 작품 〈마주르카〉의 편곡을 그녀에게 부탁하기도 했습
니다. 성악가로서 그녀는 구노, 브람스, 슈만, 생상스 등 당대의 유
명 작곡가들이 그녀를 위해 곡을 쓰고 줄 정도로 뛰어난 프리마돈
나였습니다.

폴린 비아르도Pauline Viardot에겐 두 명의 남자가 있었습니다. 한 명은
역시 프랑스에서 잘 나갔던 친구 조르주 상드가 소개해준 남편 루
이 비아르도입니다. 남편인 그의 중요한 역할 중 하나는 부인인 폴
린 비아르도가 공연 시 계약서에 그의 이름으로 서명을 하는 것이
었습니다. 19세기의 프랑스는 기혼 여성의 재산권을 인정하지 않
았기에 그 권리가 있는 남편이 그렇게 한 것입니다.

그녀에게 또 한 명의 남자는 운명의 남자라고밖에 할 수 없는 러시
아의 문호 투르게네프입니다. 아니, 투르게네프에게 폴린 비아르도
가 운명의 여자였습니다. 그는 1843년 상트페테르부르크에서 〈세
비야의 이발사〉에 출연한 그녀를 처음 본 순간부터 평생 그녀만을

바라보고 살았습니다. 그녀가 기혼녀인 것을 알면서도 그는 노골적으로 그녀에게 접근해 서슴없이 애정 표현을 하였습니다. 이상하게도 폴린의 남편인 루이도 그런 젊은 투르게네프를 묵인하며 그들의 결혼 생활을 아무렇지도 않게 이어갔습니다. 마치 루 살로메와 니체의 3인 동거를 연상하게 하는 그들의 삶이었습니다. 투르게네프는 이렇게 40년이나 폴린 비아르도를 연모하며 독신으로 살았는데 그녀보다 먼저 죽은 그는 그의 유산을 모두 그녀에게 남겼습니다. 그의 소설보다도 더 소설 같은 프리마돈나를 향한 참으로 기이한 그의 사랑이었습니다. * 위의 글은 2022년 3월 19일 서울 푸르지오아트홀에서 열린 〈19세기 유럽 개화기의 여성 작곡가〉 음악회의 프로그램북에도 실린 내용입니다. 사단법인 프렌즈오브뮤직이 창립 10주년으로 개최한 계간 음악회였습니다. *

온리 인 비엔나

이름만큼이나 팬시한 도시 비엔나는 많은 '비엔나'를 가지고 있습니다. 그래도 그중에 제일은 음악일 것입니다. 전 세계에서 음악의 수도를 뽑는 투표를 한다면 당연히 비엔나가 선정되겠지요. 그렇듯 음악 시민은 물론 음악의 신들도 함께 사는 도시 비엔나입니다. 마치 고대 그리스, 로마에 신과 인간이 함께 살았듯 말입니다.

EuroNight to Vienna

우리는 오스트리아의 수도인 이 도시를 빈으로도 부르고 비엔나로도 부릅니다. 빈은 중부 유럽 동쪽 끝에 위치한 이 나라의 공용어인 독일어를 따른 것이고, 비엔나는 세계 공용어인 영어를 따른 것입니다. 독일어권이든 이탈리아어권이든 프랑스어권이든 유럽의 수많은 도시들은 이렇게 모두 영어명도 있을 텐데 우리나라에서 이 도시만큼 두 언어로 부르는 비율이 비슷한 도시는 흔치 않습니다. 베니스와 베네치아가 언뜻 떠오르네요. 언어 구조도 비슷해 보입니다. 하지만 스펠링으로 보면 영어인 Venice와 이탈리아어인 Venezia와는 달리 Wien과 Vienna는 엄연히 생김새부터가 다릅니다. 언어의 차이겠지요. 아무튼 이제 저는 서둘러 비엔나로 가야 합니다. 갈 길이 바쁜데 괜한 도시명에 꽂혀 시간을 좀 낭비했습니다.

1995년 4월의 어느 날 밤 저는 베네치아의 산타루치아 기차역에 있었습니다. 베네치아에서 비엔나로 가는 유로나이트 기차에 탑승하기 위해서였습니다. 유로나이트EuroNight (EN)는 유럽에서 밤 기차만 전문적으로 운행하는 철도 회사입니다. 당시 전 배낭여행 중이었으므로 서울에서 끊어 간 유레일 패스로 탑승했는데 유럽의 철도는 그 운행 시스템과 각양각색의 기차와 역을 구경하는 것만으로도

중부 유럽과 동부 유럽의 경계 도시 비엔나의 아침

도시나 유적지를 관광하는 것 이상으로 놀랍고 재미있었습니다.

여행 중 그날 밤 처음 타 본 유로나이트도 그중 하나였습니다. 쿠셋
을 갖춘 침대차도 팬시했지만 밤새 12시간에 걸쳐 비엔나까지 달
린 그 기차에서 내릴 때 차장이 아침 식사 쿠폰을 주어서 그랬습니
다. 비엔나 중앙역에 있는 레스토랑에서 아침을 먹고 가라는 것이
었습니다. 유레일 패스 티켓 값에 포함된 것이었겠지요. 그런데 참
기발하고 재미있지 않습니까? 아마 기차 탑승 중 아침 시간이 되었
다면 식당칸에서 먹게 해주었을 것입니다. 덕분에 태어나서 비엔나

에 처음 도착해 제가 가장 먼저 한 일은 이렇게 예상치 못한 아침을 먹은 것이었습니다. 그 도시의 신선한 아침 공기에 이어서 말입니다. 기분 좋은 비엔나의 첫인상이었습니다.

비엔나 & 합스부르크

비엔나가 역사에 처음 등장한 것은 로마 시대였습니다. 지금의 비엔나와 반드시 일치하는 도시 위치는 아닐지 몰라도 우리는 그 시대의 그곳을 알고 있습니다. 본 적이 있다는 것입니다. 바로 2000년에 개봉한 영화 〈글래디에이터〉에서였습니다. 극장에서 그 영화를 처음 보았을 때 도입부의 전율감이 지금도 떠오릅니다. 제가 본 영화의 전투 씬 중 최고의 장면이 화면이 열리자마자 쏟아져 나왔습니다. 겨울 전투 씬인데 로마군이 적진을 향해 쏘아대는 불폭탄이 마치 관객석의 제 머리 위로 불벼락처럼 떨어지는 것 같았습니다.

그 장면은 2세기 말 당시 로마인과 게르마니아의 야만인들과 국경에서 벌어진 전투였습니다. 당시 전장에 가있던 로마의 마르쿠스 아우렐리우스 황제가 전투를 독려했던 그 로마의 동북부 국경 요새는 다뉴브강에 접한 군사 요충지인 빈도보나Vindobona로 추정됩니다. 황제는 그 전투 중 병사해 철인 황제 5명이 이어서 다스렸던 로마의 오현제 시대는 막을 내립니다. 그리고 그가 죽기 전까지 끝까지 사수하고자 했던 그곳 빈도보나는 후에 비엔나로 불리게 됩니다. 그 빈도보나를 둘러싼 지역, 사람들은 그곳을 후에 동쪽에 있는 땅이라 하여 오스트리아Österreich,Austria라 불렀습니다.

오스트리아 공용어인 독어로는 외스터라이히라 부릅니다. 하지만 우리나라에선 아무도 그렇게 부르지 않습니다. 마치 처음 듣는 국가명 같습니다. 같은 언어 구조인 그 나라의 수도 비엔나와 빈은 둘다 쓰면서 말입니다. 그보다는 지금은 거의 사용하지 않지만 한자인 오지리墺地利라 부른 적이 있었습니다. 오스트레일리아를 호주濠洲로 부르듯이 말입니다. 우리나라 초대 이승만 대통령의 부인으로 대한민국 첫 퍼스트레이디인 프란체스카 여사를 당시 호주댁으로 부르기도 했다는데 그녀는 오지리댁으로 불려야 했습니다. 그녀의 모국이 오스트리아니까요. 오스트리아와 오스트레일리아, 전혀 다른 이 두 나라를 우리말이 비슷하다 해서 혼돈한 데서 비롯된 일이었습니다. 그러고 보니 오스트리아는 우리나라와 일찍이 이렇게 특별한 연이 있는 나라이기도 합니다. 그 오지리댁의 고향이자 친정은 비엔나의 근교였습니다.

오스트리아는 서로마 멸망 후 신성로마제국의 지배를 받아오다가

오스트리아의 지배자 합스부르크 가문의 문장

13세기경 그 제국의 어떤 가문의 영유지가 되면서부터 650여 년간
인 20세기 초까지 1273-1918 그들의 지배하에 놓이게 됩니다. 그 가문
이 바로 우리에게도 잘 알려진 합스부르크입니다. 유럽 역사에서 오
스트리아를 중심으로 중부 유럽의 강자로 군림하며 유럽 전체를 쥐

비엔나의 심장 쇤부른 궁전

락펴락 호령했던 가문이었습니다. 그들은 정략결혼을 통해 그렇게
지배력을 강화해 나갔습니다. 비엔나의 쇤브룬 궁전에서 만난 어린
모차르트를 피해 프랑스의 루이 16세와 결혼한 마리아 테레지아
황후의 딸 앙투아네트도 그런 케이스였습니다. 그 가문은 그런 식
으로 오스트리아＝합스부르크라는 등식을 만들 정도로 오랜 시간
유럽에선 드물게 왕가의 교체 없이 찰떡궁합을 보여주었습니다.

자연스레 그들이 터를 잡고 영주했던 수도 비엔나는 합스부르크 가

문의 종가가 되었습니다. 도시 내에 합스부르크의 위세를 짐작하고
도 남을 거대하고 화려한 쉰브룬 궁전이 대대로 그들의 집이었습니
다. 그 궁전이 노란색인 것은 합스부르크의 문장의 컬러를 따른 듯
합니다. 그 궁전에서 합스부르크는 비엔나를 정치와 권력, 그리고
문화와 예술의 중심지로 만들었습니다.

비엔나, 비엔나, 비엔나….

비엔나에 가면 많은 '비엔나'가 있습니다. 1995년 제가 베네치아
에서 밤 기차로 출발해 비엔나에 도착한 그날 아침도 저는 중앙역
레스토랑에서 몇 개의 비엔나를 만났습니다. 비엔나에 도착하자마
자 말로만 듣던 그들과 상견례를 한 것입니다. 제가 그날 먹은 조식
메뉴 중에 소시지가 있었습니다. 비엔나소시지입니다. 가늘고 키
작은 소시지들이 줄줄이 사탕처럼 연결된 바로 그 소시지를 본토
에서 처음으로 먹은 것입니다. 저는 어렸을 때부터 소시지를 좋아
했는데, 진주햄이라는 비닐 포장지에 둘러싸인 굵고 긴 둥근 소시
지였습니다. 그런데 이후 생김새가 전혀 반대인 소시지가 나왔는데
그것이 비엔나소시지였습니다. 기존 먹던 소시지와는 달리 코팅이
되어 있어 터지는 맛이 좋았던 소시지였습니다. 비엔나에서 만들기
시작했다 해서 비엔나소시지입니다.

그곳에서 식사 후 저는 디저트로 커피를 마셨는데 이번에도 비엔나였습니다. 커피 위에 달콤한 생크림이 듬뿍 올라탄 비엔나커피입니다. 커피는 17세기 말부터 유럽에서 유행하여 주요 도시마다 커피하우스들이 우후죽순 생겼는데 예술의 도시 비엔나에 커피하우스가 많이 생긴 것은 당연한 일이었습니다. 바흐가 독일 라이프치히 커피하우스를 알리기 위해 〈커피 칸타타〉를 만든 바로 그 시기입니다. 비엔나의 첫 커피하우스는 1683년에 문을 연 '블루 보틀Blue Bottle'이었는데 오늘날 우리가 알고 있는 그 블루 보틀 맞습니다. 샌프란시스코의 커피하우스 블루 보틀은 비엔나 커피하우스였던 그 상호를 브랜드화시킨 것입니다. 비엔나에서의 첫 아침, 아침 식사 후 전 이렇게 우아하게 첫 비엔나를 마셨습니다. 그 커피의 달콤하고 진한 여운이 글을 쓰는 지금 저의 침을 고이게 합니다.

그날 아침 그 레스토랑엔 한 가지 비엔나가 더 있었습니다. 바로 그 비엔나커피를 담은 커피잔, 그것도 비엔나였습니다. 비엔나는 독일 드레스덴 근교의 마이센에 이어 유럽에서 두 번째인 1719년 도자기 생산에 성공한 도시이기도 합니다. 차이나가 그러하듯 도자기는 도자기를 굽는 가마가 있는 지역 이름이, 즉 비엔나, 마이센, 세브르, 헤렌드 등이 곧 브랜드가 됩니다. 당시 유럽에선 중국 도자기인 차이나가 워낙 귀하고 비싸 모든 국가에서 도자기 제작에 심혈을 기울였는데 도시 비엔나가 두 번째로 성공한 것입니다. 국가적 사업이었기에 합스부르크 왕가는 로열 비엔나에 합스부르크 가문 문장에 있는 방패의 실루엣을 도자기의 백 스탬프로 새기게 할 정도로 그것을 중하게 여겼습니다. 마리아 테레지아 황후 생전엔 비엔나 도자기의 운영권을 황실에서 그녀가 직접 경영하기도 하였습니다. 국가의 왕이 회사의 사장 역할을 한 것입니다.

예쁜 커피잔을 보면 살짝 뒤집어 보고픈 욕망, 그래서 확인한 비엔나 스탬프, 그렇게 비엔나 커피잔에 담긴 비엔나커피, 생각만 해도 너무 멋지지 않습니까? 물론 제가 그날 마신 커피잔은 현대에 와서 대량으로 찍어낸 제품이었을 것입니다. 이렇게 전 비엔나에 도착하자마자 비엔나 3종 세트로 호사를 누리며 비엔나 여행을 시작하게 되었습니다. 모든 것이 오로지 비엔나인 비엔나의 아침이었습니다.

세계 음악의 수도 비엔나

매년 새해 첫날 아침이 밝으면 비엔나를 대표하는 오케스트라인 빈 필은 마치 새해의 등장을 축하하는 팡파르를 울리듯 비엔나에서 연주회를 갖고 동시에 그 연주 실황을 전 세계에 전송합니다. 그들이 연주한 경쾌하고 아름다운 왈츠와 폴카, 그리고 힘찬 행진곡이 세

1870년 준공된 빈필의 주 연주회장 뮤지크페라인

계 각 도시로 배달되어 전 세계인이 새해를 함께 즐기는 것입니다.
1941년부터 시작된 이 음악회는 1945년 한 해만 거르고 코로나로
시끄러운 올해까지 예외 없이 진행되었습니다. 만약 세계 도시들
중 음악의 수도를 정하는 투표를 한다면 단연코 비엔나가 1위로 선
정될 것입니다. 그래서 우리를 비롯한 세계 시민들은 그 도시에서
울려 퍼지는 새해의 첫 음악을 그렇게 열광하며 받아들이고 있습니
다. 세계 각 도시에서 많은 신년음악회가 열리지만 '신년음악회 하
면 빈필', 이렇게 인정하며 말입니다. 그만한 자격이 있고 권위가
인정되는 비엔나의 오케스트라이고 음악이기에 그럴 것입니다.

비엔나는 바로크 음악 이후 출현한 고전주의 음악의 산실입니다. 하이든, 모차르트, 베토벤이 다 이 도시를 무대로 활동했으니까요. 하지만 그들만이 그렇게 했을까요? 고전주의를 잇는 낭만주의의 많은 음악가들과 현대의 음악가들이 그들 마음속에 비엔나를 넣지 않고 음악을 할 수는 없었을 것입니다. 베토벤은 독일인이지만 35년간 비엔나에서 활동하며 악성樂聖으로서 그의 음악적 성공을 그곳에서 이루었습니다. 같은 독일인 브람스도 마찬가지입니다. 그리고 그 이전 클래식 음악의 조상과도 같은 바로크 음악의 비발디도 말년엔 그의 고국 이탈리아를 등지고 비엔나에서 활동하였습니다.

설사 그들처럼 비엔나에서 활동은 하지 않았다 할지라도 음악가란 직업을 가진 사람이라면 마치 음악의 성지를 순례하듯 그 도시를 찾았을 것입니다. 음악에 문외한인 일반인들도 음악을 떠올리며 그곳을 방문하니까요. 물론 오스트리아 출신인 하이든, 모차르트, 슈베르트, 볼프, 슈페르거, 요한 슈트라우스, 주페, 말러 등의 음악 무대는 당연히 비엔나였습니다. 음악의 수도가 있는 나라의 시민이니 굳이 음악 유학이나 활동을 하러 다른 나라나 도시를 갈 필요가 없었을 것입니다.

비엔나에 가면 여전히 영화 〈아마데우스〉에 나왔던 음악의 신동 모차르트와 그의 가족, 그리고 음악을 진정 사랑했던 합스부르크 왕가의 왕족과 귀족들, 그리고 궁정 음악가들이 있을 것만 같습니다. 과거 18, 19세기의 모습 그대로 말입니다. 그래서 여전히 밤마다 어디선가는 그런 고풍스러운 음악회나 무도회가 도시 곳곳에서 열리고 있을 것만 같습니다. 비엔나에서만 느낄 수 있는 음악적 정취입니다. 이것이 환청이고 환상일까요? 모르지요. 비엔나를 주 무대로 활동했던 위의 음악가들이 죽어서 음악의 신이 되어 비엔나를 떠나지 않고 그곳 시민들과 함께 어울려 살고 있을지도요. 마치 고대 그리스의 신들이 인간과 함께 어울려 살았듯이 말입니다. 그 음악가들의 묘지는 고스란히 비엔나에 있으니까요. 불운한 말년을 보낸 비발디나 모차르트도 묘지는 없지만 찾지 못한 그들의 유해도 비엔나의 어딘가에 여전히 묻혀 있을 것입니다. 고전주의 트리오의 맏형 하이든만이 유언에 따라 묫자리를 다른 곳에 써 비엔나에서 떨어진 아이젠슈타트에 그의 묘가 있습니다.

실제 비엔나에선 연중 내내 도시 곳곳에서 음악회가 열립니다. 다시 시계를 되돌려 1995년, 저도 비엔나에 왔으니 음악회도 한 번 보고 가야 했습니다. 본래 계획엔 없었는데 쇤브룬 궁전 관람을 마치고 나오는데 출구 앞에서 궁정 음악가 복장을 한 소년들이 당일 저녁 음악회 티켓을 팔고 있는 것이었습니다. 요한 슈트라우스의 왈츠 음악회였습니다. 생각보다 가격도 비싸지 않아 티켓을 구입하고 그날 저녁 그곳에 갔습니다. 그런데 문제가 발생했습니다. 장소가 무슨무슨 팰리스였는데, 가보니 빈필 신년음악회가 열리는 무지크페라인과 별 차이 없는 멋진 궁전이었습니다. 당연히 그것은 문제가 안 되었습니다.

문제는 저의 복장이었습니다. 젊은 배낭여행객이 예정에 없던 음악회를 가다 보니 옷이 준비가 안 된 것인데, 그래도 갔던 것은 티켓 판매 방식도 그렇고, 가격도 그래서, 그런 적당한(?) 음악회인 줄 알고, 그래도 음악회니 갖고 간 옷 중 그나마 격식있는 옷을 입고 갔는데 그곳엔 거의 모든 관객들이 쌍쌍이 예복을 입고 참석한 것입니다. "아, 이런 망신이…." 정말 부끄러워서 얼굴을 들 수가 없었습니다. 몇몇 동양인만이 저와 같은, 또는 저보다 못한 복장을 하고 앉아있었습니다. 저를 제발 한국 사람으로 안 봐주기를 기원했습니다.

지금은 그럴 일이 없겠지만 해외여행 자유화 실시가 얼마 안 된 1995년에 일어난 저의 비엔나 흑역사였습니다. 음악회는 훌륭했습니다. 저의 예상과 달리 적당한 음악회가 아니었습니다. 4월이었는데 빈필 신년음악와 유사한 방식으로 막간 발레까지 더해 경쾌하고 흥겹게 진행되었습니다. 비엔나를 찾은 관광객들에게 참석 못한 신년음악회의 경험을 주고 싶었나 봅니다. 얼굴은 화끈거렸지만 아침에 이어 비엔나를 제대로 실감한 저녁이었습니다.

이렇게 매일 밤 음악회가 열리는 비엔나지만 다음 날 아침 잠에서 깨니 멀리 알프스 산 위로부터 긴 담뱃대 같이 생긴 알프스호른의 소리가 메아리치듯 도시 전체에 울리는 것만 같았습니다. 그 산 중턱 티롤 지방의 소의 목에 달린 커다란 워낭 소리도 타악기처럼 들려오는 듯했고요. 그리고 그 산에서 자라는 오스트리아의 국화인 〈에델바이스〉의 노랫소리와 그 산을 배경으로 한 영화 〈사운드오브뮤직〉의 〈도레미송〉도 아름답게 들리는 듯했습니다. 평화로운 비엔나의 아침이었습니다. 이렇듯 접경 국가인 스위스와 많은 부분 알프스를 공유하지만 알프스조차 음악만큼은 오롯이 오스트리아의 것으로 여겨지고 있습니다. 그들의 삶 속에 음악이 녹아있다는 것이겠지요.

가장 살기 좋은 도시 비엔나

20세기 초 요즘의 러시아를 포함한 G8과 같은 세계 8대 강국에까지 들었던 유럽의 강자 오스트리아제국은 1차 세계대전의 패배로

650여 년간 이어온 합스부르크 가문이 퇴출을 당하였습니다. 그리고 또 일어난 2차 세계대전에선 독일과 엮이어 추축국이 아님에도 또 패전국처럼 되어버렸습니다. 그로 인해 과거 화려하고 강력했던 합스부르크의 오스트리아는 국제사회에서 막강한 정치권력을 상실하였습니다. 과거엔 나폴레옹이 일으킨 유럽전쟁의 전후처리를 위해 비엔나에서 당시 재상이었던 메테르니히에 의해 역사상 최초로 국제회의를 주재하기까지 했던 그들이었습니다. 하지만 그러함에도 천혜의 알프스 자연과 문화와 예술적 자산을 보유한 오스트리아는 세계에서 여전히 그 존재감을 뽐내고 있습니다.

특히 수도 비엔나는 2018년과 2019년, 2년 연속으로 세계에서 가장 살기 좋은 도시로 선정되었습니다. 영국의 이코노미스트 미디어 그룹이 선정한 결과입니다. 합스부르크 가문의 안방으로 그들이 6세기에 걸쳐 구축한 편리하고 안전한 도시 시스템이 그렇게 만들었을 것입니다. 그리고 과연 알프스의 국가답게 세계의 주요 도시 중 1인당 공원 면적이 가장 넓은 것도 선정에 큰 영향을 미쳤습니다. 문화 예술 유산과 함께 비엔나를 여행자들이 원픽으로 꼽는 주요 이유일 것입니다. 가장 살기 좋은 도시는 가장 여행하기 좋은 도시이기도 하니까요.

비엔나엔 이렇게 많은 비엔나가 있지만 그래도 그중에 제일이 음악임은 그 누구도 이견이 없을 것입니다. 현대에 와서 미술에 클림트와 에곤 실레 등의 예술가와 제국 시절 릴케, 카프카, 프로이트 등의 문인들이 활약하였지만 그래도 그간 누적되어온 비엔나의 음악적 자산엔 턱없이 모자랍니다. 전통과 그것이 이어진 유산이라는 것은 쉽게 사라지는 것이 아니니까요. 그래서 그것은 시간이 흐를수록 강화되어 고전 Classic 으로 굳어지는 것입니다. 소크라테스와 플라톤, 그리고 아리스토텔레스 등이 활동한 아테네가 철학의 수도가 되고 그들의 기록이나 작품이 수천 년이 지나도 변함없이 읽히는 고전이 되었듯 비엔나도 그런 길을 가고 있다는 것입니다. 말 그대로 고전이라 번역되는 클래식 음악의 수도인 비엔나입니다. ＊ 위의 글은 2022년 6월 4일 서울 예술의전당 IBK챔버홀에서 열린 〈Only in Vienna〉 음악회의 프로그램북에도 실린 내용입니다. 사단법인 프렌즈오브뮤직이 창립 10주년으로 개최한 계간 음악회였습니다. ＊

마드리드의 밤거리

유럽 국가들 중 스페인의 역사는 매우 독특합니다. 이베리아반도의 그 땅엔 중세 800여 년간 무슬림이 살았기 때문입니다. 스페인이 이국적인 유럽에서 가장 이국적인 국가로 여겨지는 이유입니다. 음악도 그렇습니다. 클래식 주류 음악인 교향곡과 오페라가 스페인에선 잘 들리지 않습니다. 대신 그들은 다른 음악을 만들어냈습니다. 스페인 음악회를 염두에 두고 쓴 글입니다.

스페인과 마드리드의 지정학

다음 국가들의 공통점은 무엇일까요? 영국, 벨기에, 이탈리아, 캐나다, 그리고 스페인…. 딱히 공통점을 찾기 힘들 것입니다. 서방 국가들인데 북미의 캐나다가 껴있어서 더 그럴 것입니다. 이 글에서 원하는 답은 이들은 모두 분리독립과 관련이 있는 국가들이라는 것입니다. 분리독립을 추진한 적이 있거나, 현재도 추진 중이거나, 앞으로도 추진할 가능성이 있는 국가들입니다.

정식 국호만큼이나 복잡한 영국UK(United Kingdom of Great Britain and Northern Ireland)의 경우 북아일랜드와 웨일스는 분리독립 가능성이 낮지만 스코틀랜드는 그 가능성을 안고 있습니다. 실제 2014년 정식으로 투표를 하기도 했으니까요. 당시엔 반대가 우세했으나 이후 영국의 EU 탈퇴로 찬성이 높아지는 추세입니다. 코로나가 끝나면 다시 점화될 가능성이 높습니다.

벨기에는 네덜란드어를 쓰는 북부의 플랑드르와 프랑스어를 쓰는 남부의 왈로니아로 분리될 가능성을 안고 있습니다. 영어권 국가인 캐나다는 프랑스어를 사용하는 퀘벡주가 요즘은 잠잠하지만 20세기 말까지 맹렬하게 분리독립운동을 추진하였습니다. 그리고 이탈

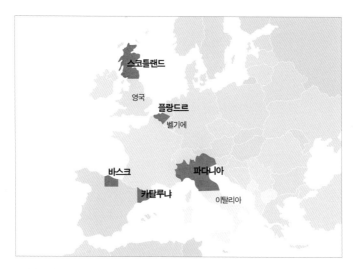

유럽의 분리독립 가능 국가와 그 지역

리아는 상공업이 발달한 밀라노를 중심으로 한 북부와 농업이 주업인 남부 간에 경제적인 이유로 분리의 개연성이 있습니다.

마지막으로 스페인은 피레네 산맥을 끼고 사는 바스크족과 바르셀로나를 중심으로 하는 카탈루냐 지역이 분리독립운동에 앞장서고 있습니다. 특히 카탈루냐의 분리독립은 현시점 위의 국가들 중 가장 뜨거운 감자로 지금도 용암을 분출하는 활화산과 같습니다. 최근인 2017년에 실시된 분리독립 희망 투표에서 카탈루냐 주민 90% 이상이 찬성을 하였으니까요. 스페인 중앙 정부는 이를 국가

헌법에 위배되는 불법 투표로 규정하고 이를 저지하는 강력한 행정력을 발동하고 있어 양자 간 갈등은 계속 고조되고 있습니다.

그러면 또 다음 도시들의 공통점은 무엇일까요? 서울, 도쿄, 베이징, 카불, 테헤란, 아테네, 리스본, 그리고 마드리드…. 우선 떠오르는 것은 '대도시이며 해당 국가의 수도'일 것입니다. 그리고 수도는 수도이되 이 글에서 원하는 답인 우리나라의 수도인 서울과 비슷한 위도latitude에 걸쳐 있는 도시들입니다. 이들은 지도를 펼쳐 놓고 서울부터 우에서 좌로 주욱 훑어가면 거의 같은 선상에 걸려 있는 도시들입니다. 북위 37도인 서울을 기준으로 위아래로 근접한 북위 35도~40도에 위치해 있습니다.

동북아 3강인 한·중·일 3국의 수도는 단순한 우연인지, 아니면 아시아적인 풍수지리가 작용했는지 모두 비슷한 위도에 자리를 잡고 있습니다. 도쿄는 북위 35도, 베이징은 40도로 그 사이에 37도인 서울이 위치하고 있습니다. 조선을 건국한 이성계와 명나라의 시조인 주원장, 그리고 오늘날 도쿄인 에도에 막부를 연 일본의 도쿠가와 이에야스가 과거의 수도를 버리고 현재의 자리에 그들 국가의 수도를 정한 것입니다.

위 전체 수도들 중 서울과 정확히 37도로 일치하는 곳은 그리스의 아테네입니다. 그리고 서울에서 반대로 우로 태평양을 건너 아메리카 대륙으로 가면 수도는 아니지만 북미 서부의 샌프란시스코와 동부 뉴욕이 같은 기준의 위도에 놓여 있는 미국 내 대도시입니다.

스페인의 수도 마드리드는 베이징, 뉴욕과 마찬가지로 북위 40도에 위치해 있습니다. 서울보다 높은 위도임에도 그 도시는 평균적으로 서울보다 기온이 높습니다. 같은 위도에 있으면 지표면에 쏟아지는 일조량이 같으므로 기온이 같아야 하는데 그렇지 않은 것입니다. 따뜻한 바람과 해류가 작용한 지중해양성 기후가 스페인의 온도를 높인 것입니다. 매해 여름 스페인의 기온이 40도를 훌쩍 넘어갔다는 뉴스를 우린 다반사로 듣곤 합니다. 특히 마드리드 아래 서울과 위도가 37도로 같은 세비야의 더위는 여름 관광객들을 매우 힘들게 하곤 합니다. 하지만 고온건조한 지중해양성 기후의 특징으로 습도가 약해 체감 온도는 그렇게까지 높지는 않을 것입니다. 사람이 살기에 최적의 환경이라는 지중해성 기후입니다. 그래서 고대부터 지중해를 한 바퀴 빙 둘러 내륙엔 많은 사람들이 다닥다닥 모여 살았습니다.

정열의 나라 스페인

스페인과 마드리드를 이렇게 퀴즈로 인트로에 내세운 것은 제가 지금 〈마드리드의 밤거리〉라는 주제로 열리는 음악회의 주제와 같은 글을 쓰고 있기 때문에 그렇습니다. 글에선 음악을 들려드릴 수 없으니 저는 이렇게 그곳과 관련된 이야기를 들려드리고 있습니다. 일단 마드리드의 밤거리라고 하니까 제가 과거에 신문에서 읽었던 여행 칼럼이 생각납니다. 마드리드의 유명 레스토랑은 새벽 3시에도 사람이 바글바글해 예약을 해야 한다는 것입니다. 워낙 음식으로 유명한 나라이기도 하지만 그만큼 활달하고 에너지가 넘치는 사람들이 모여사는 곳, 그 도시가 마드리드이고 그 나라가 스페인입니다.

그래서인가 스페인을 가리켜 흔히 '정열의 나라'라고 합니다. 그리고 그 정열의 원천인 태양이 강해 '태양의 나라'라고도 부릅니다. 지구상에 사시사철 태양이 내려쬐는 나라도 많고, 불같은 성격의 정열적인 국민을 가진 나라도 많지만 누가 뭐래도 이 두 개의 슬로건을 떠올리게 하는 1순위 국가는 스페인일 것입니다. 자연은 인간의 삶에 지대한 영향을 끼치므로 태양이 뜨거우면 인간의 가슴도 뜨거워지나 봅니다. 그래서 그 나라 사람들은 태양의 신 아폴론이 잠들어 있는 새벽 3시에도 그렇게 타오르고 있습니다. 스페인 하면 또 떠오르는 시에스타는 이렇게 심야 생활이 발달했기에 모자라는 잠을 낮에 보충하라고 공식적으로 허용한 문화일 것입니다. 물론 닭이 먼저냐 알이 먼저냐의 문제처럼 낮에 더워서도 허용한 시에스타 때문에 스패니시들은 야간에 말똥말똥한 것일 수도 있습니다. 이런 시에스타는 2005년 공공기관에선 폐지되었습니다.

이제 스패니시들의 정열이 표출되는 뜨거운 현장으로 가보겠습니다. 역사 이야기도 하게 될 것입니다. 그리고 마드리드의 밤거리로 다시 돌아오겠습니다.

엘 클라시코

엘 클라시코EI Clasico라 불리는 용어가 있습니다. 축구 이야기입니다. 유럽의 국가들이 다들 그렇지만 가슴이 뜨거운 스페인 사람들의 축구 사랑은 그 이상으로 유별납니다. 그래서 그들은 자국에 세계 최고의 프로축구 리그라는 라리가LaLiga를 운영하고 있습니다. 과거엔 프리메라리가로 불렸는데 이름을 간단히 줄였습니다. 우리나라 선수로는 현재 이강인이 그 리그의 마요르카에서 활약하고 있습니다. 그렇듯 라리가의 1부 리그 20개 팀은 모두 지역을 연고로 하고 있습니다. 이들 팀 중 최고의 팀을 뽑으려면 한 팀이 올라와야 하는데

엘 클라시코의 주역인 레알마드리드와 FC바르셀로나 축구팀의 엠블럼

라리가는 그렇지 않습니다. 마드리드를 연고로 하는 레알마드리드와 바르셀로나를 연고로 하는 FC비르셀로나, 이 두 팀이 항상 함께 거론됩니다. 막상막하를 넘어 막상막상(?)인 두 팀입니다. 그래서 이 두 팀이 경기를 하는 날이면 어디서 열리든 마드리드와 바르셀로나는 물론 온 스페인 전체가 들썩이게 됩니다. 그리고 그 소식은 빠르게 전파를 타고 실시간으로 우리나라를 비롯한 지구촌 전체로 중계됩니다. 엘 클라시코는 바로 이 두 팀의 경기를 가리킵니다.

스포츠에서 최후의 승자를 가리는 대전을 가리키는 이름들이 많지만 엘 클라시코보다 더 독보적인 이름은 없을 것입니다. 프로야구가 발달한 미국에서 그해 최후의 승자를 가리는 게임을 가리켜 월드시리즈라 부릅니다. 이 경기에서 이기면 미국의 챔피언이 아니라 세계의 챔피언이 된다는 뜻일 것입니다. 그만큼 미국 프로야구의 우월성을 이름에 담았습니다. 우리나라 프로야구에선 이것을 코리안시리즈라 부르지요. 그런데 엘 클라시코는 영어로는 더 클래식 The Classic입니다. 축구 경기에 고전이라니요?

모름지기 클래식이란 고대 그리스 호메로스의 《일리아드》, 《오디세이》 이래로 플라톤, 미켈란젤로, 셰익스피어, 루소, 베토벤, 고흐 등의 문사철 저서와 예술품처럼 수 세기를 걸쳐 내려와도 변함없는 최고의 가치로 세상에 영향을 끼치는 것들을 가리키는 것인데 단순히 두 구단의 축구 경기에 이런 이름을 붙이는 것은 과장도 보통 과장이 아닐 것입니다. 전체 팀들 중 챔피언을 가리는 것도 아니고 단지 두 팀만의 경기입니다. 축구에서 통상 이런 라이벌전의 경우는 더비 Derby라는 용어를 씁니다. 그만큼 이들 두 팀의 경기가 예술 이상의 가치와 의미가 있어 이런 용어를 갖다 붙인 것일 텐데 대체 왜 그런 것일까요? 그리고 그들은 왜 그렇게 치열하게 싸울까요?

스페인의 역사

그 이유를 알기 위해서는 스페인 역사를 간략하게나마 살펴볼 필요가 있습니다. 유라시아 동쪽 끝 한반도가 우리나라의 터인 것처럼 스페인은 데칼코마니처럼 완전히 우리나라 반대편 서쪽 끝에 있는 이베리아반도에 터를 잡았습니다. 물론 대서양 바닷물까지 닿는 그 반도 서쪽엔 포르투갈도 있습니다. 햇살 좋고 날씨 좋은 이베리아반도엔 고대로부터 많은 민족들이 앞다투어 들어와 살았습니다. BC 3,000년 경 그 반도의 이름을 딴 주인인 이베리아족이 살았고 이후 BC 1,000년 경엔 북쪽 프랑스로부터 그 땅을 탐낸 켈트족이 밀려 들어왔습니다.

이후 BC 6세기엔 아프리카 북부의 카르타고가 바다 건너 올라와 그 반도에 식민지를 건설했습니다. 유럽 땅에 아프리카인이 들어온 것입니다. 그리고 그곳은 BC 3세기 카르타고의 명장 한니발이 로마와의 전쟁을 위해 출정했던 땅이 됩니다. 로마와 카르타고 간 포에니 전쟁으로 이제 우리가 아는 로마의 역사 속으로 스페인이 들어온 것입니다. 결국 역사상 가장 긴 3차에 걸친 전쟁 BC264-146 끝에 로마의 장군 스키피오는 카르타고를 완전히 제압해 히스파니아라 불린 그 땅은 로마의 속주가 되었습니다. 오늘날 우리가 부르는 에스파냐의 기원입니다. 스페인은 영어 국가명이지요. 그리고 서기 476년 서로마 멸망 시 남하한 게르만 민족 대이동 시 히스파니아도 예외 없이 그들의 발에 떨어졌습니다. 중세의 상징인 고딕 양식의

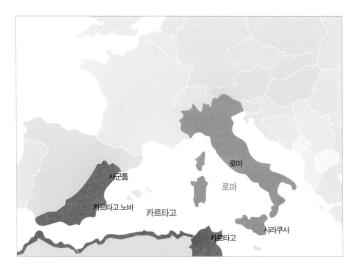

카르타고가 지배했던 기원전 3세기 이베리아반도

어원이 된 고트족 중 동고트는 로마의 본토인 이탈리아반도를, 서
고트는 로마의 속주인 히스파니아가 있던 이베리아반도를 나눠 가
지며 중세 시대를 열었습니다. 물론 기독교 국가로서 말입니다.

그다음은 유럽 역사에선 찾아보기 힘든 생경한 스페인만의 역사가
시작됩니다. 무슬림이 유럽 본토인 이베리아반도를 침공하고 눌러
앉은 것입니다. 711년 옴미아드 왕조는 스페인을 침공해 그들의 나
라를 건설하고 무려 800여 년간 그 땅의 주인이 되어 이슬람 문명
을 꽃피웠습니다. 유럽 어느 국가에도 없는 이러한 이슬람 문명의

역사로 스페인은 우리 눈에 유럽이지만 다소 별스러운 모습의 유럽 국가가 된 것입니다. 아, 반대편 동쪽 끝 튀르키예도 그들의 조상인 오스만투르크가 1453년 비잔틴 제국의 콘스탄티노플을 함락시켜 비슷한 문명의 역사가 오늘까지도 이어지고 있습니다. 하지만 튀르키예는 아시아 대륙을 공유하고 있어서인가 스페인의 이국스러움과는 다른 느낌을 주고 있습니다.

이렇게 스페인은 유럽의 다른 모든 국가들이 중세 기나긴 1,000여 년 동안 헤브라이즘이라는 단일한 기독교 문명으로 일사불란하게 갈 때 그만이 독특한 이슬람 문명 속에, 때론 기독교 문명과 결합되어 역사를 만들어갔습니다. 이슬람의 흔적은 우리에게 잘 알려진 그라나다의 알함브라의 궁전이나 지난 7월 내한했던 라리가 세비야FC 축구팀의 본거지인 세비야에 있는 대성당이 대표적일 것입니다. 그 성당은 유럽에서 바티칸의 베드로 대성당 다음으로 큰데 이슬람 사원인 모스크였던 것을 후에 그들을 몰아내고 기독교 성당으로 개축한 것입니다. 이슬람이 들어와 성당을 모스크로 바꾼 이스탄불의 성 소피아 성당과는 반대의 운명을 지닌 것이지요. 이렇듯 스페인의 이슬람 역사는 그 땅의 모습을 이국적으로 바꾸어 주고 결국은 스페인을 선진 국가로까지 만들어주게 됩니다.

스페인 이슬람 문명의 꽃, 그라나다의 알함브라 궁전

레콩키스타

시간이 흐를수록 그 땅에 이슬람 국가의 힘은 빠지고 본토박이인 기독교 국가들의 힘이 강해지며 레콩키스타Reconquista라 불리는 국권 회복운동이 일어납니다. 이슬람의 침공으로 그간 이베리아반도 중 앙에서 밀려나 북부에 옹기종기 모여 살던 기독교 국가들이 남진을 하며 세력을 키운 것입니다. 이 운동은 1479년 스페인을 양분한 서 쪽의 카스티야 왕국의 이사벨 여왕과 동쪽의 아라곤 왕국의 페르 난도 2세가 결혼함으로써 완성이 됩니다. 여러 국가로 나뉘어 있던

산티아고

갈라치아　　아스투리아　　부르고스　　팜플로나

레온　　　　　카스티야　　　　　　　바르셀로나 백작령

　　　　　　　　　사라고사

　　　　　　　　　　아라곤

톨레도

코르도바 칼리프국

코르도바

900년경 이슬람에 의해 이베리아 본토 북쪽으로 밀려난 서고트족의 후예들

스페인이 하나로 통일된 것입니다. 결국 1492년 통일 왕국 스페인
은 이슬람의 마지막 거점지였던 그라나다를 점령함으로써 그 땅에
서 융성했던 이슬람 문명은 종식을 맞이했고 역사 속의 유산으로만
남게 되었습니다.

그리고 그해 이사벨 여왕은 이탈리아에서 온 탐험가 콜럼버스의 프

카스티야 연합과 아라곤 연합으로 스페인 통일의 기틀을 마련한 1400년경

레젠테이션을 듣고 그의 항해를 지원해주었는데 그는 그 여왕의 성은에 힘입어 보란 듯이 아메리카 대륙을 최초로 발견하고 그 땅에 스페인 국기를 꽂았습니다. 한마디로 이사벨 여왕이 투자 대박을 친 것입니다. 산타마리아호 등 배 3척을 내주고 아메리카 대륙 그 넓은 땅덩어리를 차지했으니까요. 가장 먼저 가서 찜하면 자기 땅이 되던 시대였습니다. 이제 스페인엔 본래 터를 잡고 살아오던 각

이슬람을 완전히 몰아내고 통일을 완성한 스페인(1492~)

종 유럽인에 아프리카인과 이슬람인이 더해지고, 거기에 먼바다 건
너서 온 아메리카 대륙의 인디언까지 출입하게 되었습니다. 콜럼버
스는 항해 시 돌아올 때 아메리카 원주민 500명을 싣고 와 여왕에
게 선물로 바쳤습니다.

그렇게 아메리카 신대륙을 점유하고 지배함으로써 이제 스페인은

〈아메리카 신대륙에 최초로 상륙하는 콜럼버스〉 | 디오스코로 푸에블라 | 1862

유럽에서 가장 크고 강한 국가가 되었습니다. 국운 상승기가 온 것
입니다. 게다가 이사벨 여왕의 아들인 펠리페 1세가 유럽의 중앙을
지배하던 합스부르크 가의 일원이 됨으로써 그 위세는 더욱 커졌습
니다. 하지만 달이 차면 기우는 법, 레판토 해전에서 오스만제국을
물리치며 대적할 적이 없어 무적함대라 불렸던 해상강국 스페인의
해군은 영국 엘리자베스 1세 여왕 때인 1588년 칼레 앞바다에서
대패함으로써 국운이 기울기 시작했습니다. 바야흐로 100년 스페
인 전성기가 지나고 대영제국의 시대가 도래한 것입니다.

스페인의 중심 마드리드

통일 왕국 스페인의 수도는 통일 여왕 이사벨의 고국인 카스티야 왕국의 수도 바야돌리드였지만 그녀의 증손인 펠리페 2세는 1561년 수도를 마드리드로 옮겼습니다. 이베리아반도의 정중앙에 수도를 정한 것입니다. 이후 마드리드는 500여 년간 오늘날까지 스페인의 수도로 명실상부한 경제, 사회, 문화의 중심지가 되었습니다. 그리고 과거 이사벨 여왕의 남편인 페르난도 2세가 다스리던 아라곤 왕국의 수도는 사라고사였는데 이후 아라곤 연합의 중심지는 카탈루냐의 주도인 바르셀로나로 바뀌었습니다. 그때부터 스페인의 1대 도시 마드리드와 2대 도시 바르셀로나, 이 두 도시의 사이는 좋지 않았습니다. 통일 후 모든 주도권이 이사벨 여왕의 카스티야와 마드리드로 넘어갔기 때문입니다.

특히 20세기 들어서 스페인 내전 1937-1939이 벌어졌을 당시 철권 독재자인 프랑코가 카탈루냐의 자치권을 박탈함에 따라 그에 항거하던 그곳 많은 사람들이 탄압을 받음으로써 그들의 악감정은 더욱 커져만 갔습니다. 그래서 오늘날까지 에스파냐와 카탈루냐, 마드리드와 바르셀로나는 사이가 안 좋은 것입니다. 위에 언급했던 분리 독립운동을 할 정도로 말입니다. 과거 이슬람을 그 땅에서 몰아내

스페인 통일을 완성한 이사벨 여왕과 페르난도 2세의 세기의 결혼(1479)

기 위해 협치를 하고, 결혼을 해서 통일까지 이루어냈던 그들이 현대에 와서는 반목하고, 이혼해서 남이 되고 싶어 하는 것입니다.

그래서 레알마드리드와 FC바르셀로나의 경기는 서로가 져서는 절대로 안 되는 전쟁과도 같은 경기를 펼치곤 합니다. 두 구단이 천문학적인 돈을 투자하며 지구 최고의 선수들을 불러 모으고 양성하는 이유입니다. 그렇게 그 도시의 라이벌전은 축구의 클래식(엘 클라시코)이 되었습니다. 사실 유럽의 축구는 전쟁을 대신한다고 봐야 합니다. 각 나라별로 운영되는 자체 리그의 경기들과 리그 간 클럽 대항전, 그리고 국가 간 벌어지는 국가 대항전이 없다면 지역 간, 또는 국가 간의 실제 전쟁이 과거처럼 많이 일어날 텐데 축구가 그것을 어느 정도는 막아주고 있다는 것입니다.

스페인의 음악과 미술

자유롭고 개방적인 환경에서 태양 빛으로 정열까지 장착한 스페인 사람들이 감성을 구현한 예술에서 두각을 나타내는 것은 당연하다 할 것입니다. 그런데 사실 그것은 음악보다는 미술 분야에서 더 그렇습니다. 당장 우리 머릿속에 떠오르는 예술가도 음악가보다는 미술가가 많을 것입니다. 엘그레코, 벨라스케스, 고야, 피카소, 가우디, 미로, 달리…. 우리에게 익숙한 스페인의 미술가들입니다. 음악가는요? 글쎄요…. 사실 저도 글을 쓰기 전엔 정통 클래식 음악가로는 〈지고이네르바이젠〉으로 유명한 사라사테만이 유일하게 떠올랐습니다. 물론 현대에 와서 성악가로는 호세 카레라스, 플라시도 도밍고, 몽세라 카바예와 연주자로는 첼로의 카잘스 등도 떠오르긴 합니다. 그리고 이례적으로 타레가, 로드리고, 세고비아 등 클래식 기타 음악가들이 떠오르는 스페인입니다.

그 이유가 무엇일까요? 일단 지중해를 끼고 있는 이베리아반도의 남부인 안달루시아와 발렌시아, 그리고 카탈루냐엔 사시사철 청명한 날씨와 내리쬐는 태양으로 한겨울에도 그렇게 춥지 않습니다. 이런 자연환경에선 미술가들이 발군의 실력을 발휘하게 됩니다. 화구 박스와 이젤, 그리고 도화지나 캔버스만 들고 나가면 어디에 자리를 잡고 앉아도 그곳은 아틀리에가 될 테니까요. 반면에 음악가들은 어둑한 실내에서 책상과 피아노를 오가며 머리를 쥐어짜며 작곡에 몰두하곤 합니다. 그들에게 필요한 것은 강렬한 태양이 아닙니다. 태양의 밝은 빛과 높은 열은 음악가의 악상을 마르게 할지도 모르겠습니다. 그래서 그들은 위도가 높은 북부의 밀라노, 비엔나, 라이프치히, 프라하 등에 모여 살며 음악을 발전시켰습니다. 한겨울에도 난방이 제대로 안 된 추운 방에서 외투 깃을 곧추세우고 손을 호호 불며 작곡에 몰두하면서 말입니다. 그래서 스페인 남부처럼 지중해를 끼고 있는 프랑스의 프로방스 지방에도 딱히 머릿속에 떠오르는 음악가는 없지만 미술가는 많이 있습니다. 고흐, 고갱, 세잔느, 샤갈, 피카소 등이 그곳 도시들마다 자리를 잡고 활동을 하였으니까요.

또 다른 이유는 역사에서 기인할 것입니다. 다른 유럽 국가에서 르네상스가 피어난 15세기까지도 스페인에선 그 땅에서 중세 800여 년을 지배한 이슬람의 영향으로 정통 클래식과는 다른 음악적 토양이 형성되었다는 것입니다. 그로 인해 서양 음악의 계보인 고전파, 낭만파 등의 음악이 일어난 19세기 후반까지도 스페인에선 클래식이 거의 비어 있었습니다. 독일이 주도한 교향곡과 이탈리아가 주도한 오페라가 스페인에선 찾아보기 힘들다는 것입니다.

스페인의 음악은 무슬림인 무어인이 그라나다의 알함브라 궁전을 깨끗이 내어주고 철수한 후부터 비로소 시작되었습니다. 음악에서도 국권회복운동이 일어난 것입니다. 그래서 그들의 음악에선 민족적이고 민속적인 색채가 강하게 드러납니다. 그렇다 하더라도 긴 세월을 함께 살았기에 믹스된 정서가 음악에서도 나타납니다. 우리가 스페인의 음악을 들었을 때 정통 클래식과는 달리 이국적으로 느끼는 이유일 것입니다.

마드리드의 밤거리 음악회

이제 다시 마드리드의 밤거리로 돌아왔습니다. 음악회를 시작해야 하니까요. 이 자리엔 스페인 출신의 음악가와 스페인과 관련 있는 외국의 음악가들을 초청했습니다. 이곳은 세상 모든 사람들에게 개방적이고 자유로운 마드리드니까요. 초청 선정 기준은 스페인을 사랑하고, 스페인의 악기라 불리는 기타를 사랑하는 음악가들입니다.

우리가 소싯적부터 들어온 클래식 기타의 원전은 거의 스페인 음악
가들의 곡입니다. 첫 소절 시작부터 심장도 함께 떨리며 트레몰로
되는 타레가의 〈알함브라 궁전의 추억〉, TV 주말의 명화에서 제목
만큼이나 아련하게 들려오던 로드리고의 〈아랑훼즈 협주곡〉 등이
그것들입니다. 또한 피아니스트인 그라나도스와 알베니스가 작곡
한 〈스페인 무곡〉과 〈아스투리아스〉 등의 곡들도 기타로 연주되곤
합니다. 이들의 곡들은 보듯이 제목에 국가명이나 지명이 들어가
있을 만큼 역시나 민족적이고 민속적인 색채가 강한 곡들입니다.

마드리드의 밤거리엔 무곡에 맞춰 춤을 추는 댄서들도 보입니다.
플라멩코, 볼레로, 판당고 등 스페인에서 시작된 음악에 맞춰 춤을
추는 댄서들입니다. 이상하지요? 스페인의 댄서는 같은 유럽이라
도 다른 유럽 국가들의 무도회에서 춤을 추는 댄서들과는 분위기가
사뭇 다르니 말입니다. 왈츠와 발레를 연상하면 바로 차이를 느낄 것
입니다. 귀족적이고 우아한 그런 음악들의 분위기와는 달리 인간의
원초적인 감정이 솔직하게 드러나는 스페인의 무곡이고 춤입니다.
춤을 추는 그녀의 양손엔 왠지 캐스터네츠가 들려 있을 것만 같습
니다. 그런 그녀의 춤과 함께 때론 부드럽게 조용히, 때론 현란하게
몰아치는 기타 연주를 듣다 보면 몽환적인 그 분위기에 빠져, 그 소
리는 흡사 어디선가 일성호가一聲胡笳가 남의 애를 끊는 듯합니다.

남부 안달루시아에서 유래한 스페인의 대표적인 춤, 플라멩코

〈마드리드의 밤거리〉라는 타이틀은 보케리니의 현악 5중주곡 제목
이기도 합니다. 우리는 어린 시절 그의 경쾌한 미뉴에트를 들으며
자랐습니다. 이탈리아 출신인 그였지만 그는 스페인에서 거의 그의
음악 인생 전부를 보냈습니다. 마치 독일인 베토벤이 비엔나에서
그의 음악 인생을 살았듯이 말입니다. 이 음악은 그가 마드리드의
밤거리를 걸으며 그 거리 풍경을 음악으로 담았을 것입니다. 그가
활동했던 18세기 말의 모습입니다. 보케리니는 특이하게도 보편적

인 현악 4중주보다 5중주곡을 더 많이 작곡하였습니다. 그것도 첼로 연주자였던 그답게 첼로 2대를 등장시켰습니다. 첼로 2대, 바이올린 2대, 그리고 비올라 1대가 무대에 올라오는 현악 5중주입니다.

파가니니도 특별하게 마드리드의 밤거리에 초대되었습니다. 역시 또 이탈리안인 그는 마성의 매력을 지닌 바이올리니스트 데이비드 가렛이 그로 분하여 출연한 영화 〈악마의 연주자〉에서도 보여줬듯 신들린 바이올린 연주자였습니다. 그 폭발적인 연주 실력에 힘입어 요즘으로 치면 아이돌과 같은 인기를 누리던 그였습니다. 그런데 파가니니는 기타를 위한 곡도 많이 썼습니다. 바이올린에 가려서 그렇지 그것만큼 연주 실력도 뛰어났습니다. 스페인과 연이 없는 그였지만 그가 이 마드리드의 밤거리에 초대된 이유입니다. 그의 기타 곡엔 지금까지도 회자되는 인기 TV 드라마 〈모래시계〉에서 배우 고현정 씨가 맡은 여주인공 혜린의 테마곡으로 흘렀던 슬프고도 아름다운 곡도 있습니다. 원곡의 제목은 〈바이올린과 기타를 위한 소나타 6번〉입니다. 곡에서 기타는 복잡다단한 혜린의 심경처럼 처연하게 연주되는 바이올린 바로 뒷발치에서 조심스레 그녀를 따라가듯이 긴장된 톤으로 보조를 맞춥니다. 마치 드라마에서 혜린을 위해 죽은 그녀의 보디가드처럼 말입니다.

마드리드 밤거리의 음악과 함께 우리의 가을밤이 깊어만 갑니다. 어디론가 떠나고픈 가을밤이라서 그런 것일까요? 우리의 발걸음은 이미 그곳을 향하고 있습니다. 이렇게 우리의 다음 여행 행선지가 정해졌습니다. 고대로부터 지구상에서 가장 많은 종류의 사람들이 왕래하던 곳입니다. * 위의 글은 2022년 9월 17일 서울 푸르지오아트홀에서 열린 〈마드리드의 밤거리〉 음악회의 프로그램북에도 실린 내용입니다. 사단법인 프렌즈오브뮤직이 창립 10주년으로 개최한 계간 음악회였습니다. *

파리, 생명의 양식

82년에 걸쳐 지난하게 지속된 프랑스 혁명이 대단원의 막을 내리자마자 1872년 그간 어지럽고 혼란스러웠던 세상을 깨끗이 정화시키기라도 하듯 천상의 노래가 지상에 울려 퍼졌습니다. 바로 〈생명의 양식〉입니다. 혁명기 가난하고 불쌍한 자들을 위해 빅토르 위고가 쓴 《레미제라블》이 세상에 나온지 10년 후의 일입니다. 그 노래는 혁명이 끝났음에도 여전히 나아진 것 없는 가난하고 불쌍한 자들을 위한 천사의 빵이 되었습니다.

2022년 11월 초 우리 사회에 매우 감사한 일이 일어났습니다. 광산 매몰 사건으로 190미터 지하에서 연락이 두절된 채 10일째인 221시간 동안 갇혀 있던 광부 2인이 기적적으로 살아서 올라온 것입니다. 그 두 광부는 구조되어 밖으로 나올 때 들것에 실려서 나온 것이 아니라 당당히 걸어 나와 우리를 또 한 번 놀라게 하였습니다. 그 갇힌 기간 동안 두 광부는 서로 합심해서 생사의 위기를 벗어났다고 했습니다. 그렇다고 해도 식량이 없는 열악한 그곳에서 그 오랜 시간을 버티며 걸어서 나올 정도로 건강하다는 것은 믿을 수 없는 일이었습니다. 알고 보니 그들에겐 누구도 예상 못한 식량이 있어서 그것이 가능했습니다. 생환 직후 언론에 득달같이 소개되어 화제 만발이었던 커피믹스가 바로 그것이었습니다. 스타벅스 진출 이후 뒤로 밀려났던 프리마와 설탕을 타서 먹었던 커피 중 동서식품의 그 일회용 커피가 대박 광고 효과를 거둔 순간이었습니다. 그 커피믹스는 광부들이 작업장에서 음료나 디저트 용도로 마셨던 것인데 그것이 위기의 순간 메인 식량이 되어 그들을 살린 것입니다. 커피믹스가 생명의 양식이 되었습니다.

빅토르 위고의 생명의 양식

프랑스가 자랑하는 대문호 빅토르 위고의 소설 《레미제라블Les

프랑스 혁명기 빅토르 위고의 대작인 대하소설 《레미제라블》일러스트 | 1862

Misérables》엔 문제적 인물인 장발장이 나옵니다. 그는 배고픈 조카들을 위해 훔친 빵 하나로 최종 19년의 감옥살이를 하였습니다. 작가는 어지러운 혁명기에 이 소설을 썼습니다. 1789년 시작된 프랑스 대혁명이 19세기로 계속 이어진 7월 혁명과 2월 혁명 사이인 1832년 6월 봉기를 배경으로 이 소설을 쓴 것입니다. 소설의 제목처럼 가난하고 불쌍한 사람들이 많았던 시절입니다. 그런 빈민들은 한마디로 먹을 것이 부족해 이래 죽나 저래 죽나 마찬가지의 심경으로 혁명에 참여했을 것입니다. 혁명 초기 왕족과 귀족은 빵이 없으면 케이크를 먹으면 되지 않냐고 되물을 정도로 그들은 다수인 빈민의 삶과는 무관했습니다. 그렇게 불행했던 19세기의 파리에 살았던 장발장에게 19년 감옥살이를 안겨준 그 빵은 곧 그와 가족의 생명과 마찬가지였을 것입니다. 생명의 양식인 빵이었습니다.

빅토르 위고는《레미제라블》을 1862년도에 출간을 하였습니다. 당시 프랑스는 1848년 2월 혁명의 성공으로 선거권을 쟁취한 농민과 노동자의 손으로 루이 나폴레옹을 공화제 대통령으로 뽑았지만 그는 1852년 스스로 나폴레옹 3세 황제가 되어 다시 제정으로 돌아간 시절이었습니다. 1789년부터 혁명을 시작했지만 파리의 봄은 아직 오지 않은 것입니다. 결국 1870년 프로이센과의 전쟁인 보불전쟁에서 패하고 이듬해인 1871년 사회주의자들의 봉기로 세워진 파리 코뮌이 2개월 천하로 종식된 후에야 프랑스 혁명의 대장정은 마무리되고 오늘날 프랑스와 같은 변치 않는 공화제 국가가 되었습니다. 이런 지난한 과정을 거치면서 프랑스는 바다 건너 영국과는 달리 군주인 왕이 존재하지 않게 된 것입니다.

세자르 프랑크의 생명의 양식

빅토르 위고가 《레미제라블》을 출간한 10년 후인 1872년 이번엔 한 음악가에 의해 〈생명의 양식〉으로 우리에게도 잘 알려진 노래가 세상에 나오게 됩니다. 프랑스 혁명이란 이름으로 무려 82년 동안 지속된 세상의 혼란과 어려움이 정리되자마자 하늘에서 한줄기 빛이 내려오듯 그 노래는 세상에 태어났습니다. 13세기의 신학자인 토마스 아퀴나스의 미사 기도문이 원전인 이 노래는 이후 많은 작사가와 작곡가들의 손을 탔지만 장원급제와도 같이 최종 낙점된 곡은 오늘날 우리가 듣고 있는 세자르 프랑크의 〈생명의 양식〉입니다. 당시 파리에서 터줏대감으로 활동했던 카미유 생상스도 이 노래에 곡을 붙이기도 했습니다. 원제는 〈천사의 빵 Panis Angelicus〉입니다. 라틴어의 이 제목이 우리말로 '천사의 빵'이 안 되고 '생명의 양식'으로 된 것은 개신교에서의 번역이 자리를 잡아 그렇게 되었습니다. 토마스 아퀴나스의 원전 가사가 여러 손을 거쳤듯이 우리나라

에서는 제목이 그렇게 된 것입니다. 그래도 천사의 빵이든, 생명의
양식이든 성스러운 그 의미를 전달함에는 문제가 없을 것입니다.

밀레의 생명의 양식

〈생명의 양식〉, 이 노래가 작곡된 비슷한 시기에 파리에서 남동쪽
으로 65km 떨어진 퐁텐블로 숲 근처엔 당대를 빛냈던 일단의 화가
들이 살고 있었습니다. 바르비종이라 불리는 조그만 마을에 살며
그림을 그린 화가들이었기에 우린 그들을 바르비종파라 부릅니다.
그들 중에 우리에게 잘 알려진 밀레가 있습니다. 그는 그 농촌에 살
며 농부들이 농사짓는 목가적인 그림을 많이 그렸는데 그중 〈이삭
줍기〉와 〈만종〉은 안 봐도 쉽게 떠올려지는 그림입니다. 이상하게
도 그 그림 둘은 과거 우리가 개발도상국 시절 어느 동네를 가도 이
발소나 목욕탕의 거울 위 액자에서 주로 보이곤 했습니다. 농경사
회였던 우리나라라서 밀레의 그 그림들이 과거부터 우리에게 유입
되고 친숙하게 다가왔나 봅니다. 그런데 흔히 목가적이라고 하면
전원의 아름다운 풍경과 여유로움이 연상되지만 이 그림들의 실상
은 그렇지 않습니다.

〈이삭줍기〉에서 허리를 굽히고 이삭을 줍는 아낙네들은 그들의 저

바르비종 농촌에서 그린 밀레의 대표작인 〈이삭줍기〉와 〈만종〉

녁을 위해 이삭을 줍고 있습니다. 들판의 날짐승들을 위해 내어 줄 만도 하지만 먹을 것이 없는 그들이기에 바닥을 샅샅이 훑고 있는 것입니다. 그들 뒤엔 추수한 밀 노적가리가 높게 쌓여 있지만 그것은 지주인 귀족들의 것이기에 수확은 그들이 했어도 가져갈 수는 없습니다. 〈만종〉에서는 석양 아래 들판에서 고개 숙여 기도하는 부부로 보이는 농부가 등장합니다. 작품은 그들이 하루 일과를 무사히 마친 것에 감사를 드리는 평화로운 모습이 다인 것처럼 보이지만 자세히 보면 그들 발아래엔 보잘것없는 감자 바구니 하나가 놓여 있습니다. 하루 종일 수확한 것 치고는 너무나도 적은 양입니다. 역시 지주들에게 상납하고 얻어가는 식량일 것입니다.

두 그림 다 허리 위로 보이는 것은 추수기의 평화롭고 풍요로운 전원이지만 허리 아래 등장인물의 사연은 이렇게 팍팍하기만 합니다. 이렇듯 대도시 파리는 물론 농촌에도 먹을 것이 없던 시절이었습니다. 프랑스가 아니더라도 어디를 가든 하층민의 생활은 별반 차이가 없었겠지요. 19세기 혁명기를 살았던 밀레는 〈이삭줍기〉를 1857년에, 〈만종〉을 1859년에 완성했습니다. 두 그림에서 잘 보이지 않는 이삭과 감자는 그들의 목숨을 부지하는 생명의 양식입니다.

레미제라블을 위한 생명의 양식

〈생명의 양식〉을 작곡한 세자르 프랑크César Franck는 1822년 오늘날 벨기에인 리에주에서 태어났지만 1844년부터 파리지앵이 되어 1890년 죽을 때까지 파리에서 살았습니다. 독일 출신으로 영국으로 귀화해 영국인으로 죽은 헨델처럼 프랑스로 귀화해서 활동했던 것입니다. 혁명의 불길이 내내 이어졌지만 그에겐 파리가 음악 활동을 하기엔 그의 고향보다 좋았나 봅니다. 그곳 파리에서 그 역시도 빅토르 위고처럼 비참하고 가난한 자들을 많이 보았을 것입니다. 성당에서 오르간을 연주하며 바흐 이후 최고의 오르가니스트로 평가받았던 그는 그래서 충만한 신앙심으로 가난한 자들을 위해 〈생명의 양식〉의 완성도를 최고조로 높였을 것입니다. 한편으로 그는 위에서 설명한 밀레의 〈만종〉을 보고 이 곡을 작곡했다는 설도 있습니다.

그가 하느님의 계시를 받고 작곡을 하였든, 아니면 밀레의 영감을 통해 작곡을 하였든 그렇게 만들어진 〈생명의 양식〉은 이후 파리뿐만이 아닌 온 세계의 비참하고 가난한 자들을 위한 노래가 되었습니다. 물리적으로는 육신이 허기진 자에게, 영적으로는 심령이 가난한 자의 육과 영을 채워주는 노래가 된 것입니다. 현대에 들어

〈생명의 양식〉의 최종본 작곡자인 세자르 프랑크(1822~1890)

와서 이탈리아의 불멸의 성악가인 파바로티는 마치 이 노래를 그가 취입한 노래인양 불러 전 세계에 널리 퍼뜨렸습니다. 특히 그는 1992년 '파바로티와 친구들'이란 공연에서 영국의 록밴드인 스팅과 함께 듀엣으로 오르간이 아닌 어쿠스틱 기타 반주로만 이 노래를 불러 기독교를 믿지 않는 사람들에게도 이 노래를 매우 친숙하게 다가가게 하였습니다. 종교가 있든 없든 음악을 듣고 느끼는 사람의 감정은 비슷할진대, 이 노래는 누가 부르고 듣든 그 거룩함과 경건함으로 많은 사람들에게 안식을 줄 것입니다. 이렇게 하늘에 있던 〈천사의 빵〉은 땅으로 내려와 모든 인간들의 〈생명의 양식〉이 되었습니다.

생명의 양식을 하늘의 만나를

마음이 빈 자에게 내려주소서

낮고도 천한 자 긍휼히 보시사

주여 주여 먹이어 주소서

삼위일체이신 주께 구하노니

주를 경애하는 우리를 돌보사

우리가 마침내 볼 수 있도록

주의 길로 인도하시고

당신이 거하는 빛으로 인도하소서

〈생명의 양식〉,
앙드레 류 오케스트라

예수 그리스도의 생명의 양식

서기 33년 예루살렘에 입성한 예수 그리스도는 그의 죽음을 예견하고, 그것을 알 리 없는 열두 제자들과 마지막 저녁 식사를 하였습니다. 그로부터 약 천오백 년 후인 레오나르도 다빈치가 〈최후의 만찬〉 그림으로 재현한 바로 그 자리입니다. 그 식탁에서 예수 그리스도는 제자들에게 빵과 포도주를 나눠주며 빵은 그의 살이고, 포도주는 그의 피라 말씀하였습니다. 오늘날 성찬식의 유래가 되는 최초의 의식이 열린 것입니다. 예수 그리스도가 그의 살이라 칭한 빵이기에 그를 따르는 자에게 그것은 곧 생명의 양식이 될 것입니다. 물론

〈최후의 만찬〉 | 레오나르도 다빈치 | 1490년대

그의 피라 칭한 포도주도 마찬가지이겠지요. 그를 따랐던 13세기
의 토마스 아퀴나스도 다빈치처럼 예수 그리스도의 그날 저녁을 떠
올리며 기도문과도 같은 〈생명의 양식〉 최초의 가사를 썼을 것입니
다. 그리고 18세기 말 세자르 프랑크에 의해 예수 그리스도의 최후

의 만찬에서 유래된 이 노래는 전 세계
인의 노래로 완성이 되었습니다.

최후의 만찬처럼 예수 그리스도의 생전
엔 빵에 관한 일화가 많이 등장합니다.
정확히는 먹을 것, 양식에 관한 것들입
니다. 갈릴리 호숫가에서 설교 시 모인
배고픈 군중들에게 그는 빵 5개와 물고
기 두 마리로 5천여 명의 성인 남자를 먹
이고도 열두 광주리나 남는 기적을 행하
였습니다. 또한 그 이전엔 가나 지방의
혼인 잔치에서 포도주가 떨어지자 물로
포도주를 만드는 최초의 기적을 행하기
도 하였습니다. 과거나 지금이나 그만큼
민생이 중요하기에 그랬을 것입니다. 사
실 종교든, 예술이든, 정치든 민생이 해결되지 않고서는 그 어떤 좋
은 이야기도 귀에 들어오지 않을 것입니다. 굶어 죽어가는 자에게
다빈치의 〈최후의 만찬〉을 보여준다고 해서 예술적 감흥이 일어날
리 없을 테니까요. 그 순간 그에게 우선적으로 필요한 것은 생명의
양식인 빵 한 조각입니다. 당시 종교 지도자로서 예수 그리스도는

그러한 점을 간과하지 않고 이렇게 나서서 그것을 해결하고자 애를 썼을 것입니다.

마찬가지로 〈생명의 양식〉 노래 가사에도 나오는 만나는 구약에서 모세를 따라 이집트에서 따라 나온 유대인의 양식이었습니다. 광야에서 그들이 배고픔으로 반란을 일으킬 수준에 이르렀을 때 하늘에서 그들의 신인 여호와 하느님이 내려준 생명의 양식이었던 것입니다. 만나가 내리자 배고픔은 사라지고 그들에게 평화가 왔습니다. 그들이 먹은 만나는 〈생명의 양식〉의 원제인 천사의 빵이었을지도 모릅니다. 인간의 양식이 모자라니 천사들이 그들이 먹을 빵을 떼어내어 내려준 것이 아닌가, 라는 생사을 해봅니다.

천사의 빵 생명의 양식

18세기 말에서 시작한 프랑스 혁명은 비로소 19세기 말에 완전히 끝났습니다. 그만큼 진통이 컸지만 프랑스는 민중의 힘으로 제정을 종식시키고 자유 민주주의를 획득하였습니다. 이제 그들에게 혁명 후 새로운 시대가 열립니다. 그 이전 세기인 18세기 영국에서 일어난 산업혁명의 여파로 거의 모든 유럽이 번영의 시대로 접어들었지만 이때 문화와 예술은 프랑스의 파리가 단연 두각을 나타냈습니다. 그래서 프랑스 자국 출신은 물론 세계 각지의 예술가와 문인들이 파리로 몰려들었습니다. 오늘날 우리가 파리를 예술의 도시라 부르는 기원이 되는 시대가 온 것입니다.

음악에선 자국 출신의 생상스, 드뷔시, 비제 등이, 해외파로는 벨기에 출신인 세자르 프랑크와 그 이전부터 파리에서 활동했던 이탈리아의 로시니가 있었습니다. 캉캉춤 하면 떠오르는 오펜바흐도 출신지는 독일이지만 프랑스인으로 이 시기 파리에서 활동을 하였습니다. 미술 분야는 파리가 더욱 압도적이었습니다. 자국 출신인 르누아르, 고갱, 세잔, 마네, 모네, 쇠라, 시냐크, 로트레크, 로댕 등 이들만으로도 한 시대를 풍미한 미술가들이 넘쳐나는데 스페인에선 피카소, 미로, 달리가, 네덜란드에선 고흐가, 카리브해에선 피사로가, 러시아에선 샤갈이 파리로 와서 몽마르트르 언덕을 가득 메웠으니까요. 문학도 예외는 아니었습니다. 혁명기를 거친 빅토르 위고를 필두로 쥘 베른, 에밀 졸라, 모파상, 플로베르, 조르주 상드, 스탕달 등이 파리의 카페를 북적이게 만들었으니까요. 역사상 이렇게나 많은 예술가와 문인들이 한 도시를 채운 적이 있을까요? 르네상스기의 피렌체를 연상하게 하는 19세기 말 파리의 모습입니다. 우린 이 시대를 가리켜 아름다운 시대, 벨 에포크 Belle Epoque 라 부릅니다.

〈은혜〉 | Eric Enstrom(1875~1968) | 1918

하지만 시대가 아름다워졌다고 해서 가난하고 불쌍한 자가 사라진
것은 아닙니다. 혁명은 그들이 하였지만 그들을 위한 자리는 여전
히 없었으니까요. 당연히 그들의 가난과 비참한 생활은 계속 이어
졌습니다. 게다가 그들을 밟고 부상한 신흥 자본가의 출현으로 빈
부의 격차가 심화되어 가난한 자들의 상실감은 더욱 커져만 갔습니
다. 그것은 시대가 더 발달한 21세기에 들어선 오늘날까지도 계속
이어지고 있습니다. 프랑스 혁명을 촉발하기도 한 18세기의 계몽
주의자들이 집대성한《백과전서》엔 "가난 앞에서 품위가 떨어지지

않고 비천해지지 않을 만큼 강인한 영혼은 많지 않다. 그래서 그들은 보통 시민들이 믿기 힘들 만큼 어리석다"며 가난과 그것이 몰고 오는 죄악성에 대한 글이 나옵니다. 《레미제라블》의 장발장이 빵을 훔치는 것에 대한 설명문과도 같은 서술입니다. 이것은 가난 그 자체는 죄가 아니지만 우리가 가난을 몰아내야 하는 충분한 이유가 될 것입니다.

크리스마스가 있는 12월 연말입니다. 해마다 첨단 기술의 발달로 크리스마스 트리와 크리스마스 미디어는 더욱 화려하고 밝아지지만, 여전히 이 사회엔 그 불빛이 도달하지 못하는 춥고 어두운 곳이 존재합니다. 그곳의 그들에게 구원의 손길이 닿지 않는 한 빵 하나를 위해 도둑질을 하는 21세기의 가난한 장발장은 계속해서 출현할 것입니다. 또한 사회의 사각지대에서 문을 걸어 잠근 채 그들을 위해 있는 보호도 못 받고 죽어간 불쌍한 모녀들도 계속 나타날 것입니다. 이 겨울 보호를 받아야 할 사람도, 보호를 해야 할 사람도 모두 〈생명의 양식〉 이 노래로 마음의 평화와 안식을 얻게 되기를 기원합니다. 어디선가 멀리서 그 노래가 들려오는 듯합니다. * 위의 글은 2022년 12월 21일 서울 예술의전당 IBK챔버홀에서 열린 〈파리, 생명의 양식〉 음악회의 프로그램북에도 실린 내용입니다. 사단법인 프렌즈오브뮤직이 창립 10주년으로 개최한 계간 음악회였습니다. *

TAKEOUT 유럽예술문화

초판 1쇄 인쇄   2023년 6월 20일
초판 1쇄 발행   2023년 6월 27일

지은이   하광용
펴낸이   정해종

펴낸곳   (주)파람북
출판등록   2018년 4월 30일 제2018-000126호
주소   서울특별시 마포구 토정로 222 한국출판콘텐츠센터 303호
전자우편   info@parambook.co.kr
인스타그램   @param.book
페이스북   www.facebook.com/parambook/
네이버 포스트   m.post.naver.com/parambook
대표전화   편집 | 02-2038-2633   마케팅 | 070-4353-0561

ISBN   979-11-92964-41-6 03300